Prologue to Violence:
Child Abuse, Dissociation, and Crime

児童虐待・解離・犯罪
暴力犯罪への精神分析的アプローチ

アビー・スタイン［著］
一丸藤太郎、小松貴弘［監訳］

創元社

幼児性愛者たちは、自分とは無関係な他人である。レイプ犯たちは、自分とは無関係な他人である。殺人者たちは、自分とは無関係な他人である。心が自分自身の中にある悪を知ることは難しい。
　心は自らに対して、心の闇を寄せつけない、別の物語を語るのだ。

——ニキ・ジェラード（2003）

日本語版への序文

　アメリカ合衆国は長年、先進国の中でも暴力犯罪の発生率が最も高いという不名誉な地位に甘んじてきました。長年の間、日本はそうしたアメリカ都市部の暴力的風土の影響を受けずにきたようです。それはかなりの部分、厳しい銃規制と並んで、和を重んじる文化として欧米人が理想化したもののおかげだったのでしょう。確かに、日本の犯罪発生率は1990年代までには低い水準で比較的安定していました。しかし、90年代前半には、当初は単なる統計上の例外値と考えられていたものが、90年代の終わりには、犯罪が40.3%も増加するという驚くべき結果となったのです。アジア市場の危機のあおりを受けて日本の経済バブルがはじけ、その影響は社会のあらゆる場面に及びましたが、治安もその例外ではありませんでした。日本の警察庁によると（カナヤマ, 2003）、1996年から2002年の間に、総犯罪件数は160%に増加しました。ひったくりは倍増し、住居侵入盗は50%の増加をみました。殺人事件の発生率は比較的低いままでしたが、傷害事件やレイプ、配偶者への暴力や児童虐待といった、その他の暴力犯罪は増加してきました。2003年から2004年にかけて、犯罪件数はピークに達し、以後その水準が維持されています。それとともに、個人の安全に対する信頼は急激に低下しました。2005年には、街中や自宅にいれば安全だと感じると答えた日本人は20%を下回ってしまいました。こうした流れに歯止めをかけるために、アメリカと同様、日本も多くの法的措置を実施してきました。しかし依然として、あまりにも多くの暴力が存在する一方で、その原因についての理解はあまりに乏しいものでした。

　2000年以来、数多くの恐ろしい事件が一般の注目を集めています。例えば、大阪の小学校での無差別殺傷事件や、北九州と大阪で起きた忌まわしい連続殺人事件、福岡で起きた凶悪な一家強盗殺人事件、自殺志願者たちのネットワークの急増についてのニュース、しばしば極めて凶悪な犯罪組織の広がり、といった例が挙げられます。その中でも最も異常に思われるのは、いわゆる「姿なき殺人者」、あるいは多数の人々を見境なく、そして明らかな動機もなく殺害する通り魔事件の増加です。孤立して周囲から疎外されたそうした殺人犯たちは、「ゼロ状態」と呼ばれる（ヨケルソンとセイムナウ, 1976）、実存的に無の状態にいるようです。その状態では、感情は行動から切り離され、その人の

アイデンティティはもはや現実とつながっていないのです。加藤智大の例を挙げましょう。彼は、2008年6月8日の日曜日にトラックに乗って、大型ナイフを使って、秋葉原の商店街で7人を殺害し、10人を負傷させました（マスターズ，2008）。加藤の事件では、子ども時代の被虐待経験と、他の内的および外的ストレッサーが結合して、何の罪もない人々への常軌を逸した凶行を生み出したように思われます。家族や近所の人々の回想によれば、過剰に厳しかった両親は、加藤が子どもの頃、食べ物を床から拾わせて食事をとらせたり、裸同然の姿で極寒の中や雪深い中、戸外に何時間も立たせたりするなどの罰を与えていました（サンデー毎日，2008）。10代の頃の加藤は優秀な学業成績を修め、かなりの運動能力を示していましたが、成人後はうつ状態に陥り、両親の期待に応えられないという絶望感を抱くようになりました。2006年に自殺未遂を起こした後、加藤はさらに孤立して抑うつ的になりました。無差別殺傷事件の直前の彼の姿が、ミリタリー用品店のビデオテープに収められています。ビデオには、すぐ後に秋葉原での惨劇で実行した、人を突き刺す動きをしてみせながら店員と談笑する彼の姿が映っていたのです。

　最初に「姿なき殺人者」という呼び名が使われたのは、1980年代後半に起きたある連続殺人事件でした。その事件で、宮崎勤は（誰に聞いても、おとなしい学生だった、おとなしい勤め人だったという評判でした）、たまたま出会った4人の幼女を殺害して性的に乱暴した後、その遺体を切断しました（ライアル，2008）。宮崎は生まれつき手がひどく変形しており、一部の被害者の手足を切断して、殺害の記念品もしくは戦利品として保管していたと伝えられています。宮崎自身が殺害の様子を撮影したビデオという、反論の余地のない証拠があったことから、裁判ではあっさりと有罪判決が下されました。公判を通じて、宮崎は不気味な平静さを示し続け、自分に重くのしかかる死刑判決にも関心を示しませんでした。彼が終始主張したことによれば、彼が子どもたちを殺害したのは、それは彼には夢の中の出来事だと感じられたのですが、「善意の行動」だったのです。宮崎は、犯行を実行したのは「ネズミ男」という交代人格だと繰り返し主張していましたし、また彼は解離性同一性障害という精神医学的診断も受けていましたが、2008年6月17日に絞首刑に処せられました。不思議な暗合ですが、「ネズミ男」という名前は、フロイトが、強迫的な思考によって衝動的な行動に駆り立てられていた、彼の最も有名な患者につけたニックネームでもありました（フロイト，1909）。「ネズミ男」という名前は、フロイトの患者が繰り返し空想した、ネズミが犠牲者の肛門の内に放たれるという性的拷問に由来しています。共通した性倒錯傾向を持っていたとはいえ、

宮崎がフロイトの患者のことを知っていたとは思えませんし、自分がどれほどぴったりとした名前を交代人格に与えていたかわかっていたとも思えません。

　日本の著名な臨床心理学者であり精神分析家である一丸藤太郎教授から、本書を日本語に翻訳したいと申し出を受けて、私はとても驚きました。私の認識では、日本は基本的に安全な社会であり、暴力への懸念は非常に小さいと思っていたからです。さらには、個人の慎み深さと社会の結束の強さという日本の伝統的価値の影響を受けて、犯罪者についての世間の見方は保守的なものだろうと思っていました。日本の犯罪について書かれた本の中でもアメリカで広く読まれた唯一の本、それだから私が読んだことのある唯一の本は、ジョン・ブレイスウエイトによる犯罪に対する日本人の対応についての研究であり、『罪、恥、再統合』という本です（ブレイスウエイト，1989）。この本では、広く認められた文化的規範から逸脱したことに対して、犯罪者たちに強い恥の意識を持たせることで犯罪を抑制しようとする考え方が取り上げられています。ブレイスウエイトの考えでは、不名誉と恥そして軽度の屈辱は、行動変容を促す作用を持つ可能性があるということです。彼は日本のやり方の一部を借りて、アメリカでも類似した方法を実施することを勧めています。こうした考え方とはまったく対照的に、本書は、子どもの頃のトラウマと、後にまで引き続いて感じられる恥および激しい怒りとの結びつきが虐待の被害者たちを孤立させ、おそらくは成人後に彼らを犯罪へと駆り立てるということに光を当てています。

　この序文を書く準備をするために日本人の同僚たちと話をするにつれて、私は次のような確信を深めました。それはどうやら、家族から与えられる情緒的、心理的、身体的、そして性的な屈辱と虐待という、日本ではまだ世間に知られていない底流が、自分たちが受けた残酷な仕打ちを自己破壊行動や他者への暴力の形でエナクトするように、一部の人たちを強い力で押し流しているらしいということです。日本ではまだ、ドメスティック・バイオレンスが十分には認識されないままです。神津純子（1999）の所見によれば、日本の家族の家父長制的特質、子どものしつけに暴力を用いることに許容的な文化、そして家庭内の問題に対する法権力の不介入という伝統、これらすべてがあいまって、次のような状況が助長されているということです。その状況下では、深刻な家族内葛藤は、たとえそれによって身体的あるいは性的虐待が生じていても、語られることもなければ、おそらくそもそも問題として認識されることさえもないのです。吉浜美恵子とスーザン・ソレンソンは、「ドメスティック・バイオレンス」には日本語訳としてぴったりする言葉がないと述べています（吉浜とソレンソン，1994）。控えめに言っても、このことは何らかの文化的な否認が存在

することをうかがわせます。吉浜とソレンソンの大規模な研究において、彼女たちがインタビューした女性の4分の3が少なくとも一度は男性パートナーから暴力を受けたことがあると報告していることを考えると、それは実に驚くべきことです。これまでのところ私は、被害者による回想的な報告に基づいた、現在の日本における児童虐待の割合を示す数字を見つけることができていません。政府が公表しているデータはあるのですが、それは往々にして実態よりも低い数字を示しがちなものです。それでも、日本の新聞が報じる近年の児童虐待やネグレクト、そして殺人についての記事を見る限り、そうした調査があれば、1980年代にアメリカで行われた調査と同様に、きっと隠れた事実を明らかにしてくれることでしょう。アメリカでは、そうした調査を通じて初めて、児童虐待が重大な、しかしその大部分が隠蔽されている公衆衛生上の問題として認識されたのでした。

　これから読者のみなさんが読まれる本書は、アメリカにおける64人の暴力犯罪者と私とのインタビューに基づいています。それらの分析は、もともとは精神分析に基づいていますが、近年では神経科学によって裏づけが得られている、心に関するある理論的見方から行われています。その理論においては、解離によるエナクトメントの心理機制を通じて、児童虐待などの幼少期のトラウマ経験と、成長後に再び被害者になったり犯罪に走ったりすることとが結びついていると仮定されています。簡潔に述べれば、トラウマ−解離理論では、大部分のつらい出来事や、そこから生まれる可能性のある認知や情緒は、それらを経験している自己から切り離され、それらに意味を与えるはずの枠組みとのつながりのない、知覚的な孤立状態に陥ると仮定されています。最善の場合でも、こうしたほとんど思い出されない経験やそれに伴う情緒は、現在の日常経験についての知覚を形作る力は損なわれないままに、意識の中に現れたり意識から消えたりします。最悪の場合には、「未構成の」経験は（スターン，1997）、いきなり他者に対して能動的な、そしてしばしば破壊的な関わりを持ち始める危うい状況であっても、行為主体から切り離された状態で意識下に沈んだままなのです。アメリカ人の精神分析家であるハリー・スタック・サリヴァン（1953）はこれを、自分が受け止めた経験を他者に伝わるものに変える「悪意的転換」と呼びました（p.213）。本書に収められている犯罪の語りの数々は、大人のコミュニケーションを歪めてしまう幼児期の経験の力を声高に語っています。時には、そうした力はあまりにも強くて、言葉にならない残虐行為でしか、自分が人知れず受けた発達的トラウマを伝えることができないのです。私たちが繰り返される犯罪の悪循環を理解して、それを食い止められるようにな

りたいと望むなら、こうした様々な声に進んで耳を傾けなければなりません。

　日本の司法制度について書いているデビッド・ジョンソンの所見では、日本の犯罪者たちの社会復帰には次のような考え方が前提されているとのことです（ジョンソン, 2002）。日本では犯罪者たちの矯正において、彼らの犯行が社会に及ぼした影響を彼らに教えること、社会において大切な諸価値の内在化を彼らに迫ること、そして犯した罪に対する卑屈なまでの謝罪（あるいは経済的な補償）をさせること、こうしたことが最高の規範と考えられている、というのがその所見です（そうした後悔の念や償いの気持ちを公に示さない被告人は、更生不能であるとして不利な判決を宣告されるでしょう）。犯罪の根本原因に取り組むことをほとんどしてこなかったアメリカでの認知行動的プログラムと同様に、このように変化の表面的な指標に注目しても、犯罪者たちに対する理解を深めたり、他者に危害を与える大人になる前に傷つきやすい子どもたちを救えるかもしれない早期の介入を進めたりするには、ほとんど役に立たないでしょう。日米両国において、認知行動的な理論と実践が刑事司法の世界で支配的であったのは、内的洞察を深めるセラピーが、人的労力あるいは費用の面でコストが大きすぎると考えられているためです。しかし、大人になって暴力が爆発するのを待つよりも発達早期に子どもを守ることを重要だと考えるような、そうした攻撃性についての理解に取り組まないとしたら、そのほうが、日本にとってもアメリカにとっても、私たちが払うべき代償はあまりにも大きくなるのではないでしょうか。

　2011年2月2日　ニューヨークにて

アビー・スタイン、Ph.D.

文献

Braithwaite, J.(1989). *Crime, Shame and Reintegration*. Cambridge: Cambridge University Press.
Freud, S.(1909). *Notes upon a Case of Obsessional Neurosis*.（福田覚訳「強迫神経症の一例についての見解」フロイト全集第10巻、岩波書店、2008年）
Johnson, D.T.(2002). *The Japanese Way of Justice: Prosecuting Crime in Japan*. London, UK: Oxford University Press.（大久保光也訳『アメリカ人のみた日本の検察制度：日米の比較考察』シュプリンガー・フェアラーク東京、2004年）
Kanayama, T.(2003). *Reducing Crime and Crime Reduction Strategies in 21st Century Japan*. National Police Agency of Japan, Public Policy Research Center.
Kozu, J.(1999). Domestic violence in Japan. *American Psychologist*, 54(1): 50-54.
Masters, C.(2008). "Japan reeling from stabbing spree." *Time Magazine*, June 9.
Ryall, J.(2008, June 17). "Nerd cult murderer executed." London: The Daily Telegraph. http://www.telegraph.co.uk/news/worldnews/asia/japan/2144503/Nerd-cult-murderer-executed.html.

Retrieved February 2, 2011.
Stern, D.B.(1997). *Unformulated Experience: From Dissociation to Imagination in Psychoanalysis.* Hillsdale, NJ: The Analytic Press.(一丸藤太郎、小松貴弘監訳『精神分析における未構成の経験：解離から想像力へ』誠信書房、2003 年)
Sullivan, H.S.(1953). *The Interpersonal Theory of Psychiatry.* New York: W.W. Norton.(中井久夫他訳『精神医学は対人関係論である』みすず書房、1990 年)
Sunday Mainichi(2008). "For Akiba mass murderer Tomohiro Kato? The problems began at home, say shrinks." Magazine, June 22.
Yochelson, S. & Samenow, S.(1976). *The Criminal Personality.* Northvale, NJ: Aronson.
Yoshihama, M. & Sorenson, S.(1994). Physical, sexual, and emotional abuse by male intimates: Experiences of women in Japan. *Violence and Victims*, 9(1): 63-77.

序　文

　『現代精神分析』誌の編集に携わっている縁で、私はアビー・スタインの仕事を知りました。おそらく読者のみなさんも、素晴らしく洞察に満ち、創造的で、見事に書かれた投稿論文が、名も知らぬ著者から前触れもなく届くということがどれほどまれなことか想像できるでしょう。こうしたことが起きるのは、編集者冥利に尽きる経験です。特にこれといった期待もなく読み始めてみると、驚いたことに、これまでに名前を聞いたこともない著者の断固とした大胆な筆致に、いきなり心をわしづかみにされるのです。いったいこの著者は、**何者なのだ？**　こうしたまたとない素晴らしい機会に、まったく知らなかった場所へと導かれるのです。アビー・スタインの著作に、私はそのようにして出会い、心惹かれたのでした。スタインから 2 本目か 3 本目の論文を受け取った後、私は彼女に、論文を書くたびに彼女が探求を深めているその主題について一冊の本を書くようにと勧めました。

　それにしても、何と驚くべき主題でしょうか。その結実として書き上げられた、今あなたが手にしている本書において、スタインは現代社会の非常に困難な問題の 1 つに取り組んでいます。その問題とは、児童期のトラウマが（彼女が取り上げているのは、暴力的、身体的、性的といった、**深刻な**トラウマです）、暴力的な青年たちや成人たちを生み出す上で果たしている役割です（彼女が取り上げるのは、ここでも、暴行、レイプ、殺人といった、極めて重大な暴力です）。もちろん、こうした発達図式の存在それ自体は、特に目新しい話題ではありません。暴力が世代間で伝達されることは、一般に知られていることです。しかしスタインは、受刑者たちとの面接と司法機関の資料の両方に基づいて暴力的な成人たちを研究することで、このような痛ましくも決して珍しくはない生育史から、根本的に新しい一連の推論を導き出しました。スタインが繰り返し見出した重要な所見は、暴力犯罪は解離状態において実行されている場合が非常に多いということです。犯罪者は、自分がその犯行に及んだことを知らなかったり、自分の中にいる他の誰かがそれをやったかのように感じていたりします。あるいは自分がしたことに当惑しているように見えます。スタインは、研究対象者たちのこのような発言を豊富に引用しているので、そこに解離の過程が関与していることについて、読者には何の疑問も残らないでしょ

う。
　それだけでも（つまり、私がこれから触れるつもりでいる、スタインの主張の核心部分抜きでも）、この観察所見は、犯罪的暴力に関するごく一般的な解釈に対する異議申し立てに等しいと言えます。スタインによれば、ほとんどの場合、暴力犯罪者たちには良心が欠けているのではありません。別の言い方をすれば、彼らは、われわれが一般に精神病質とか社会病質と呼び習わしているものではありません。彼らは単に邪悪なのではありません。より正確に言えば、彼らが邪悪であるとすれば、そこにあるのは複雑な性質の邪悪さであり、自らの邪悪さを必死になって知るまいとしているように見える邪悪さです。それは、自らを誇りに感じたり、特別な存在と考えたりする邪悪さではなく、自らを恥じ、罪の意識を抱く邪悪さです。スタインは、こうした人々に良心が確かに備わっている可能性を考慮するようわれわれに勧めるだけではありません。「養育者たち」から受けたひどく残酷なしつけのために、実は彼らの良心は際立って、途方もないほど厳格です。そして、その厳格さのために、こうした罪を犯す人々は他の人々以上に、自分が何をしたかを知ることに強く尻込みするのかもしれないことを、彼女は示唆しています。
　しかし、言うまでもなく、彼らは恐るべきことを**実行した**のです。彼らが自分たちの行為を意識せずにいたり、認識せずにいたりするように努めるのは、そうでもしなければ、そうした恐るべき行為を実行することができないからだという場合があり得るかもしれません。もし実際にそうであれば、彼らの解離は、彼らが自分たちの「本当に望む」ことを実行できるようにするためだけにあると、われわれは結論づけざるを得ないでしょう。このような事態は、もし本当にあるのなら、ただひたすら邪悪です。自分の良心に背かぬように意識をすり抜けることは堕落であり、極めて悪質な暴力的で搾取的な衝動のエナクトメントを円滑化する手段にすぎません。そのようなものは、精神病理などではなく、極めて著しい道徳性の欠陥でしょう。
　けれども、スタインがわれわれに提示するのはもっと複雑な見解です。暴力犯罪者たちを非人間的と見ることにどれほど心を惹かれても、われわれは決して彼らの精神病理を無視することができないというのが、その見解です。スタインによる解離過程の摘発は、議論の手始めにすぎません。スタインの認識では、解離それ自体よりももっと重要なのは、暴力犯罪者たちに解離が生じる**理由**です。この疑問に対する回答において、スタインは非常に大きな創造的飛躍を行います。それは、心理療法、精神分析、精神医学的疾病分類学のみならず、司法心理学、トラウマ学、犯罪学、そして刑事司法システム全般に対しても、

決定的に重要な意味合いを含んでいるのです。

　スタインが行った飛躍は、犯罪者たちの解離に、ハリー・スタック・サリヴァン（例えば、1940，1953）の仕事と、関係的および対人関係的精神分析の立場の著者たち（ミッチェル，1993；デイヴィスとフロウリイ，1994；スターン，1997；ブロムバーグ，1998）が定式化した解離に関する現代的理論とを応用したことです。現代の関係的な考えの著者たちは、アイデンティティが断片化しているのは解離性同一性障害（DIDと略され、かつては多重人格と呼ばれていました）に苦しむ人々だけではないと考えています。「正常な」自己もまた、断片化し、多重的であり、われわれが自分たちはそうであると考えることになじんでいるような、安定した、統一的な自己ではありません。しかし、診断としては比較的まれなDIDの場合とは違い、われわれが「正常な」パーソナリティと呼んでいるものの中にある「複数の自己」ないし「複数の自己状態」は、互いに疎通が可能なのです。このようなパーソナリティにおける解離は相対的なものであり、絶対的なものではありません。例えば、ある対人状況のもとでは、私は怒りを感じることができないかもしれませんが、コンテクストが変われば、確かに怒りを感じることができます。コンテクストの変化につれて、解離されていた自己の諸状態は再び互いに疎通が可能となるのです。

　精神分析の世界では長い間、欲動とその心的表象、そして精神内界の幻想、これらが心の原動力でした。心全体が、欲動と防衛との間の、あるいは本能と文明の要求との間の葛藤を基礎として構築されていると理解されていました。フロイトが何よりも重視したのは、このようなものの見方であり、それは今日でも多方面において依然として有力です。このようなものの見方では、外的世界の意味は、内的世界を形作る様々な葛藤の妥協にしたがって構築されます。

　しかし次第に、とりわけ対人関係的および関係精神分析家たちの間で、意識的ならびに無意識的なわれわれの個人的関心にしたがって経験される生活の中の実際の出来事が、われわれが形成するパーソナリティの源泉なのだと考えられるようになってきました。だから、このグループの考え方において、トラウマが非常に重要になってきたのです。いわゆる外的世界で生じる出来事が重要であり、中でも悪い出来事が重要なのです。外的なものと内的なものは、絶えず互いに影響を及ぼします。それはちょうどM・C・エッシャーが描いた、互いに他方の手を描いている２つの手の絵に似ています。実際、スティーブン・ミッチェル（1988）が精神分析に対する自分の考え方を広く知らしめた著書の表紙に使ったのが、他ならぬこの絵でした。

　解離は誰にでも生じます。誰もが、自分の主観的意識の一部を自分に属さな

いものと感じる、サリヴァン（例えば、1953）の用語法にならえば「自分でないもの」として感じるトラウマを受けた経験があります。極めて深刻なトラウマを受けた人々から引き出された洞察を、同じくトラウマを受けたことがあるとはいえ、その程度がはるかに軽微な人々にも適用したのが、スティーブン・ミッチェル（1993）とフィリップ・ブロムバーグ（1998）の非凡な発想でした。心は常に多重的であり、トラウマの影響を受けて分割されているというのが彼らの洞察でした。そして今度は、「想定内の」「普通の」多重的な自己に関するこの定式化を取り上げ、それを逆に非常に恐ろしい暴力犯罪を実行したはるかに深く傷ついた人々に適用したのが、アビー・スタインの非凡な発想です。解離は、関係精神分析の中でぐるりと一巡したのです。

　この考えは、次のように表現できます。経験が解離されるのは、その恐ろしい経験が自分の身に起きていることにその人自身が耐えられないためです。そのような自己は、隔離され、分離され、離れたままにしておかれます。そのような自己が「自分でないもの」です。しかし、自分でないものは、ただこっそりと心の片隅に隠れ住むだけではありません。自分でないものはエナクトされます。解離された経験は、決まってエナクトされるのです。それが、そのような経験が人生の中に姿を現す唯一の方法なのです。なぜなら、そのような経験は一度も象徴化されたことがないし、その経験を拒絶している心には、それを象徴化することはできないからです。スタインが述べるように、そうした経験は語り得る姿になったことがないのです。だから、それについて考えることもできないのです。心理療法および精神分析において、このような欠如、このような解離は、セラピストと患者の間に生じるエナクトメントの源泉です。そして、セラピーが進展するためには、そうしたエナクトメントを何とかしてうまく処理しなければなりません。それどころか、こうした考え方をする多くの関係的理論家たちにとっては、エナクトメントとそれを乗り越えることこそが心理療法の仕事の核心なのだとさえ言えるでしょう。

　そこでスタインは、こうした考えをその源泉である深刻なトラウマに改めて適用して、子どもたちがひどいトラウマを受けた場合、彼らの一部分は解離されるのだと述べています。解離されたそうした部分は、まったく意識されません。それらは、自分でないものになっているのです。しかし、それらはエナクトされ、行動を通じて人生の中に現れます。もし解離された自己が暴力の被害者であるなら、そのエナクトメントもまた暴力的です。この新たな暴力の被害者が攻撃される理由は様々ですが、多くの場合それは、相手に傷つけられてさらに屈辱を与えられることを恐れ、避けるためなのです。

スタインは自分の見解を説明する仕事を非常にうまく成し遂げているので、私はその極めて概括的な素描を行えば十分でしょう。私が強調しなければならないのは、しばしば非人間的であると思われてきた様々な行為を、スタインが人間的な領域の内部に連れ戻したことです。人間のこうしたひどく恐ろしい様々な行為が、誰もが自分自身のうちに認めることのできる反応が拡大されたものであることを、スタインはわれわれに示しています。運が悪ければ、自分も同じ不幸な道をたどったかもしれません。人々が互いに相手に対して行い得る極めて恐ろしい行為の数々は、意味を創造しようとする何らかのひどく歪んだ努力として実行されるのです。人生には無意味な出来事もあるかもしれませんが、暴力のエナクトメントは決して無意味ではないのです。

　本書は、非常に解決の難しい倫理的な問いを投げかけています。われわれは、暴力犯罪者たちにどのように向き合えばよいのでしょうか。スタインは本書の末尾において、彼らを対象として一定の成果を収めてきた心理療法について述べています。しかし、行為に対する責任の問題はどうなるのでしょう。精神分析家であるとともに司法心理学者であり、その立場からこうした諸問題について価値ある独自の考えを持っているドン・グライフ（2004）は、性的殺人を扱ったスタインのある論文（2004）に心のこもった意味深いコメントを寄せています。行為の責任と、理解することと、邪悪さとの間の解きほぐし難い問題というコンテクストにおいて、グライフの考えは長文ですが引用する価値があります。

　　性犯罪者たちを査定する経験を持ち始めた頃、ある受刑者が淡々とした調子で、子どもの頃に両親から受けた長期にわたる残酷な虐待と拷問について、恐ろしくて身の毛もよだつような内容を話すのを聞いたことがあった。話を聞き終えて涙ぐんだまま刑務所を後にした私は、もし自分が彼の両親のもとに生まれていたら、今の彼と同じ境遇にならなかったとは言い切れないと考えたのだった。運が悪ければ、私も同じ目にあっていただろう、そう思った。彼は、子どもを相手に繰り返した性犯罪のために、20年間収監されていた。彼の乏しい内的な資源からは、出所がかなうほど彼が変化することは期待できそうになかった。罪のない人々に押しつけた苦痛と損害を思うと、大部分の性犯罪者たちに対して、私は何よりひどく腹が立つとともに悲しい気持ちになった。しかしこのときは、この男性が受けた子ども時代の被害体験の恐ろしい細部に、そして彼が受けた虐待が、また彼の恐るべき児童期の結実である発達の深刻な挫折が彼を犯罪の道に導いた、その避けようのない道筋に、私は非常に大きな衝撃を受けた。その夜、私の気持ちは

一晩中かき乱された。
　この男性はひどく悪質なのだとか邪悪なのだとか考えれば、気が済んだかもしれない。彼と私は生まれつき異質なのであって、たとえ私が彼のような悲惨な児童期を過ごしたとしても、私が幼児性愛者になるとは考えられないと、そう信じれば気休めになったかもしれない。正直なところ、そう考えたほうが楽だっただろう。しかし、私にはそう信じることがどうしてもできなかったのである。めぐりあわせが人生の可能性をどれほど大きく左右するものかを私は思い知り、ひたすら切ない気持ちになった。人は自分の親を選べないし、ある年齢に達するまでは、親が自分に対して行う行為をどうすることもできない。不運な境遇にある人々にとって、これは恐ろしい真実である。
　スタインが記述している殺人者たちや、子どもを殺す少年たちに対して、われわれは、彼らは自由な意志で自分の行動を選択したのだと考えがちである。少なくとも犯罪者の責任の法的な定義にしたがえば、暴力的な人々の大部分は自分たちがしたことは悪いことだと確かに知っていると私は思う。しかしまた、スタインが強調するように、人生早期の深刻な虐待が暴力を生み出すことも確かである。「悪の再生産」(グランド，2000) は、いつも謎めいて見えるわけではない。
　もし、悪事を働く者たちがまったく邪悪な人間でしかないのなら、とるべき適切な対応は、処罰と社会防衛である。効果的に暴力の抑止に取り組むためには、処罰と防衛が決定的に重要である。人々が暴力に対して正義を求めて憤り、そうした暴力を抑止すべき責任があったと思える人々を非難することは理解できる。しかし、犯罪者たちを処罰し、罪のない人々を保護するだけでは十分ではないのだ。われわれが暴力の抑止を望むなら、暴力の根源がトラウマにあることを理解し、その問題に取り組まなければならない（pp.524-525）。

　これが、スタインが本書に込めた率直で断固としたメッセージです。われわれは、トラウマが子どもたちに及ぼす影響を、そしてまた、トラウマを受けて育った成人たちにトラウマが及ぼす影響を、理解しなければなりません。そして、この問題に関して何をなすべきか決めなければなりません。われわれはそれをただ放置しておくのでしょうか？　われわれには本当に選択の余地があるのでしょうか？　何かこれまでと違ったことを**試みてはいけない**のでしょうか？　この問題におけるわれわれの道徳的責務は何でしょうか？　リハビリテーションを行うことでしょうか？　セラピーを行うことでしょうか？　処罰することでしょうか？　報復することでしょうか？　罪のない人々を保護することでしょうか？　そもそもどうすれば、罪のない人々が保護されているかど

うか、われわれに**わかる**のでしょうか？　解離されたトラウマが無害化されたと、どうすればわかるのでしょうか？　そもそも、そういったことは起こり得ることなのでしょうか？

　スタインは、人生における極めて悲惨な事柄を扱った、勇敢で、とても優れた、創意に満ちた本を書き上げました。彼女は感情論にも悲観論にも屈することなく、この仕事をやり遂げました。恐怖と苦痛にも、彼女は後ずさりしませんでした。本書は並外れた著作です。本書は将来、画期的な貢献と認められることでしょう。

2005年10月

ドンネル・B・スターン

文献

Bromberg, P.M.(1998). *Standing in the Spaces: Essays on Clinical Process, Trauma, and Dissociation.* Hillsdale, NJ: The Analytic Press.
Davies, J.M. & Frawley, M.G.(1994). *Treating the Adult Survivor of Childhood Sexual Abuse.* New York: Basic Books.
Grand, S.(2000). *The Reproduction of Evil.* Hillsdale, NJ: The Analytic Press.
Greif, D.(2004). Discussion of Stein's "Fantasy, fusion, and sexual homicide." *Contemporary Psychoanalysis,* 40: 519-526.
Mitchell, S.A.(1988). *Relational Concepts in Psychoanalysis.* Cambridge, MA: Harvard University Press.(鑪幹八郎監訳、横井公一訳『精神分析と関係概念』ミネルヴァ書房、1998年)
――― (1993). *Hope and Dread in Psychoanalysis.* New York: Basic Books.(横井公一、辻河昌登監訳『関係精神分析の視座：分析過程における希望と怖れ』ミネルヴァ書房、2008年)
Stein, A.(2004). Fantasy, fusion, and sexual homicide. *Contemporary Psychoanalysis,* 40: 495-517.
Stern, D.B.(1997). *Unformulated Experience: From Dissociation to Imagination in Psychoanalysis.* Hillsdale, NJ: The Analytic Press.(一丸藤太郎、小松貴弘監訳『精神分析における未構成の経験：解離から想像力へ』誠信書房、2003年)
Sullivan, H.S.(1940). *Conceptions of Modern Psychiatry.* New York: Norton.(中井久夫、山口隆訳『現代精神医学の概念』みすず書房、1976年)
――― (1953). *The Interpersonal Theory of Psychiatry.* New York: Norton.(中井久夫他訳『精神医学は対人関係論である』みすず書房、1990年)

まえがき

　私が初め書こうと思っていた本は、本書とは違っていた。
　1990年代に、ニューヨークのベルヴュー病院でインターンとして訓練を受けていた私は、医学モデルによる診断と介入に強い魅力を感じていた。私は、刑務所で受刑者たちと面会し、彼らにある病理を見つけ出すことに取り組んだ。実際、精神医学的疾患はいとも簡単に見つかった。その刑務所は、未治療の症状と症候に満ちた一触即発の火薬庫のようだった。そこに見られたのは、躁病、自殺関連行動、パラノイア、神経学的障害などであったが、最も気がかりだったのは、病理的な解離の様々な徴候が見過ごされていることだった。犯罪精神医学のパイオニアであるドロシー・オトノウ・ルイスの個人指導を受けて、私は解離された暴力の特徴的な痕跡を見分けるようになった。そのような暴力は、児童期に受けた暴力に始まり、精神疾患によって強められ、最後には成人後の犯罪行為の中に姿を現すのだった。
　当時の社会の動向では、児童期にトラウマを受けた成人たちに多重人格障害の診断を下すことが流行していた。私たちが出会う受刑者にしてクライエントたちは、まさにぴったりこの条件を満たしていた。それぞれの受刑者が様々に異なる語り方で紡ぎ出す破壊とその償いをめぐる物語には、悪夢のような子ども時代が陰に陽につきまとっていた。私はこうした受刑者たちについて、そして彼らの人格の多重性が法的に免責されるべきものかどうかについて、本を書きたいと思った。その本は、刑事司法システムが精神の正常性を認定する際の論点である、彼らの認知と意志のあり方について論じるものになるはずだった。私が立てた問いは、「交代人格」が犯した違法行為について、多重人格者にはどの程度責任があると考えるべきなのかという問いだった。
　それは不適切な問いだった。
　もちろん、それは提起する価値のある重要な問いである。エレン・サックス、レフ・スロヴェンコ、マーリーン・スタインバーグ、そしてD・O・ルイスといった、多くの著名な法律家たちや精神科医たちが、被告が受けた今日では解離性同一性障害と呼ばれる診断をめぐって、その心的能力と責任能力にまつわる諸問題に取り組んできた。しかし、90年代の終わり頃までに私は、この問題に対する法医学的な探求に取って代わり、新たな問いを推し進めることにな

ると思える、ある一連の考え方に出会っていた。脅威に対する解離的な反応が普通にどこにでも見られるという臨床的証拠の積み重ねに基づいて、多くの精神分析家たちが、決定的に重要な防衛操作として、抑圧ではなく、解離と呼ばれる心の働きについて、改めて活発に論じ始めていたのである。このような思潮と時期を同じくして、ますます次のようなものに実験的研究が向けられるようになった。

　　目覚めている状態と眠っている状態と夢を見ている状態を、連続してはいるが、不完全で時として行き来が可能な境界で仕切られた、互いに他から区別される神経力動的状態として描く、新しい心のモデルに研究が向けられている。それらの状態は、「解離され」たり、混ざり合ったりする場合がある。それはちょうど、動作の不安定なコンピュータの複数の画面を切り替えているときに、あるプログラムからのコマンドが別のプログラムでフリーズする場合があるのに似ている。
（C・ブラウン，2003）

　心に関するこのような考え方は、心理的障害の見方にどのような影響を及ぼすのだろうか。おそらく、このような定式化にしたがえば、誰もが「多重的」である。情動、欲望、行動、あるいは認知が互いに行き来できないこと、つまりシステムが硬直していることこそが、解離の深刻さと、おそらくはセラピーの難しさを左右するのである。複数の自己状態の間を簡単には行き来できないこと、あるいはそれらに同時にアクセスできないことが、情緒的疾患の基準となる（スターン，1997b；ブロムバーグ，1998）。現代の精神分析の文献を読むことで、加害者の動機と手口に関する犯罪学の考え方に対して自分が感じていた違和感を、私はようやく理解した。そして私には、こうした私の違和感が医学モデルでは決してうまく解消されなかった理由がわかってきた。解離に関するこの精密な見方によって、私の調査資料に含まれる多くの難問が、とりわけ人が自分の生活史について知っていると同時に知らないでいることをめぐる難問が、説明できるように思われた。私は、自分が面接して、あるいは裁判記録に目を通して集めた、暴行、レイプ、殺人の物語を、こうした考え方を著述している分析家たちが提供する観点から綿密に再検討することを余儀なくされたのだった。

　私が異議を唱える犯罪者に関する諸説の中には、明らかに疑わしいものがある。例えば、連続殺人犯たちは魅力的で、知的で、感じがよいとか（みなさんはジョン・ウェイン・ゲイシー▽訳注1やオーティス・ツール▽訳注2のことを見聞きしたこと

はないだろうか？）、凶悪犯の大部分は、まるでそれが自分の職務であるかのように、特定の種類の犯罪行為にもっぱら手を染めているといったような疑わしい説もある（実際には、1つの告訴状の中に驚くほど多くの罪名が含まれるものであるのだが）。暴力犯罪をめぐる神話の誕生を助長してきた他の諸説は、そこに真実が部分的に含まれているために、反論することがはるかに難しい。犯罪行為の引き金として意識的に耽溺した空想の重要性を指摘する説もあれば、犯罪者の感情表現の乏しさの起源に関して、得られた資料をもっぱら遺伝的観点から解釈する説もある。また、疑わしい前提に基づいて、犯罪者の多くはでたらめなやり方で犠牲者を選んでいると主張する説もある。

　理解のもつれを解くのが非常に難しい概念の1つが、良心という属性をめぐる、より正確には良心という属性の欠如をめぐる、犯罪者の「精神病質」という概念である。クラフト＝エビング（1886）は、独自の倫理的観点を、快楽殺人者、幼児性愛者、レイプ魔、屍姦症者といった診断に適用して、彼らが自分の欲望を行動に移すことをただ禁じさえすれば、ともかく彼らの道徳的素質を再建することにつながると提言した。それ以来、良心をめぐる「自分のほうが君よりも優れている」式の考え方が、犯罪者たちの人間像を描き、彼らを取り調べ、尋問し、理解し、社会復帰させようとする努力を損ない続けてきた。防衛には次々に切り替わっていく性質があることを的確に認識する心理学モデルであれば、道徳的あるいは共感的な能力や欠陥について、有るか無いかのどちらかとする二者択一的な解釈を採用する必要はない。良心とその呵責は犯罪者たちにもあるし、人並み以上に強くさえあるかもしれないのだが、時に見失われるのである。それはちょうど、私たちの場合にも、自分の存在を脅かす多様なトラウマに直面すると、そうしたものが見失われてしまうのと同じである。人々の多くの行為は、意図的にも、無意識的な必要性からも、道徳的束縛から自由である。子どもの頃にひどい虐待を受けた人々においては、道徳的束縛からの自由を選ぶことは、生き延びることと同じことなのである。

　お気づきのように、私が最も主張したい重要な点は、それまでにネグレクトを受け、無秩序な外界にさらされ、混乱した心的世界を抱える自己システムに身体的虐待および性的虐待が加えられると、その影響は犯罪の源になるほど大きいということである。このような自己は、選択的に脅威に身をさらすことに相当に慣れてしまっていて、他者に対する変わらぬ共感的な態度を育む対象恒

▽訳注1　地域の人望を集めてきたビジネスマンであったゲイシーは、少年を含め30人以上の男性を殺害し、自宅の床下に埋めるなどしていた。
▽訳注2　カルト集団に所属し、暴行、放火、強盗、殺人を頻繁に繰り返したとされる。

常性と語りの一貫性を十分に発達させることができない。そのような場合には、共感的な態度は、その母体である自己ならびに他者の対象表象と同じく、もろく崩れやすいのである。

　私が本書で語る様々な物語の中で、解離は暴力の呼び水であるとともに、暴力の結果生じるものでもある。本書で提示する資料は、人間の行動のいくつかの極限を見せてくれる。私が本書にたどり着いたのは、それをたどってきたからなのだ。けれども広い意味では、このパラダイムは、虫の羽をむしる男の子にも、嫌がるデート相手の下着をはぎ取るような人にも、いらだちが昂じて自分の子どもを平手打ちにする女性にも、同じく当てはまる。これらの「加害者たち」は誰ひとりとして、刑務所の監房や精神科医の診察室に足を踏み入れることはないかもしれない。暴力の物語はすべて、大なり小なり解離の物語である。こうしたひどくむごい物語の数々が、そこまでむごくはない日常の物語にも何らかの光を投げかけることを、そして延々と続く不快な日々の中で虐待を受けている子どもたちと虐待する側の大人たちを、これまでとは違った観点から思い描くきっかけとなることを、私は心から望んでいる。

目　次

日本語版への序文　iii
序　文　ix
まえがき　xvi

第 1 章　暴力の物語の中の行為主体の位置づけ：「自分がやったのか？」　003
　　　　最初の研究　004 ／児童虐待と解離　006 ／児童虐待と解離と成人の暴力　006 ／トラウマを受けた脳　008 ／罰と罪　011 ／性的殺人：愛着理論　013 ／招かれざる客たち　015 ／私たちはここからどこへ向かうのか？　020 ／方法と資料　023

第 2 章　言葉を持たない者たちとの対話　029
　　　　沈黙のテクスト　030 ／曖昧な話し振り　031 ／無声映画　033 ／心的規則：文字と精神　036 ／攻撃の言葉　039 ／結合の不全　041 ／合成と歪曲：不明瞭な自己　043 ／不完全な文章：トラウマと言語の機能不全　046 ／神経学のサブテキスト　048 ／妨げられた言葉：トラウマを受けた時期　050 ／犯罪者の感情表出の論理　052 ／事例：象徴化の欠如　053 ／考　察　057

第 3 章　犯罪者の不運　061
　　　　捜査資料より　061 ／犯罪の痕跡を追う　063 ／空虚さについて　065 ／見られるようになること　066 ／収容所　071 ／罪悪感は確かに存在する：その原始的な諸形態　081 ／考　察　089

第 4 章　極限の倒錯　093
　　　　取り払われた愛着空想　096 ／空想が空想でなくなるのはどんな場合なのか？　097 ／うまく働かない空想　102 ／空想と現実の区別　105 ／魅惑された状態：トラウマの性愛化　106 ／退　行　107 ／空想と融合と性的殺人　108 ／キム・スタンダード殺害事件　112 ／ジャスタスとプレソリイの語る物語　114 ／考　察　126

第5章　目覚めている間に夢みること　131
　　　　疎外された自己　132／臨床例　135／トラウマとプレ・トラウマ　137／現実化する破滅　138／主体の帰属　140／擬人存在と副次的な語り　143／複数の状態　145／好ましからざる人物たち　148／身体をコントロールすること　151／アダムの3つの顔　155／筋書きのある即興と暴力的な決着　160／時は待つ　162／無から生まれる意味　165／考　察　167

第6章　結論：自覚と責任能力と制御　171
　　　　攻撃性の闇　172／手段と目的　173／解離からエナクトメントへ、そして再び解離へ　173／共感から自制へ、そして再び共感へ　177／代理的な実行者：見えざる手　179／臨床家よ、自分自身を癒せ　181／セラピーは効果があるのか？　186／最大限の安全保障　187／効果的なプログラム　190／最終考察　192／2人の医者　194／結語：物語ることは意味を生み出すことである　196／事例の記録　197

文　献　199
人名索引　214
事項索引　217
謝　辞　219
監訳者あとがき　222

装丁　濱崎実幸

児童虐待・解離・犯罪
暴力犯罪への精神分析的アプローチ

PROLOGUE TO VIOLENCE:
Child Abuse, Dissociation, and Crime
by Abby Stein
Copyright ⓒ 2007 by The Analytic Press, Inc., Publishers
Authorized translation from English language edition
published by the Taylor & Francis Group LLC
Published by arrangement with Paterson Marsh Ltd., London
through Tuttle-Mori Agency, Inc., Tokyo
本書の日本語版翻訳権は、株式会社創元社がこれを保有する。
本書の一部あるいは全部についていかなる形においても出版社
の許可なくこれを使用・転載することを禁止する。

第1章

暴力の物語の中の行為主体の位置づけ：
「自分がやったのか？」

　マチアス・レイエスは、強盗ならびに連続婦女暴行の一連の犯行歴の最後に、隣室にいる子どもたちに聞こえる場所で、その母親である妊婦をレイプし刃物で刺し殺した。彼は、現在ではセントラル・パークのジョガー事件の「真」犯人と目されている。犯行後、彼は被害者であるそのジョガー、トリシャ・メイリを瀕死の状態でセントラル・パークに置き去りにした。暴行の被害状況のあまりのむごたらしさに、ニューヨーク市警の刑事たちは、いまだにそれが単独犯による犯行であることを信じかねているほどである。ところがレイエスは、自分が暴力的だと言われることを断固として受け入れない。「ぼくは常に暴力には反対だ」という彼の発言が伝えられている。自分の言い分の正しさを強調するかのように、レイエスは自分の弁護団の心理学者に、自分が性的暴行を働いた被害者を救うために自ら匿名で救急の通報をしたことがあると話した。このような一見矛盾した行動は、自分の行為が合意に基づくものだと自分に信じ込ませるように、レイエスはレイプした相手と一緒にシャワーを浴びるのが常だったという複数の報告とも符合する（フリン，2002）。

　レヴィッチとシュレシンジャー（1989）は、63歳の女性を何の理由もなく刃物で刺した罪で告発された15歳の少年の事例を報告している。自分の行為を次のように淡々と説明するその少年は、自分の敵意にまったく気づいていないように思える。「ただあの女の人を刺しただけさ。全然何も考えていなかった。誰かを刺そうなんて全然考えもしなかった。ただ運が悪かったんだ」(p.14)。

　かつては意欲的に法律を学ぶ学生であり、自殺防止ホットラインの献身的なボランティアをしていたある人物は、自分が犯した無数の殺人について身の毛がよだつほど詳細に告白した後に、ある精神科医に向かって次のように言った。「あなたの目の前に座っている男は、誰も殺していないんだ」。この受刑者の名は、セオドア・ロバート・バンディといい、大量連続殺人の罪で1989年にフ

ロリダで電気椅子により処刑された^{▽訳注1}（ルイス，1998, p.3）。

ミネソタのブレイナード在住のある男性は、閉店時にバーを一緒に連れ立って出た女性の失踪に関与した疑いを持たれた。警察に対し、「何があったか、ぼくは知らない。彼女は無事だと思うよ」と語っていた彼は、後に女性の死体を埋めた場所に警察を案内したのだった（ハガ，2003）。この男性ウィリアム・G・マイアーズは、女性の失踪事件の時点では告発されなかったが、最終的には、失踪した女性エリカ・ダルキストを殺害した罪を認め、懲役21年を宣告された（マッキニー，2005）。

この事件の記事は、中西部に住む私の友人のジャーナリストが、私が詳細な面接や裁判記録から抽出した犯罪者の語りの分析に取り組んでいることを知っていて、電子メールで送ってくれたものである。この事件の犯人の解離した供述は、慣れない人の目には愚かしくも大胆で底意地の悪いものに映るだろうが、私にはよくある見慣れたものに思えたのだった。

最初の研究

私は1990年代に、記憶に関する研究プロジェクトの一部として、医療刑務所の病棟で医学的査定を受けることになっている64人を対象に面接を行った。受刑者が犯した罪は、軽微な窃盗から複数の殺人に及んでいた。対象者の80％が幼児期に身体的虐待を受けたと話した。その半数近くが養育者からひどく悲惨な虐待を受けていた。多くの者が、親や親に代わる人物から、重いやけど、骨折、意識喪失、持続的な性的虐待、殺すぞと脅される、実際に殺されそうになるなどの被害を受けていた。

私が面接した対象者の4分の1近くに、深刻な離人感、非現実感、健忘のエピソードが認められた。解離の兆候と症状は、暴力傾向の非常に強い受刑者たちに最も高い頻度で認められた。注目すべきことに、非常に病理性の強い解離を伴った11人の犯罪者たちは、誘拐、母親に対する殺人未遂、殺人、放火、連続レイプ、悪質な暴行、武装強盗といった、非常に残忍な犯罪を行っていた。このうち5人は、自分の犯行を覚えていないと述べたが、告発された罪状につ

▽訳注1　本書には、アメリカ社会でよく知られた殺人者たちが取り上げられ、紹介されている。そうした殺人者たちの多くについては、翻訳を含めて、日本語で読める文献がいくつかある。例えば、平山夢明『異常快楽殺人』（角川書店、1994年）、ロバート・D・ヘア『診断名サイコパス』（早川書房、1995年）、ロバート・K・レスラーとトム・シャットマン『FBI心理分析官』（早川書房、2000年）、同『FBI心理分析官2』（早川書房、2001年）、ロナルド・M・ホームズとスティーブン・T・ホームズ『プロファイリング：犯罪心理分析入門』（日本評論社、1997年）など。

いて無罪を主張した者はいなかった。自分の犯行をしばしば否認する、解離を伴わない犯罪者群と著しく対照的に、このように、解離を伴う者たちは、自分がしたことに覚えがない場合でも、まったく抵抗なく罪を認めていた。しかも、これらの犯罪者たちは、自分の犯行を覚えていないと主張したにもかかわらず、すらすらと自らの犯罪を告白したり、自分の有罪を議論の余地なく決定づける証拠を捜査官たちに提供したりしたのである（スタイン，2000）。私の研究結果は、犯罪者たちに、とりわけ暴力犯罪で収監された者たちに病理的なレベルの解離を認めてきた犯罪科学領域の多くの臨床家や研究者の研究結果にぴったり符合するものであった（アリソン，1981；ブリス，1986；ルイスとバード，1991；ルイスら，1997, 1998；スノウとベックマンとブラック，1996）。

　私の研究計画が警察の捜査記録の保管資料の調査にまで広がるにつれて、児童期のトラウマと解離と成人後の暴力との結びつきを研究する上で関連があると思われる情報を、私は意識して記録に残すようにした。後になって驚いたことに、このような目的を持たずに集めてきた（児童虐待や解離の兆候や症状に関する質問を一律には行わなかった）調査資料の中にさえも、虐待と解離との関連を読み解く多くの資料が含まれていたのである。

　2000年にこの最初の研究プロジェクトが完了して以後、少なくとも5つの量的研究が、解離と犯罪との関連に注目して、多様な犯罪者群の中に非常に高いレベルの解離が見られることを見出した。モスコヴィッツ（2004a, b）はこれらの諸研究と先行研究のレビューにおいて、カールソンとパトナム（1986）の解離体験尺度（DES）を施行した拘置所および刑務所の収監者の25％が、一般に重度の解離性の病理の存在の指標とされる30点以上の得点を示したこと、7.0％から9.5％が50点以上の得点を示したことを見出した。私はDESのような自己記入式の調査方法よりも、自由な回答を求める対話式の調査方法のほうが好ましいと思うが、モスコヴィッツが示した数字は非常に示唆に富んでおり、受刑者に認められる解離の割合に関する私自身の観察所見を強く支持するものであることを認めざるを得ない。

▽訳注2　解離体験尺度は、解離症状の有無と程度をスクリーニングする目的で用いられることの多い質問紙形式の心理テストである。28項目の質問（例えば、「気づくと自分がなぜその場所にいるのかわからないことがある」「自分の身体が自分のものではない感じがする」など）から成り、それぞれの項目について、「まったくない」を0、「常にそうである」を100として、日常的にどのくらいそのような体験があるかを自分で評価して記入するものである。

▼原注1　私は被面接者たちに解離体験尺度質問紙への記入を求めたが、字が読めなかったり、教示に従わなかったり、質問内容が理解できなかったりという諸問題のために、曖昧な結果しか得られなかった。

児童虐待と解離

　多くの臨床家たちや研究者たちは十分な根拠に基づいて、深刻な解離の病理は、幼児期の慢性的な身体的、性的あるいは心理的虐待（またはそれらの虐待の複合）と密接な関係があると思っている。ただし、そのような虐待だけが解離の病理の原因とは言えないかもしれない（ゼリコフスキイとリン，1994）。例えば、ティルマンとナッシュとラーナー（1994）は、虐待的環境の中に他にもある病原的な影響要因を捉え損なうと、虐待と解離の結びつきの本当の性質を見落としてしまうと警告している。これらの研究者たちが虐待と解離は単純に直結していないと仮定するのは、明らかに妥当である。暴力的な家庭、性的関係が乱れた家庭、あるいはネグレクトのある家庭は、多くの場合、様々な点で機能不全状態にある。そのため、どの条件の組み合わせが家族成員たちの精神病理に最も強く影響しているのかを見分けることは、不可能ではないとしても、ひどく困難である（p.407）。

　研究のための関心を離れて、多くのドメスティック・バイオレンスの被害者たちと話をした経験から私が確信しているのは、親密な身内から殴られたり、レイプされたり、心理的暴力を受けたりしている最中には、非常に原始的な防衛が呼び起こされるということである。そのような苦痛に満ちた状況においては、過大な刺激を受けている脳は、流入する情報を否定し、否認し、離人化し、非現実化して、神経システムがそれを意味のある経験に変容するよりも前に、目の前で起きていることから目を背けようとするのだろう。これが解離の過程の核心である。それはまた、自分を取り巻く世界に、とりわけ世界を崩壊させる力を秘めているように思える出来事や対人的関わりに対処する、極めて素朴ではあるが、なくてはならない方法である。

　もちろん誰もが、不安を和らげる方法の1つとして、時には防衛のために解離を行っている。しかし、ネグレクトや虐待がひどい家庭で育った人々は、防衛のためばかりでなく、何も起きないうちにも慣習的に解離を用いる。それが、どんな害が及ぶかわからぬままに攻撃性を発揮するやり方になっているのである。

児童虐待と解離と成人の暴力

　アメリカ国立司法研究所の最新の研究によれば、発達早期に虐待やネグレクトを経験すると、統制群と比較して、検挙される確率が青少年期で5倍近く、

成人期で2倍になり、暴力犯罪を繰り返す確率は3.1倍になる（イングリッシュとウィダムとブランフォード，2001）。実際、私が知っている裁判所職員、刑務所職員、治療施設職員で、暴力犯罪者を観察する立場にある人はほとんど全員が、どれほど暴力が世代間を伝達する現象であるかを痛切に感じていると打ち明けている。他人に対する暴力に先立って、ドメスティック・バイオレンスが頻繁に認められるという事実は、研究によっても支持されている（ウィダム，1989）。しかしながら、予防とリハビリテーションに非常に重要な意味を持つにもかかわらず、刑事司法政策の高度に政治的な舞台では、この事実はほとんど無視されている。

　臨床群を対象とした複数の研究で、自分から仕掛けていく暴力行動は深刻な解離を示す人々に生じやすい傾向があることが、またいくつかの研究では、病理的な解離を伴う場合には、児童虐待の既往歴のみがある場合に比べて、暴力傾向がより強く予測できることが示されてきた（例えば、モスコヴィッツ，2004b）。すでに述べた通り、刑務所や拘置所に収監されている人々の中には、深刻な解離を示す男女が非常に多数含まれているし、その一部は非常に暴力的である。児童虐待と暴力と解離には概念的にも疫学的にも重なり合う部分があるので、犯罪者を対象とした研究の場は、それら3つを総合的に分析するのに適している。

　犯罪者たちは高い割合で児童虐待の被害者であるのだから、彼らは児童期のトラウマを解離し、その結果それを繰り返しエナクトしてきた可能性が高いというのが、本書の仮説である。暴力が誘発されてエナクトメントへと至ってしまうのは、解離だけが理由ではない。子どもたちは養育者の行動を模倣しているのかもしれない。行動の調整が困難になる中枢神経系の損傷を受けているのかもしれない。自分を虐待した人物に復讐できないがために、代わりの処罰対象として弱者を探し求めているのかもしれない。しかし、いずれにしても、暴力に満ちた過去が生々しく未処理のまま現在に流れ込むのを最も強力に促進するのは、発達早期の強烈で反復的なトラウマによって結実した病理的な解離である。解離の過程は象徴化を妨げるので（ブッチ，1997）、暴力について内省することも、そこから何かを学ぶこともできない（デイヴィスとフロウリイ，1994；スターン，1997b；ブロムバーグ，1998）。その結果、暴力への衝動に折り合いをつけるのは困難であり、多くの場合、鎮めることもできないのである。解離された暴力は、非常に安っぽいポルノグラフィのように、まるで同じ道筋を際限なく繰り返したどることを定められているかのように見える。

　解離性障害についての現行の医学モデルは、多くの点でロバート・ルイス・

スティーヴンソン（1896）が作品に描いた「心に目覚めた悪霊」の模倣にすぎないが、そのようなモデルから私は離れたいと思う。それに代わって私が注目するのは、精神分析の関係学派や対人関係学派ならびに現代の神経科学において用いられている、解離とエナクトメントについての精密な諸見解である。

トラウマを受けた脳

　意識に関するポスト・デカルト主義のモデルでは、心とは客観世界を記録する脳の諸機能の反映にすぎないとする考え方を乗り越えている。アーノルド・モデル（2003）は、象徴的思考には脳の原始的領域に由来する感覚−情動的興奮が必要であるという点で、心には「実体がある」と述べている。深刻なトラウマを受けた人々は、ある種の防衛的な麻痺を経験していて、その結果、強く刺激された身体感覚的な情報はばらばらのままで、より高次の神経処理過程に利用できないのかもしれない。

　例えばベッセル・ヴァン・デア・コークとその同僚たちのような、トラウマ理論の生理的機構の提唱者たちは、脳に虐待経験が刻み込まれる仕組みについて、臨床から得られた推測を実証的に裏づけてきた。これらの研究者たちは、次のような仮説を持っている。トラウマとの遭遇によって生じる知覚−情動系の氾濫は、主として危険に対する自律的な反応として組み込まれており、脅威を与える刺激に強烈に、あるいは長時間さらされると、持続的なホルモン変化と神経化学的変化、ならびに神経解剖学的な構造の変形が起きるというのが、その仮説である（ヴァン・デア・コーク，1996, p.220）。中でも特に興味深いのは、行動の予行演習として心の中身を内省する能力に深く関係する脳の領域である。そこでは、まず心の中身が情緒的に意味づけられ、次いで意思が象徴的に表象される。こうした領域は、トラウマを受けている間その働きが損なわれ、その結果、正常な統合機能が働かなくなることが明らかにされてきた。

> 　経験は捨て置かれ、後になって、なじみがなく他の生活経験から切り離された、互いにつながりのないイメージ、身体感覚、匂い、音という形で回収される。受容した情報を時空間に位置づけるという本来の役割を海馬が果さないために、こうした諸断片はばらばらに存在し続ける。トラウマ記憶は時間を持たず、自我異和的である（p.295）。

　意識の様々な変容が、健忘、非現実感、離人感、アレキシサイミア、身体化

といった、顕著に解離的な特徴を帯びたトラウマ後の防衛として現れる。健康な人格においても、解離は防衛として生じるだろう。しかし、心の中を見つめるときにも現実を評価するときにも、心が1つにまとまっており時間の中で安定しているという基本的な感覚は揺るがないだろう。哲学者のジェニファー・ラッデン（1996）は、この種の解離のあり方を、「単一の自己の中のありふれた異種混交性」と呼んでいる（p.23）。その対極にある厳密な意味での解離性障害においては、象徴的思考は、それはたいてい言語によって表現されるのだが、経験を表現することができない。解離を行う者は、危険を感じるとその脅威を紛らわせる目的で行動する。本書で詳細に見ていく事例の多くにおいて、そうした行動が悲惨な結果を招いたのである。言葉を使うことなく、行為そのものが意思を伝えるのである。

　言語と犯罪の関係についての臨床的知見と実験的知見との間には、興味深い一致が見られる。ハーヴ・クレックレイは精神科医であり、犯罪と解離を扱った黎明期の革新的なその著作は、今では古典に属している（シグペンとクレックレイ，1957）。クレックレイ（1941）の考えでは、犯罪傾向のある精神病質者が身につける「正気の仮面」によって、非定形精神病だけでなく、言語の受容と表出に悪影響を及ぼすある種の「意味性認知症」も隠蔽される。クレックレイ（1941）の仮説によれば、言語の欠陥は情緒的刺激の処理過程に悪影響を及ぼし、行為とその言語表現を切り離し、密かに価値判断を損ない、合意による意味形成を妨げる（リチャーズ，1998を参照）。

　クレックレイの古典的著作である『正気の仮面』（1941）は、犯罪者たちが陰で悪事を企むあり方を明らかにしたと受け止められ、犯罪科学の世界において敬意を集めている。しかし、いつも私は驚かずにいられないのだが、たいていの場合、「いわゆる精神病質者に関する諸問題の解明の試み」という、いっそう意義深い副題は引き合いに出されない。実際この著作の初版の出版時には、クレックレイは、「こうした患者たちの不適応の深刻さに心を動かされ、彼らは精神病患者と呼ばれるべきだと感じ、そのように述べた」のだった。しかし、それ以後の改訂版では、加害者たちの法的責任を免除する目的で自分の言葉が利用される可能性を懸念して、クレックレイは自分の診断を改めた。1988年版では、「大規模かつ持続的な遮断、欠如、不足、あるいは解離」という無意識の働きがあるために、精神病質者と「統合された人格」では現実への関わり方が異なるのだという考えをクレックレイは示した▼原注2（p.370-371）。クレックレイの考えでは、犯罪者たちが示す解離のかなりはっきりとした臨床的兆候が言語領域に現れる。「いわゆる精神病質者たち」は、自分自身の感情を識別した

り他者の感情表現を判読したりできない、ある種の感情失語を示すのである。

　クレックレイの臨床所見を操作的に定義して検証する中で、研究者たちは多様な心理生理的測定を行って、犯罪者たちにおける意味処理過程の異常、とりわけ情緒的な意味を帯びた単語、絵画、物語の認知と評価に関わる心的活動の異常を十分に立証してきた（ヘアとジュタイ，1988；レインズら，1990；ダマシオとトラネルとダマシオ，1990；パトリックとブラドリーとラング，1993；パトリックとカスバートとラング，1994；リーバーとヴェッター，1994；ブレアら，1995）。犯罪者たちが示す意味処理の不適切さは、多くの場合、例えば実験試行中に学習を強化する目的で使われる電気ショックに対して回避反応が形成されないというような、生理的反応水準の全般的な低さの表れの一部である（リッケン，1955, 1957）。少なくとも1人の司法精神科医、ドロシー・オトノウ・ルイス（1992）は、痛みの感覚のなさは人生早期の虐待の結果ではないかと考えている。

　慢性のあるいは極度の身体的苦痛に注意を向けることは、心の健康さを損なう。苦痛を与える人物がその子どもが依存している愛情対象である場合には、その打撃はいっそうひどくなる。このような理由から、繰り返し暴力を振るわれている子どもたちは、そのような暴力を単なる身体感覚的な侵襲のままおいておき、決して心の中で「痛み」として考えたり、明確化したりしない。不幸なことに、痛みを否認することが習慣的になると、それは生存に不利に働く。熱いストーブに手を触れても痛みを感じない2歳児がいれば、その子はやけどにかまわず手をそこに触れたままにしておくかもしれない（実際、痛みの知覚は生存に不可欠なので、先天性の無痛覚症という自律神経障害を持って生まれた人が成人するまで生存することはまれである（メルザック，1973））。虐待を受けている子どもは、（ときには文字通りの意味で）燃えさかるストーブに手を触れたままにしておくように環境から強いられる結果、痛みを感じないことに慣れてしまう。痛みを感じないばかりか、痛みを表現する能力も失っている場合には、そうした苦痛は痛みに代わって、倫理的態度の欠落した反応をしばしば引き起こすだろう。

▼原注2　晩年の分析においてクレックレイは優れた先見の明を示したと私は思うが、彼が自分の立場を微妙に変えたことは残念に思う。この著作の最初の版においては、犯罪者の「仮面」とは、明らかに、本当は精神病であることをかりそめに隠している薄い覆いのことであった。しかし後の版においては、「仮面」は人を欺く犯罪者の態度としてしか理解されていない。私には、クレックレイがこのような解釈を是認するとは思えないのだが。

罰と罪

　トラウマを受けた自己の作用によって、（自己と他者の中の）被害を受けた部分と（自己と他者の中の）加害を行った部分とが解離される結果、一般に良心という日常語で知られている、ある種の倫理的評価尺度を含む主観の一部が、心の働きから切り離される。犯罪者の多くは共感による心の痛みを感じないか、通常の贖罪意識に苦しまない。なぜなら、わき起こってくるそのような感情は、自分のまとまりをひどく脅かすので、それに注意を向けることができないからである。その結果、裁判で寛大な判決を得るためには良心の呵責を言葉で表明することが必要なのだが、こうした犯罪者たちにはそれができないのである。

　暴力犯罪者たちに関する多くの文献は、彼らに罪意識があることに触れておらず、罪意識の欠如こそが社会病質や反社会的人格障害の診断の必要条件の1つと考えられている。しかし、両親による子どもの養育がどれほど不健全なものであっても、最低限の基本的な善悪の観念にまったく触れる機会なく育つ子どもがいるとは考えにくい（ホイットマンとアクタガワ，2004）。むしろ、虐待の行われている家庭では、善悪の観念が途方もなく拡張され、歪曲されているのであって、そうした観念がまったく欠如しているということはめったにない。事実、児童期に一貫性のない苦痛な罰が与えられると不安と罪悪感が植えつけられるのと同様に（サリヴァン，1953b，p.344）、犯罪者たちの多くは、自分が実際に犯した罪以外のことにも幅広く責任を感じるという形で、罪の意識を持ち続ける傾向がある。例えば、私が面接したある男性は、実際には被害者から金品を奪い取っただけだったのだが、武装強盗を働いている最中に人を銃で撃ったと言い張った。かなりの被面接者たちが、まだ罪に問われていない犯罪行為を自ら明らかにしたり、自分が行った破壊行為は告発されている内容よりももっとひどいものだと異議を唱えたりした。確かに、アメリカの刑務所には、虚偽の罪を、しかも多くの場合自発的に告白した多くの人々が収容されているのだ（カッシン，1997）。

　被害者であり加害者である人物が抱く過剰な罪意識によって、愛情対象である養育者からの迫害が、あるいは少なくとも悪意の存在が否認される。以下の語りにおいて太字で強調して示すのは、ある受刑者が自分の受けた虐待を否定し、虐待者の行為を矮小化した例である。

　　ぼくが育った島々では、しつけをするのは祖父母の役割だった。ぼくたちはベルトで、しかもたいていバックルで殴られた。みみずばれができるまで殴られた

けど、**頭を殴られることは決してなかった**。

　母はかんしゃく持ちだった。母はあらゆることに怒りを爆発させた。ぼくに物を投げつけ、殺してやると脅した。1977 年の夏に、兄とぼくは一日中殴られた。ぼくたちは服を脱がされ、ひざまずかされ、そして殴られた。母は、兄に話しかける代わりによく兄を殴ったが、兄はそれが嫌で家を出た。でも、**母は兄を気絶させたことは一度もなかった**。

　ぼくが放課後に遊んでいると、母はよく怒り狂った。祖母によれば、母は虐待的で子育てができない人だった。叔父の話では、母はよく猫をいじめたらしい。でも、**ぼくは殴られて入院したことは一度もなかった**。

　私がこの男性に、腕に残る古いやけどの跡の由来を尋ねると、次のような取りつくろった説明が返ってきた。「それは焼印なんだ。赤ん坊は誰でも、さらわれないように焼印を押すことになっていたんだ」。彼のオーウェル風の語りの中では、やけどさせられることは安全の印であり、やけどの跡は離ればなれになったり捨てられたりすることを防ぐお守りとなる。けれどもたいていの場合、犯罪者の語り手たちはそれほど夢想的ではない。彼らは、虐待を受けた責任は自分にあると、頭から決め込んでいる。

　ぼくは大きくて重いバックルのついたベルトでさんざん殴られた……母は自分ひとりで 4 人の子どもを育てなければならなかった。母は刃物を振り回して父を家から追い出した。ぼくが喫煙しているのを見つけたとき、母は火のついたタバコをぼくの喉に押しつけたことがあった。母は美しくて素敵な人だった。ぼくが「嫌だ」というと、母はぼくを家の中のあらゆる場所で殴った。ぼくが殴られたのは、食事をしないとか、何か悪いことをしたときだけだった。

　虐待を招いた原因は自分にあると捉え直せば、まるで自分の能動的な選択次第で潜在的な虐待者の行動を監視して抑え込むことができるかのように、自分には支配力があるという幻想が得られる。その上、何かを物語るときにはたいていの人たちが細部の正確さよりも全体の調和のほうを大事にするように、現在の自己評価にしたがって過去を作り変えて話すのは自然なことである。虐待的な養育者から過去に受けた評価が刑事裁判によって下された判決と共鳴して、犯罪者が現在の自分の悪人ぶりを過去にさかのぼって確信するのは、無理もないことである。罪悪感が犯罪者を生むのでありその逆ではないと考えた点で、フロイト（1916）は正しかった。

性的殺人：愛着理論

　硬直した病理的な解離と、複数から成る自己が適応していることの間には違いがある。前者には、主観を構成する各部分同士の間に想像力に富んだ対話も実りある対話もなく、生気なく続く中身の空虚な独白しかない（ハーマンス，1996；スターン，1997b）。パイ（1995）が示唆しているように、トラウマを受けた人々は自分自身の想念に悩まされているので、「想像力を働かせること（それ自体）が傷つきの場になる」（p.162）。そこには実りを生む夢想はなく、カタルシスを生む空想を生み出すこともできないのである。

　犯罪者たちは、とりわけ暴力的な性犯罪者たちは、倒錯的で攻撃的な空想にふけっていると言われている（バージェスら，1986）。しかし、私の研究によれば、強迫的な思考の反芻、解離的な空想、あるいはボーダーライン的な妄想に引き込まれてしまうことはしばしばあるとしても、彼らには実際には空想能力がほとんどない。サディスティックなものを含めて、逸脱した性的空想は犯罪とは無関係な一般の人々にも見られる（クレポーとクーテュール，1980）。しかし、大部分の性犯罪者たちは、もっぱらそうした空想ばかりにふけっているのだという見方には、たとえ性的空想の範囲を何らかの性的象徴を含むものまでに拡大したとしても、まったく根拠がないと私は思う。

　たとえ、何か性的なものを思わせる象徴過程が生じる場合でも（しかも、犯罪者たちはこのような高度な観念のまとまりを長く維持することができないので、短く断続的にしか生じないのだが）、そこでは、性衝動の解放よりも、愛着的な関係のほうがはるかに強く渇望されているように思われる。ドナルド・メルツァー（1992）が閉所恐怖症者について検討する中でとても感動的に述べているのだが、見捨てられることにおびえる人々にとって、すべての対象関係の前提条件は対象との融合であり、そこでは有力な競争相手たちを追い払って「母の胸のうちで眠る」ことへの強力な欲求が働いている。しかし、融合から得られる快感よりも埋没に対する恐怖が増すにつれて、このような防衛のための工夫そのものが、分裂と投影性同一視を追加的に発動させるのである。

　殺人が人の人生を奪う行為と言われるのは偶然ではない。多くの殺人者たちは、殺人という行為によって、自分には感じられない自分の存在を実感するのだと説明する。ボラス（1991）はそれを、死せる者たち同士の仲間意識と表現している。殺人を犯すことで殺人者は万能で不滅の存在となり、殺人者とその被害者とは永遠に結びつけられる。確かに、被害者の身体を「所有する」という主題は、連続殺人事件でよく見られる「記念品」（被害者の個人的な持ち物）

の収集と同様に、自分が生きていることを確認するという主題がひどく歪んで現れたものなのだろう。

　パトリック・ジュースキント（1991）の小説『香水』において、生まれつき体臭のない連続殺人犯は、魅力的な人物の匂いを奪い取って自分のものとするために用意周到に殺人を犯す。この殺人者グルヌイユは、そのどれかが自分にぴったりと似合うことを期待して、大切に保管している犠牲者たちの皮膚や毛髪から香水を抽出するのである。これに比べると拙い表現だが、テッド・バンディは暴力行為から得られる満足について、次のような一節を残した。

　　（殺人に）取りつかれるんだ。彼らは君の一部であり、君たち（2人）は永遠に1つなのだ。20人殺しても、30人殺しても、それは同じだ。なぜなら、君はそこに立ち会う最後の人物だからだ。君は彼らの体から最後の一息が出て行くのを感じる。君は彼らの目をのぞき込む。基本的に、そんな状況に立ち会う人間は神なのだ。彼らは君のものになり、永遠に君の一部になるんだ（ゲバース, 1996, p.752）。

　性的殺人者の多くは、性的満足が一番の目的ではなく、テッド・バンディが上述の一節でおぞましい気取った表現で被害者をわがものにすることについて詳しく述べているような性質の融合を探し求めているように思える。実際、多くの性的殺人者たちのそのような姿が記録に残されている。犯行現場に残された証拠によれば、身体を噛み切ったり、死体を儀式的に配置したり、性器に無機物を挿入したりといった、様々な未熟な行為が性行為の**代わりに行われている**のである。こうした犯罪者の多くは、養育者からの攻撃に悪意を認めることへの防衛として、人生早期の虐待や見捨てられ体験に性的な意味合いを与えてきたのかもしれない。このようにして、入り混じった不安と性的興奮が性的倒錯の基礎となり、その結果、犯罪者たちは様々な前性器的性活動に、つまり、性の対象としてどのような性別、年齢、身体部分を選ぶかに関する一般成人の慣習を難なく無視する、退行的な態度に立ち戻ることを強いられるのである。

　大部分の性的殺人者たちの言動には、次のことが明らかに示されている。彼らは、自分が原初的愛着欲求を投影している人物から、あからさまに性的な意味合いでというよりも、原始的な合体として飲み込まれることを求めていると同時に恐れているのである。性的殺人における投影と取り入れの絶え間ない循環には、真の個別化の前段階に相当する発達早期の養育者と子どもとの間の相互作用が不気味に映し出されている。その驚くべき一例を、「縛って（Bind）、

痛めつけて（Torture)、そして殺す（Kill)」という自分の犯行手口から、BTK と自称した連続殺人犯、デニス・レイダーの裁判記録の中に見ることができる（ウィルゴレン，2005）。

　レイダーは、10回分の終身刑を宣告された後に与えられた発言の機会を利用して、被害者たちの思い出を語った。彼は、自分が殺害した被害者たちと自分が分かち合ったものを並べ挙げた。ドロレス・デイヴィスも自分も犬好きだった。ジョー・オテロも自分も空軍にいた。ジョーの11歳の娘ジョージーも自分も、詩と絵画を深く愛していた。レイダーは彼女を裸にして排水管に吊り下げて、マスターベーションをしたのだった。さらにレイダーは、自分はいつの日か死後の世界で被害者たちに再会することになり、そのとき彼らは自分の要求に応え続けるだろうと話した。これは私がこれまで知っている中でも最も邪悪な結合である。被害者たちとのこのような誇大な同一化は、悲哀や後悔の口調で語られたのではなく、運命の絡み合いを淡々と報告するように語られたのであった。明らかに、この男にとっては、殺害行為の前に被害者を縛る手口が、単なる被害者への支配や性的サディズムよりもはるかに重要な意味を持っていた。レイダーの語るところでは、「結合すること」が彼には「大事なこと」であり、彼の儀式的行為の中でも最も気分が高揚する部分であった（デイトライン／NBC，2005）。

　レイダーは、まるで被害者たちがこうした残酷な皮肉を受け入れて、彼の論理に賛同しているかのように、法廷で平然と語った。自分の似姿を探し求める彼の非現実的な願望は、加害者が被害者たちを迫害的な同一化の対象としても、理想化された同一化の対象としても利用することを示す1つの例である。こうして手間をかけて得た融合の産物として、それ以外の方法では束の間に消えてしまう被害者とのつながりを保持する2人1組の自己状態が、犯罪者の心の中で神聖視されるのである。

招かれざる客たち

　本書を通じて私が検討するのは、犯罪科学領域の臨床家が出会う、解離の非常に多様な現れである。私が64人の対象者に行った面接では、受刑者のおよそ3分の1に、境界レベルの解離過程が見られた。彼らは不安を紛らわせるために慢性的に解離を用いていたが、少なくとも部分的には、自分の行動に気づいているようだった。彼らは解離の他にも、例えば投影のようなより高度な防衛機制をいくつか用いることができた（それは投影性同一視や、その同類であ

る投影性偽同一視とはまったく別物である）。また、時には、被害者に対する気遣いや罪の意識をほんの束の間ではあるが感じることができる程度に、自分の心の分裂を乗り越えることができた。彼らにはある程度の空想活動を行う力もあったが、それは未熟で冗長であり、想像というより固執であり、たいていは自発的な意志の産物ではなかった。

　被面接者たちの第2のグループは、全体の4分の1弱から成り、解離的な特徴がかなりはっきりとしていた。このうち11人は解離性同一性障害の基準をも満たした。これらの犯罪者たちの圧倒的多数（92.8％）が過去に精神医学的診断を受けた経験があったが、解離が主要な病理であると診断されたことのある者は1人もいなかった。これらの受刑者たちは多様な症状を同時に呈していたために、彼らを診断した医師たちは、そうした症状の現れについてそれぞれに異なる判断を下していた。深刻な解離を示す者の半数が、過去に互いに異なる少なくとも4種類の診断を受けていた。私は本書の第4章で、現実と想像を、自分と被害者を、事物を表す比喩と事物そのものを、互いに区別することが非常に困難であるように見えるこうした犯罪者たちについて論じる。自己と他者の喪失、激しい嫌悪感、時おり感じる愛情、これらをめぐる語りの中で、彼らが不安定な様々なアイデンティティの間をどのように渡り歩いたのかを探求するつもりである。

　解離について著述した初期の精神分析家たちが想定していたのは、いわば自己の解離された部分が車の運転中に眠りに落ち、はっきりと目覚めた（しかし無資格の）潜入工作員に運転を委ねるというような過程であった（ジャネ，1889；フロイト，1896；レイン，1959；サリヴァン，1953b）。場合によっては、意識的に処理されていないこうした経験が頻繁かつ活発にエナクトされる結果、それらがほとんど性格特徴とまで見なされるのである。

　解離についてのサリヴァン（1953b）の見方は、様々な防衛が強化される過程における、意識と無意識と対人関係で働く諸力との間の精妙な相互作用を、大変うまく捉えているように思う。

▼原注3　投影は、自己の内にあることに耐えられないものを他者へと投げ出すことと、そうすることで脅威の源泉を外界に位置づけることから成り立っている。投影性同一視は、より原始的な防衛であり、自分と他者との間の境界に関する感覚をすっかり喪失し、自分自身が経験すると自分が解体してしまうように感じられる恐怖、強い不安、強い怒りなどを他者に経験させる機制である（カーンバーグ，1992）。投影性偽同一視は、さらに退行的な水準の解離的機制を指す術語であり、主観の中の「自分でない」諸側面が、潜在的な被害者たちの中へと、多くの場合彼らの生命を犠牲にして、排出される（メロイ，1997a）。

選択的非注意の維持のための安全保障操作の第一は、当人に虚偽だとわかっている役割(複数)の演技をすることである……第二に、現実の対人の場と矛盾するパラタクシス的な「私－あなた限りパターン」を利用する手もある。この場合には、使っている「多重人格」をさっぱり把握できない。自分の行動の不安定さもどうしてなのかわからない……第三に、代理過程を利用する手もある。この場合、"よく考えた上で"(相手とは)別のことを話してゆく手もある。これは話題を変えてゆくという意味である。これを一つの極として、中間には"コミュニケーションの状況"を知らず知らずにしてゆく手がある。これは非常に微妙な操作となる場合もある(これは「興奮」と言われる状態に影響を与えるかもしれない。興奮の際には周囲の影響によって話題が非常に転々とし、一つの話題に僅かな時間でもとどまっていることがない)。別の極には強烈に没頭して我を忘れるという手もある。これには暗在過程が付随してくる……最後に「人格変換」がある。これは一過性のことも持続性のこともある(邦訳389-390頁)。

　サリヴァンの見方は、虐待を受けた子どもや、児童期に虐待を受けた暴力的な大人との臨床において私たちが出会うものとよく一致している。心理的に損傷を受けたこうした人々は、情緒の欠落や認知の欠落を、巧妙な作り話による自伝で埋め合わせている場合がある。彼らは、現在とつじつまが合って防衛に役立つような過去を、自ら作り上げる。自分の生活史にこのようなやり方で「筋を与える」ことで、断片化した情動や認知にまとまりがもたらされ、生活史上の出来事が架空の因果関係のもとに順序立てられ(サービン, 1989)、養育者たちの残酷な関わりから受けた暴力に意味が与えられる。このことから、暴力的なエナクトメントに荷担したことを自ら認める一方で、実際に手を下したのは「自分でないもの」(not-me)だと主張する犯罪者のことも理解できるだろう。

　パーソナリティのこうした異質な諸側面を、他の観察者たちにならって「偽りの」と呼ぶことに、私はためらいを覚える(ウィニコット, 1960；レイン,

---

▽訳注3　心的防衛の1つで、自分を不安にする恐れのある刺激や出来事に注意を払うことを無意識的に避けること。
▽訳注4　サリヴァンが人格の中心と考える自己システムは、対人関係において生じる不安を回避する基本的傾向を備えており、そのために発動される対人関係上の行動パターンが安全保障操作である。
▽訳注5　サリヴァンの考えでは、対人関係の中で経験される自己は、「良い自分」(good-me)、「悪い自分」(bad-me)、「自分でないもの」(not-me)に類別される。このうち、「自分でないもの」は、その人の主観的世界の中では自己システムから排除され、自分には関わりのない経験として主観的経験から排除される。

1959)。なぜなら、こうした諸側面には、欠けているものがあったり排除されていたりしても、主観的経験の現実の諸相がしっかりと現れているからである。自己の解離された諸側面が偽りであると言えるのは、次のような場合に限られる。それは、人生早期の他者との交流の中で、出現しつつある本物の自己が伝えようとするものを他者が認識し承認しようとしないときに、子どもたちが身にまとう防衛的な見せかけをそうした諸側面が表わしている場合である。

　葛藤を抱えていない様々な自己は、多くの場合、その見かけを無垢な人、復讐者、救済者といった、よくある社会的性格のタイプから借りている。だから、彼らと出会う臨床家たちや弁護士たちには、彼らがわざとらしくて「偽物っぽく」見えるのである。一般に、こうした人々は大きな二次的利得を手に入れるために、自分たちの病理を誇張しているのだと思われるのも無理はない。もちろん、実際にそういう場合もあるだろう。多くの犯罪者たちは、いとも容易に意識的な注意を一時停止し、行動の主体を別の自己に切り替えるのだが、それは、脅威に対する極度の敏感さと、もっぱら特定の防衛様式ばかりを習慣的に用いることの表れなのである。

　一例として、「ヒルサイドの絞殺魔」として知られる残虐な連続殺人事件で有罪を宣告された、ケネス・ビアンキが挙げられる。ビアンキを多重人格性障害とする診断は、死刑を回避することを目的とした詐病者の演技的な振る舞いであるとして、裁判において検察側の精神医学の専門家によってきっぱりと退けられた。しかし、彼の118年の刑期のうち25年が経過した今日でもまだ、この判断については犯罪科学の一部の臨床家たちの間で議論がある。心身喪失に当たるとする弁護側の主張を検察側が論破するに至った転機の1つは、ビアンキの交代「人格たち」の一部が彼の人生に登場した実在の人物の模倣であることを示す証拠が提出されたことであった。このような模倣は決して珍しいことではない。精神病質の犯罪者たちと関わる臨床家たちは、彼らが明らかに示す模倣の才能は、固定的で並列的な防衛構造に支えられているのではないかと考えている。ビアンキの多重人格は詐病であると固く信じている臨床家たちでさえも（例えば、メロイ，1997a，pp.172-181）、ビアンキの場合と似たような事例において、罪を犯した患者は分裂と解離を作動させがちであり、意識的な欺瞞と無意識的な自己欺瞞とが複雑に入り混じることを認めている。

　　　両立し難い、おそらくは非常に矛盾した、様々な情動や観念の働きを模倣したりなぞらえたりする場合には、防衛の並列性は非常に好都合である。なぜなら、精神病質者の自己経験の現象面に、曖昧さや矛盾を意識する感覚はまったくない

からである。だから、一部の精神病質者たちは、カメレオンのような印象を与えるのだろう (p.144)。

　私たちが今論じているのは、完全な人間ではなく、人間のパーソナリティを完璧にコピーすることができるよう精妙に組み立てられた反射機械を思わせる存在なのである（クレックレイ，1988, p.369）。

　虐待を生き延びた人々においては、たいていの場合、虐待と死の象徴に対抗する力のある補償的な人物像が、姿の見えない声として強く意識に上るようになる。トラウマ関連の文献において、このような人物像は萌芽的パーソナリティと呼ばれてきたが（フェイガンとマクマホン，1984）、通常それらは、本物のパーソナリティが持つ複雑さ、変化、深みを示さない。そのような人物像をより明確に認識する方法の1つは、生き延びた本物のアイデンティティを失う危険を決して冒すことなく世界と交流するために（そして受け入れることのできる物語的歴史を語るために）創造された、もう1人の語り手として捉える見方である。

　虐待を受けた解離的な人々が語る自己像には、ほぼ共通する特徴として、身動きできない子どもパーソナリティ、暴力的であることが多い「保護者」的パーソナリティ、そしてシャーマンあるいは癒し手パーソナリティが認められる（スタイン，2000）。同様に、デルとアイゼンハワー（1990）が、解離性同一性障害の患者たちに見られる3つの中核的なパーソナリティのタイプとして、おびえたパーソナリティ、保護者的パーソナリティ、復讐心に満ちたパーソナリティを挙げている。デイドラ・バレット（1994）も、解離的な人々に認められるパーソナリティのサブタイプの特徴の際だった性質に注目し、それらをユングが記述した集合的無意識の元型になぞらえている。彼女によれば、ペルソナ（従順な主人としての自己）、影（邪悪な自己）、少年（子どもの自己）、アニマならびにアニムス（異性の自己）といったユングの主要な元型が、解離的な患者たちのパーソナリティの布置に驚くほどの頻度で現れるということである。フリッツ・パールズとユングは、夜間の夢に現れる登場人物たちを、意識に届こうと努めている、自己の解離された部分と見なしていた。そしてバレットは、「トラウマによって、夢の中の登場人物たちにより多くの自律性が授けられるように思える……（虐待の）極端な事例では、そうした登場人物たちは目覚めているときの世界の中に侵入してくる」と主張している (p.130)。

　バレットは、ユング派の分析モデルと、自伝的な語りは主として自分の文化

によく見られる筋書きに沿って組み立てられることを強調するナラティヴ主義の伝統とをうまく橋渡ししている（オルブライト，1994）。作話された語りとその語り手のモデルになるのは、ユングが太古的と見なす諸特徴を典型的に示す、同盟者、敵、さらには被害者といった実在の人物たちである。このようにして、その文化の中で有効な「ドラマ的な」諸形式が取り入れられ、そしてそれが、道徳を踏み外した行動を理解する枠組みを示し、その実行者を誰に割り当てるかを決める語りの指針として、後に活用されるのである（サービン，1989, p.194）。

私たちはここからどこへ向かうのか？

　本書の最後の章は、母親の背骨をへし折りたいと考えていたり、自分の分析家を殺すことを夢想したり、自分の攻撃性に何らかの形で悩まされていたりする患者たちすべてを対象とするものではない。こうした患者たちの大部分は、少なくとも社会の安全を脅かすことはないだろう。おそらく、彼らが解離してきたものの多くは、十分に意識化されて葛藤として抱えられてきたものである。そうなれば、心を再統合する作業は計り知れないほど容易になる。

　最後の章で論じるのは、その罪によって収監された経験があるか否かにかかわらず、暴力的な犯罪をすでに実行してしまった人々と、取り返しのつかない他害行動に今にも及びかねない危機に瀕している人々である。前者のグループについては、すでに紙数を割いて述べてきた。後者のグループは、前者とは「別のタイプ」の攻撃的な人々である。彼らは決して刑務所には入らない代わりに、家族に命じられて、あるいは自発的に診察室にやってくる。その理由は、彼らが配偶者と子どもを横暴に支配していたり、猫を蹴飛ばしたり、同僚に対する強迫的な恋愛感情を和らげるために飲酒したり、15歳の街娼を買う習慣をやめられずにいたりするためである。おそらく彼らは、取り返しのつかないエナクトメントに至る寸前のところで踏みとどまっているのだろう。あるいは、彼らはまだ十分に幼かった頃に、悲惨な運命の筋書きが固まってしまう前に、幸運にも助けを差し伸べられたのかもしれない。

　統計はいつも、私たちに現実を突きつける。そこで、問題の大きさを知ってもらうために、いくつかの統計資料を紹介したい。アメリカには、州刑務所または連邦刑務所に服役した経験のある成人が560万人いる。刑務所において、収監されている者のおよそ半数は、暴力犯罪で刑を宣告されている。親密な関係にあった他者に暴力を振るって服役している者の80％は、被害者に重傷を

負わせるか死に至らしめている。被害者を対象とした複数の調査によれば、女性の暴力犯は 200 万人以上いる。矯正システムの監視下にある性犯罪者は 25 万人以上いる。虐待を受けた子どもの数は、年間あたり依然として 100 万人に近い。多数のネグレクトや虐待が未報告のままである事実を考えると、この数字は問題を著しく過小にしか反映していないかもしれない。否定できない事実として、虐待やネグレクトによる子どもの死者は、毎年少なくとも 1400 人いる。この数字が統計的にどの程度正確であるかを論じるのは困難である。▼原注4

　攻撃的な人々や暴力的な人々に救いの手を差し伸べることは可能であると提言するのは、素朴すぎるだろうか？　それどころか、このような提言は、とりわけすでに刑に服している人々に関しては、正当な目標ではないだろうか？ むしろ、極めて粗暴な犯罪者たちも含めて、大部分の犯罪者たちはいずれ出所してくるのだから、そうでなくてはならない。彼らはいずれ、思いのほか早く、法で裁かれる前よりも強い怒りを抱いて社会に戻ってくる。彼らの血に対する渇望（これが怪奇小説の書き手たちや現代の多くの犯罪プロファイラーの表現であるが）を癒すものは、さらに暴力的な犯罪の他にはほとんどないのだ。▼原注5

　現代のパノプティコンが隅々にまで広がっていることを思えば、私たちが攻撃行動への対処についてわずかなことしか理解していないのは驚きである。ルマン＝ラングロア（2003）は、『治安と社会』誌の論文において、犯罪者たちについての私たちの観察所見は、はっきりと行動に現れている面ばかりを見ているために、「視野が狭い」と断じている（p.43）。犯罪者たちに対して、監視を基本とするシステムにおいて行われる介入は、一般に対決と封じ込めから成り立っている。規律違反には、権力の行使で応じる。受刑者の反抗が危険なまでに高まれば、厳重な監禁処分が科される。こうした介入によって、個々の反抗や大規模な暴動さえも抑え込めるかもしれないが、将来の暴力発生の抑止にはつながらないだろう。電気ショック、デポプロベラなどの注入薬剤、▽訳注6 環境内にある犯罪発生の引き金となる手がかりに恐怖反応を植えつけることを目的とした誘導催眠など、異論の多い「矯正的な」介入の使用が増えていることは、

▼原注4　司法統計局、保健福祉事業局、全国犯罪調査によるデータである。
▼原注5　パノプティコンは、犯罪学者であるジェレミー・ベンサム（1791）が自分の理想とする刑務所の構造を説明する目的で使った造語である。比較的少数の看守で多くの受刑者を監視することができるように、中央に監視塔があり、その下方に自転車のスポークのように監房が建てられている。フーコー（1977）は、このような監視機能が社会的支配のより包括的な制度の中に内在化して働いていることを論じた。
▽訳注6　元来、避妊用のホルモン剤で、一度注射すると数カ月の長期にわたって効果が持続する。性犯罪者に対して性欲亢進を防ぐ目的で投与されることがある。

非常に懸念される（余談だが、交通トラブル、家庭内暴力、学校でのいじめなどを含む、よりありふれた社会的攻撃行動への対応もまた、アントニー・バージェス（1988）の『時計じかけのオレンジ』ほどではないとしても、単純化された応報的なものである）。

　ヨケルソンとセイムナウ（1976）が犯罪者たちに見られる「50の誤謬思考」を同定したのを契機に、犯罪行動への認知的アプローチが1970年代に一般的になった。認知行動技法によって、攻撃的な犯罪者たちの倒錯や憎悪といった、近寄れば不快に感じるかもしれない情緒の源から、セラピストはかなり距離を置くことができるようになった。しかしそこには、「暴力的な人々が、理屈は正常だが行動が異常な、思考に欠陥のある人々として理解される危険がある」（ギャド, 2004, p.187）。こうしたプログラムは、人間の行動の複雑な基盤を見落としているし、人を暴力へと駆り立てる衝動はその起源を処理しなければ必ず繰り返し現れることを見落としている。その上、そうしたプログラムは、自己の中の犯罪を実行する部分は容易にその態度を変えることができるという前提で行われるのである。

　成人の暴力犯罪者たちを対象として行われている様々なセラピープログラムは、例えば「防火壁づくり」のように、主として認知行動技法の組み合わせを基礎としている。性犯罪者たちのセラピーとして普及しているこうした方略には、次のような仮定が暗に含まれている。それは、レイプ犯や幼児性愛者は、被害者になりそうな相手を見つけたり、衝動を刺激する状況に直面したりすると、自分の攻撃的な思いと人に対する優しい思いとの間に心理的な障壁を築き、ある程度意図的に解離を起こすのだろうという仮定である。これに対して、私が主張したいのは、あらゆる問題は解離が起きてから始まるのであり、攻撃性が適切に統合されるまでは、犯罪者たちはそれを自分でも気づかずにエナクトしてしまうことを避けられないだろうということである。

　アメリカにおけるプログラムに比べて、イギリスの多くの刑務所におけるプログラムのほうが適切だと思われる。イギリスにおけるプログラムは、たいていクライン派の精神分析モデルに強く影響を受けたスタッフによって運営されている。そこでは、芸術療法、手紙療法、演劇療法、集団療法、コミュニティ療法、環境療法、そして個人心理療法を通じて、内省力、想像力、そして表現力を広げることが目指される。こうした取り組みの多くには共通する理念がある。それは、喪の作業をやり遂げ、それに引き続く（自分自身と被害者に対する）後悔の念に達するには、どうしようもなくみじめに感じられる事柄に目を向けて、それをコンテインしてくれる他者との力動的な関係が不可欠だという

理念である。グループへの分析的関わりの場で犯罪者たちのセラピーに取り組んできたイギリスのセラピスト、マイケル・パーカー（2003）の言葉を借りれば、「まず間違いなく、カタルシスは自閉的な営みではなく、他者に受け止められることを必要とする営みである」(p.179)。

　困難なことに、刑務所において心理力動的なセラピーを選択する臨床家たちは、非協力的な組織、危険を秘め、うまく話せないクライエント、そして臨床家たち自身の解離された攻撃性という、3つの大きな難問に直面する。こうした諸問題ならびにその他の問題については、最後の章において深く掘り下げて論じる。

方法と資料

　犯罪者たちが暴力的な出来事について語る話の多くが、語りの不足のせいで内容に乏しいことに、私は常々驚かされる。かつては、この種の認知的あるいは情緒的な空白は、人間に生来的に備わった、過去に生じた恐ろしい経験についての知覚を抑圧する傾向のためだとされていた。しかし近年では、神経学と心理学のパラダイムの変化が起きている。そこで示唆されているのは、私たちが行う世界との交流の大部分は、一度知った後にどういうわけか「知らない」状態になるのではなく、そもそもはじめから単に注意を向けられていないのだということ、そして、そうしたものは象徴化された、言葉で説明可能な経験としてではなく、何の手も加えられていない生理的データとして蓄えられているということである。解離は、注意を向けないことで刺激を排除する非病理的な方法であり、他者との攻撃的な関わり合いという形で慢性的に過剰な刺激にさらされている人々においては、習慣化され、防衛的なものになる。死の可能性に直面するような瞬間には（被害者の立場であれ加害者の立場であれ）、解離が基本的な態勢となり、そのために、語りを肉づけて詳細なものにする記憶が十分には形成されないのである。▼原注6

　結果に重大な影響が及ぶ可能性があるために確実性を強く求められる状況の中で、犯罪臨床に携わる面接者は、被面接者の言葉が正確には誰の経験世界を反映しているのか、常に確信できるとは限らない。犯罪者たちの語るストーリーは、あたかもありふれた人生の筋書きを借りてきてそこに少しばかり特徴

▼原注6　次のことは、明確にはなっていないが、おそらく確実だと思われる。それは慢性的なネグレクトや、刺激の乏しい状況に置かれ続けることは、とりわけそれが攻撃的な関わり合いと交替して生じる場合には、同種の解離機制の引き金になるということである（シェンゴールド, 1989）。

的な具体例を付け加えたかのように、作り物めいて聞こえることが多い。時には、彼らの語りが非常に中身に乏しいために（あるいは逆に過剰に飾り立てられているために）、児童虐待の話も、犯行時に行動主体を何者かに譲り渡した感覚の話も、その多くは信じることが難しい。当然のことだが、私たちは犯罪者たちを評価するに当たって、自分に課せられた責務上、誘導されたり惑わされたりしないように注意を払う。しかし、信頼性の基準を高く設定しすぎると、探求の範囲が狭められ、受け取った情報の解釈に影響が及ぶ。別の臨床群と面接する場合と同様に、疑い深く絶えず異論を差し挟む態度よりも、中立的な好奇心を持つほうが有益である。

　サリヴァン（1970）は面接者に対し、不安を喚起する情報を収集する過程においては、面接者自身の防衛的な「自己システム」が常に妨害的に働くことに留意しておくように勧めた。それは、被面接者の警戒装置が、そうした情報を意識的に意味づけることを妨げ、ましてや言葉で明確に説明することを妨げるのと同じである。自分自身の検閲の働きに注意を向けなければ、犯罪者たちの経験世界を寄せ集めて、彼らが恐ろしい犯罪行為に至る道のりを明らかにすることは、ほぼ不可能になる。

　誰にでも起こり得ることだが、とりわけ児童虐待、自殺関連行動、性的サディズム、暴力犯罪について、衝撃的な話やおぞましい話を聞く場合、「すっかり話を聞いた」と思い込んで、関連する一連の質問をあまりに早く切り上げてしまいがちである。この問題を回避するために、医療刑務所での研究や臨床においては、続けて行うべき質問は、個々の面接者の裁量に委ねるのでなく、あらかじめ面接に組み込まれていた。

　標準的なセラピー場面でトラウマを受けた患者たちや攻撃的な患者たちに接する臨床家と異なり、犯罪臨床の実践家たちには、信頼関係を発展させたり、辛抱強く励ましつつゆっくりと情報を集めたりする、そんな時間のゆとりはない。防衛と欺瞞の中から「真実」を選り分けるには、長期間の努力を要する。しかし、受刑者たちへの面会は厳重に制限されているので、矯正施設においてこうした評価活動や研究活動を行うには、不確実な時間の枠組みの中で、信頼関係を育み、防衛を解き、傷つきやすい素材を引き出し、逆転移反応を活用する方法を見つけ出さなければならない。

　話の流れを相手に自由に委ねる場合にも、多くのことを知ることができるだろうが、このような方法にははっきり限界がある（マッキノンら，1971；マクラッケン，1988；デラ・フェミナとイエーガーとルイス，1990；クルトシュニットとドーンフェルト，1992；スタインとルイス，1992）。第1に、自分た

ちの思うままに話すのでは、被面接者たちは、実際には分析に不可欠かもしれない情報を関係ないと思って省略してしまうだろう。第2に、被面接者たちは、思い出すのが苦痛だったり、正確に説明するのが難しかったり、もし明らかになれば自分の裁判の判決や自分の受刑生活に不利な結果を招きかねない情報を、意識的に話さないようにするかもしれない。最後に、最も重要な情報は、多くの場合、最も頑強に抑圧されているか、自分を非常に強く脅かす素材の場合によくあることだが、完璧に解離されている。探索が繰り返し試みられなければ、そのような経験の所在をうかがわせる目印は決して姿を現さず、個人の知覚と動機づけに対する真の洞察に私たちはたどり着くことができない。傷つきやすい素材は、決まって、あらわにすることが難しい。このことは、犯罪行為の発生起源の探求にはいっそう当てはまる。犯罪行為は本来的に隠されるものであり、その上、その背景にある心理過程から切り離されているからである。抑圧された素材や解離された素材を引き出す諸技法の考案者であるサリヴァン（1970）は、うまく進む面接の初期の段階を、情報を収集して評価し、さらなる探求のために選り分ける偵察任務になぞらえた。

　さて次のような場合はたしかに精神医学の助力がいる。それは、自分ではわけのわからない対人の場にくり返しくり返し落ち込み、（真実を）理解しなければならないと思いつつできなくて、しかも、適切な行動をしなければ威信にかかわる気がしてならない場合である。もっとも「適切な行動」とはいうが仮説的なもの以上ではない。自分の陥っている場がどういうものか全然わかっていないからである。助力は精神科医と患者とが関与的観察を行うことから始まる。ここで精神科医のほうは患者には今何が起こっているのかを知ろうと努力するのだが、精神医学的面接を重ね、ずいぶんたくさん質問をしてたくさん答えてもらってから、やっと精神科医が何を訊いているのかを患者がわかるようになるくらいのものだ。けれども、その過程で、患者には事態がおぼろげながらあれこれとわかりはじめるもので、この体験が次の段階で患者個人にとって非常に大きな意味をもつようになる（邦訳47頁）。

　本書の面接資料の大部分は、半構造化面接法によって収集された（スタイン，2000の付録A）。この面接法は、注意深く準備された順序で行われるが、重要な情報が途中で得られたらそれに柔軟に対応し、面接者は被面接者たちをあらかじめ計画したそれぞれ別のルートに導くことが許されている。どの選択肢を選ぶかによってストーリーが変化するコンピュータ上の読み物とほぼ同じよう

に、この面接法においては、ストーリーが思いがけない方向へ逸れて、偽りの結末にたどり着いてもかまわないが、ストーリーはともかく前に進むことが求められる。

　様々な理由から、犯罪者たちの物語は、故意によるかどうかにかかわりなく、ペルセウスの盾の中のメドゥーサの頭のようにひどくもつれて見える場合がある▽訳注7。つかみどころのない語りは、面接者が出来事のより鮮明な記述を目指して迫っていかなければ、はっきりとさせていくことができない。長期にわたるセラピーにおいては確実に、また比較的短期間の介入の場合でさえも、主観的世界の細部まで正確かつ詳細に出来事を再構成することは、パーソナリティの「自分でない」諸側面を面接室の中に持ち込み、綿密に探索する上で助けになる（ブロムバーグ, 2005, pp.413-414）。暴力的な人々と面接する際に私が常に望んだのは、そうした詳細な細部の中に「悪魔」が姿を現し、心の奥に届く対話においてそれについて語れるようになることだった。

二次的資料
　裁判記録から抜粋した資料を吟味する場合には、事情はまったく異なる。このような資料の場合、調査目的が何であったかが、残された記録に影響していることは間違いない。多くの場合、司法機関による尋問や責任能力の評価の主要な目的は、社会科学の研究者の目的とは相容れないので、犯罪者たちの内面を知る手がかりを求めて公式記録を精査することは、微生物を研究するために安売りショップの拡大鏡を使うようなことになりかねない。告発されている犯罪について、司法機関による尋問、専門家による証言、自白、被害者の証言、目撃者の証言、検死写真などから得られる証拠は、直接対面してこつこつ集める情報よりも、ずっと多様性に富んでいる。記録として残されている語りは固定的なので、文面からしか情報を得ることができず、文献を調べる場合のように推論によって内容を読み取ることになる。

　私は本書全体を通じて、司法記録に残された語りと、個人的な接触を通じて聞き出した語りとを、どちらであるか明記して、明確に区別している。どちらの種類の資料に対しても、自分の解釈は妥当であると私は確信しているが、私自身が面接したのではない犯罪者たちに見られる解離についての見解は、当然ながら、私自身が行った詳細な質問に基づいた見解と比較して、より多くの推

▽訳注7　メドゥーサは、ギリシア神話に登場する怪物ゴルゴン3姉妹の1人。頭髪は生きた蛇で、うごめき、もつれ、絡み合い、目には見るものを石化する力がある。英雄ペルセウスによって退治された。

測に基づいていることを、あらかじめお断りしておきたい。

広義のトラウマと狭義のトラウマ

　トラウマの定義は、包括的なもの（打ちのめされたと主観的に経験されるものすべて）から、狭く限定的なもの（戦争や航空機事故を生き延びる場合のように、客観的に確認できる出来事）にまで及ぶ。トラウマに関する文献は膨大であり、ここではそれらについての再検討は行わない。多くの専門家たちがこの領域において重要な仕事をしており、生物学的、社会的、心理学的、文化的、歴史的といった多様な観点から、トラウマについて検討している。トラウマに関する心理学的な理論は、フロイト以前からあったしフロイト以後も生き延びてきたが、トラウマが特別な破壊的な力を行使して、身体的な面でも情緒的な面でも、自分が自分であるという感覚を破壊してしまうという経験的な証拠が積み重ねられるにつれて、今日ではある種の復興期を迎えている。

　フロイトはトラウマ神経症に関する自らの誘惑理論を政治的な動機に基づいて撤回したのではないかと指摘する非難が持ち上がって以来（マッソン，1984）、精神分析の世界では、誘惑理論がエディプス理論に置き換えられたことの是非をめぐって活発に論争が行われてきた。エディプス理論では、近親姦の記憶が生成される際に性的結合をめぐる無意識的な空想が重要な意義を持つことが強調されているのである。フロイトの症例の再検討を通じて、現代の多くの臨床精神分析の立場が、空想された不適切な行為とその抑圧よりも、現実に起きた虐待とその解離のほうを強調するようになった。▼原注7 多くの臨床家が、解離されたトラウマ的な素材は自伝的記憶に統合されることなく隔絶されたままになっているために、ストレスに満ちた状況において機械的にエナクトされがちなのだと、様々な形で論じてきた（デイヴィスとフロウリイ，1994；スターン，1997b；ブロムバーグ，1998）。愛着発達の理論家たちは、攻撃的行動に関する補足的な見解を結びつけることで、児童虐待が及ぼす認知的影響に関する今日の経験的所見と、内在化と投影という古典的な関係的概念とを橋渡ししている（フォナギーら，2002）。

　虐待を定義することのほうが、トラウマを定義するよりも多少容易である。研究においては、私は虐待の伝統的な定義を厳密に守るように指導された。そ

▼原注7　精神分析的文献においては、身体的虐待よりも、性的虐待のほうに一貫して注意が向けられてきたが、私はその両方が、暴力のエナクトメントの原型であると考える。児童期の苦痛と興奮と否認が防衛的な性欲化とあからさまに結びついた性暴力犯罪は、そうしたエナクトメントに含まれるのである。

れは、あまりに幅広い対象を扱いすぎて研究結果の意義が曖昧になることを避けるためであった。このため、私の初期の量的研究においては、拳での殴打、やけど、飢餓状態、四肢の骨折、気絶するほどの暴力、殺人未遂、性行為の強要、レイプ、12歳未満児が5歳以上年長者と行う性交といった、極めて悪質な虐待だけが児童虐待として扱われている。質的研究では、提示されている児童期の状況の深刻さについて読者自身が判断するに足る十分な情報を提供することを条件に、虐待かどうか微妙な事例も対象に含める余地を少し広げた。

　それでも私は、基本的には、ひどい虐待に耐えてきた人々について論じている。そのため、人間関係の中で目立たず捉えにくい攻撃性が実際にはトラウマになり得ることを承知しつつも、純粋に心理的な虐待に関しては、たとえ極めて攻撃的な事例であっても、ここでは控えめな報告となった。偶然にも、この慎重な研究計画は、破局的水準のトラウマとより害の少ない水準の脅威とを区別して、神経症から精神病に至る起こり得る適応反応の階層構造を仮定する自我理論家たちの立場にとても近いものになった（ソルニットとクリス，1967；クリスタル，1988）。本書の各章において私が繰り返し立ち戻る主題は、**トラウマには一つとして同じものはない**というものである。このことはまた、トラウマの症候学的な表れについても言えることである。

第 2 章

言葉を持たない者たちとの対話

　私は時おり、彼らにとにかく話をするように強いることは、ある種の残酷で風変わりな懲罰であると感じた。しかしそれは、トラウマを受けた人々の場合によくあるような、一連の痛ましい記憶が再活性化されたために諸感覚が圧倒され、彼らの心理的な限界を超えてしまうという理由からではなかった。それどころか、私が犯罪者たちと対話する中で、多くの残虐な行為があらわにされたにもかかわらず、彼らが泣き叫んだり、怒りに我を忘れたりするさまを目にすることはほとんどなかったのである。それは単純に、彼らには思い出して語るための言葉がほとんどないためであるように思われた。丁寧に見ていけば、私が集積した犯罪者たちの語りの大半は架空の話であるか、よくても何かを真似た話であった。ある女性の殺人犯は、恋人の遺体をばらばらにしてあちこちに捨てた理由について、**まったく言葉通りの意味で**、「リスクを分散させたかったの」と語った。このような決まり文句に接すると、それをどのように解釈したところで心底ぞっとさせられる。おそらく、凶悪な行為がそうした感情を伴わない決まり文句で繰り返し語られるために、誰もが犯罪者たちには人間性が欠けていると思わずにはいられないのだろう。

　私が個別に面接調査を行ったグループの中にも、私が目を通した警察の自白供述調書の中にも、犯罪物語の巧みな語り手と呼べるような者は、明らかにごく少数しかいなかった。多くの暴力犯罪者たちは、話すことそのものにとてつもない努力を要するものである。台詞の吹き替えが下手な映画のように、言葉と無関係に口が動く。無関係なことを話していたり、何があったかまったく記憶にないと誓ったりしたかと思うとすぐに、自分には関わりがないと否認していたおぞましい出来事の細部を語り出すのである。

沈黙のテクスト ▼原注1

　経験を言葉で捉え損なったり言葉で伝え損なったりすると、無言の身振り、叫び声を上げること、あるいは精神医学的徴候、犯罪行為の特徴といった他の手段を通じて、その概要が表現されることになる。多くの場合、解釈可能な資料として利用できるのは、犯行現場に残されて記録された暴力的な振る舞いの痕跡だけである。

　子どもの頃に性的虐待と身体的虐待を受けていた児童殺害者のある男性は、自分のか弱い被害者たちを言葉で誘い出す能力を持っていなかった。言葉を使う代わりに、彼は蒸気機関車のむせぶような汽笛を驚くほど巧みに真似てみせた。犠牲になった子どもたちは、陽気なイベント会場から物言わぬ死の世界へと、鉄道線路をたどって彼についていったのだった。強く照りつける日差しと、通りすがりの人たちの詮索好きなまなざしを避けるために、彼は子どもたちを段ボールで覆い隠した。8日後、警察に拘留されて、彼は取調官に次のように話した。「殺人犯が男の子の首にロープを巻きつけるのを見たけど、男の子を助けるのには間に合わなかったんだ」。これが、パラ言語▽訳注1の一機構としての解離された自己である。外界からの圧力によって、ある事実の承認と同時に、それに見合う否認が生み出されるのである（フロイト，1940）。葛藤を外在化し、不安を消し去ることを目的として、悪しき行いは心理的に追放される（これが、サリヴァンの「自分でないもの」の具現化の一例である）。葛藤が自己の外側に位置し続ける限り、内的表象や言葉による表現に利用できるのはその一部だけであり、それ以外の部分はエナクトされる（ブッチ，1997；ブロムバーグ，2004；スターン，2004）。早期のトラウマが再現していることに気づかない間は、先に述べた事例では幼い男の子が被害を受けている場面に伴う恐怖と激しい怒りに気づかない間は、トラウマは思い出される代わりに行動化されるのである（ブッチ，2002, p.781）。

　「自分でない」自己が犯行の中に具現化して現れるとき、それに対抗して、解離されたエナクトメントの悪行を正そうと努める勇敢な自己が現れることがとてもよく見られる。こうした観察所見からすると、それぞれの自己状態の間の健忘障壁は、これまで想定されてきたよりも小さいのかもしれない。このような可能性は、犯罪者の責任能力について考える上で重要な意味を持つ。自己

▼原注1　ブルックス（1995）からの引用である。
▽訳注1　パラ言語は、発話を文字化したときに失われる、声の大きさ、高さ、調子、イントネーションといった、言葉そのものが持つ意味以外の意味情報を伝える部分である。

組織の中のいずれかの自己が、解離された行動の全体、あるいはその一部を作り上げるのなら、極めて精神病理の重い人々でさえも、スターン（1997b）が「弱い解離と強い解離」と呼んだものを混ぜ合わせて使っていることが考えられる。解離の問題を持つ患者たちには、厳密に言えば意識化できない場合でさえも、まだはっきりと捉えられていない状態を見届けて判断を下す不思議な能力がある。その基盤には、つながりは弱く不十分ではあるが、弱い解離と強い解離とが存在するのである。

　この犯人にとって、幼い男の子を絞殺することは、自分自身の言葉の息の根を止めることを意味しており、それは恐怖に満ちた子ども時代に強いられた沈黙の再現であった。自分は悲劇を食い止めようとする第三者なのだという犯人の認識に見られるような、自分の激しい怒りをコントロールしようとする努力は、どれほどかすかで弱々しくとも良心の表れである。そこに現れるのは、対象を保持することも修復することもできずに完全に破壊し尽くしてしまう部分に代わって、調和や再生による償いを試みる語り手である（これまで私は、繰り返しこのような例を見てきた）。ときには、語り手たち同士が支配権を争うことがある（前述の話に見られるように）。またあるときには、それらは別々の目的から結果的に同一のエナクトメントに達することもある。例えば、ある男は警察に対して、自分の友人が初めに被害者を刺した、けれども被害者の女性はまだ生きていた、「ぼくはそんな彼女を見ることに耐えられなかった」ので、「彼女にとどめを刺す」ために、もう一度彼女を刺さなければならなかったのだと告白した。この語りの記録の余白に、私の同僚の研究助手は、私宛に次のようなメモを書きつけた。「彼はまるで、彼女の命を救うつもりだったか、彼女を助けるつもりだったみたいだ！」。確かに、それはまぎれもなく（皮肉な意味で）無私の献身（selflessness）の表れである。絶望したこの犯人は自殺したが、その書き置きの中で、自分は女性たちのことで絶えず「苦しみ」を抱いてきたと書いた。彼は遺書の最後を、「だからぼくは幻なんだ」と結んだ。明らかに、**誰か**の苦しみに終止符を打つ必要があったのだが、投影性同一視の渦に飲み込まれたこの犯人には、それが誰の苦しみであるのかまったく判別できなかったのだった。

曖昧な話し振り

　どのようなものであれ、たとえ一度きりであっても、トラウマは恐慌と打ち消しの働きによって事態を曇らせて見えにくくする。ましてや継続的なトラウ

マとなると、注意を脇へそらす多彩な罠を張りめぐらせる。精神分析のある学派は、虐待から生じる攻撃者への同一化を、おおよそ無差別的で全面的な取り入れとして、ある種の「丸飲み」として理解しているのだが、実際には、虐待的な関わり合いを通じて深く結びついた重要な対象は、少ししか同化されないのかもしれない。犯罪心理学者のJ・リード・メロイ（1997a）によれば、養育者からの悪意を予期することで生じるのは、取り入れの部分的な**失敗**と、内的世界において自分をなだめる対象を希求することの最終的な断念であって、全面的な対象の取り入れではない。ある種の「悪意的転換」（malevolent transformation）▽訳注3 が起きるのだが、その過程において、子どもは手の込んだやり方で、多くの場合は解離的な手段を用いて、報復を断念していく（サリヴァン，1953b）。その後に引き続く諸々の同一化は、親が持つ恐ろしい力を軸に進み（フェアバーン，1952）、そうした力は特権感覚として内在化され、犯罪行為の中に姿を現すのである（メロイ，1997b）。

　クライン（1946）のモデルによれば、通常の発達においては、同じ1つの身体に良いものと悪いものが共存するという考えを子どもは受け入れられないので、内在化された対象は分割される。良い対象を内在化し悪い対象を投影するという分裂は、迫害不安に対抗する最適の防衛である。しかし、病理の重い人格においては、まだ対象は分裂されるほどしっかりと定着しておらず、そのために、良いものと悪いものとの間に明確な境界を作ることができない。フェアバーン（1952）によると、こうした強力な関係的布置は心の内面に表象されており、被虐待児の外的現実からの解離が進むにつれて、現実の関係に取って代わるようになる。そのような場合、人は他者の倫理性や心的態度について、当てにならない評価しか下せない。例えば、かつてある若い女性患者は、いつ相手が「ファスナーを外して」本物の悪意に満ちた自己を現すか自分にはまったく見当がつかないのだと、メリッサ・リッターに話したそうだ（私信による、2000）。

　トラウマの中に部分対象関係が姿を現した恐ろしいエナクトメントに私が初めて立ち会ったとき、私はベルヴュー病院の実習生だった。1人のかわいらしく繊細そうなおさげ髪の幼稚園児が、アセスメントのために連れて来られた。

▽訳注2　防衛機制の1つで、自分を脅かす他者の暴力的な言動を取り入れ、わがものとして、自分自身が攻撃的な振る舞いをするようになる。

▽訳注3　サリヴァンの用語で、発達早期の対人関係において重要な他者から傷つけられる体験が積み重なると、自分を取り巻く世界や対人的やりとりが危険で自分を脅かすものとして感じられるようになり、そうした危険を回避するために、他者に対して悪意的に振る舞うようになる過程を指す。

彼女の母親は、薬物と交換に娘に児童売春をさせている容疑をかけられていた。しばらくは平凡な人形遊びが行われていたが、男性の人形が登場すると、その子はとても興奮して、ついには人形の足首をつかんで持ち上げ、その頭をテーブルの端に猛烈に打ちつけながら、「この野郎！」と声を限りに叫び続けた。このエナクトメントはひどく暴力的だったので、私たちは彼女が自分自身を傷つけてしまうのではないかと心配した。アセスメントを行っていた機敏な精神科医、ドロシー・ルイスは、素早く別の男性の人形をつかみ取ってこう言った。「こんにちは。私は警察官です。この悪い人を逮捕しに来ました」。少女は顔を上げ、緊張を解いた（ほとんどトランス状態にあるように見えたと、後で私たちの意見が一致した）。そして、靴下をはいた自分の足を警察官の人形の股間にこすりつけながら、「お願い、彼を連れて行かないで。私には彼が**必要なの**」と懇願した。

　フェアバーン（1952）ならこのエピソードを、危険のほうにどうしようもなく引き寄せられる部分と、救いを求める終わりなき渇望に苦しんでいる部分への、自我の二次的な分裂の前触れであるか、あるいはその表れであると見なしたかもしれない。フォナギーら（2002）によれば、このタイプの解離は、子どもが対象の行動の予測を試みようとして、善意を持つものとしてメンタライズしたり、悪意を持つものとしてメンタライズしたりする一貫性のない対象を、断片的に内在化することから生じるということである。自分の対象にばらばらの意図を帰属させることは、たとえそれが誤解であっても、恐ろしくて予測不能な現実の中に捕らわれている子どもを力づける。このようなメンタライゼーションは不安を和らげるが、こうした部分的な内在化に基づいた他者の意図の帰属は、たいてい不正確である（pp.361-362）。そのような投影は、早期に生じた親による脅しや償いの出来の悪い複製でしかない場合が多く、それらに対する反応は、過去の無力さを暴力で埋め合わせるものであったり、再結合を目指す必死の試みであったりすることが多い。

無声映画

　もし、このような分裂に基づく組織化によって、倫理に関して一貫した見通しをまったく持てなくなれば、その結果、人々は紋切り型の倫理的振る舞いか、倫理的観念のない振る舞いをするよりほかなくなってしまう。意思決定と行動のあり方を根底で左右する現実を織り上げるのは、言語である。倫理性と言語は相互に欠くことのできないものなので、言語の不足は、倫理的な価値を生み

出し、世界と共感的につながる能力の直接的な障害となる。実際、暴力犯罪者たちに見られる被虐待経験後の徴候の性質には、紋切り型の倫理か、倫理を無視するかという二極分化がうかがわれ、それは多くの場合、本物の痛ましさよりも芝居がかった印象を与えるのである。

芝居がかった人格には、心理的な複雑さや深み、内的葛藤が備わっていない。その代わりに彼らは、「葛藤や心的構造を外界に具現化し、素朴なマニ教的二元論に基づいた、和解を受け付けない相対立する善と悪が葛藤する世界を作り出す」（ブルックス，2001, pp.35-36）。トラウマを受けた患者においては、同様に、原始的で防御的な防衛を基本的に用いることで、見かけを装うのに好都合なように感情が抑制される。多様な主体が、時には極めて邪悪な主体が、トラウマの支配を受けるようになるのであるが、健忘はその出発点なのである。

暴力犯罪者たちが話す物語の中で、私はたびたび語りの**欠如**に出会う。ムラー（2000）の「話すべき物語を持たない」アレキシサイミアの患者たちのように、私が面接した多くの受刑者たちは、自分の犯行を思い出せないと主張した。犯行を覚えていないと主張する例は、多くの文献に記録されている。研究者によって報告はまちまちだが、男性の暴力犯罪者の10％から50％は、自分が告発された犯罪に関してまったく身に覚えがないと主張するという（ブラッドフォードとスミス，1979；テイラーとコッペルマン，1984；パーウォティカーら，1985；スタイン，2000）。殺人犯になると、この数字はさらに高くなる（オコンネル，1960；ホルコムとダニエル，1988）。

同様に、子どもの頃に受けた虐待のエピソードが仮に思い出されたとしても（時には、その物語を伝えるべく残っているのは、背中の古い傷跡とやけどの跡、あるいは虐待やネグレクトを申し立てる黄ばんだ保管書類だけである）、犯罪者たちが受けてきた悪夢のような虐待の歴史は、多くの場合、淡々と語られ、不合理に意味づけられる。犯罪者の過去は、語り手の記憶の欠落、過去の書き換え、そこにいるのにいないかのような慢性的な心的状態、これらが奇妙に組み合わさって理解し難いものになる。非常に極端な場合には、そこで生じる心理的離脱は全面的かつ徹底的であり、まるで語り手自身は**何一つ知らず**、他者から送られるデータを表示するだけのディスプレイにすぎないかのようである。

▽訳注4　マニ教は、3世紀にペルシャのマニが創始した宗教で、善なる光の世界と悪なる闇の世界から成る二元論的世界観をその特徴とした。

▽訳注5　内的イメージに乏しく、感情表出や言葉による感情表現が困難な状態像を指す用語である。

解離が深刻であるほど、象徴化することを習得することは困難である。場合によっては、恐ろしい筋書きの中に姿を現す脅威があまりに強烈に経験されるため、人はとても幅広い範囲にわたって、象徴化する過程そのものに背を向ける（ブッチ，1997, p.208）。

現実離れした行き当たりばったりの語りの中に、あるときは退行した言葉づかいの中に、またあるときは途切れがちに語る語り手からこぼれ出る言葉のリストの中に、重要な出来事についての話の細部が姿を現す。ブッチが指摘するように、アレキシサイミアの人の説明能力の乏しさは、象徴化の働きの「行き詰まり」として見ると、最もよく理解できる。例を挙げよう。次に示すのは、抑うつ状態にある受刑者に対して私が行った精神医学的問診の一部である。彼は、自殺したい気分と自ら命を絶とうとする試みとを、結びつけて説明することができなかった。自殺を試みたことは一度もないと頑なに否定した後で、この受刑者は次のように述べた。

受刑者：ぼくはこの刑務所の中で、剃刀で自分を傷つけようとしました。ごみくずの上で……ぼくは自分の弁護士に話そうとしました。
面接者：他にはいつ、あなたは自分を傷つけようとしましたか。
受刑者：そのときだけです。
面接者：あなたがその類のことを初めてしたのはいつですか。
受刑者：薬を何錠も飲みました。「ひどい目にあった」ときに、バスルームの戸棚にあった茶色い薬を飲みました。誰も気づきませんでした。
面接者：あなたはおいくつでしたか。
受刑者：8歳だったと思います。
面接者：他にも、自殺しようとしたことはありましたか。
受刑者：いいえ。
面接者：他にはいつ、自分を傷つけようとしましたか。
受刑者：1990年にバスか何かの前に飛び出しました。ぼくの娘の母親がぼくを見捨てようとしたからです。ぼくはブロンクス・レバノン病院に運ばれました。ぼくはその夜のうちに車椅子に乗って退院しました。脚と腕に怪我をして縫ってもらいました。
面接者：では他にはどうですか。他にも、これに似たことが起きたことがありましたか。
受刑者：1991年に漂白剤を飲みました。

面接者：自殺しようとしたのですか。
受刑者：わかりません。1991 年か 1992 年に「首吊り」をしました。そしてクリニックに連れて行かれました。
面接者：あなたは何度も自分を傷つけようとしてきたんですね。
受刑者：自分の腕や胸を傷つけたこともありました。

　この受刑者が引き続き述べた自殺行為あるいは自殺企図は 30 を超えた。彼は、自分がそうした行動をとったのは、一般には精神病の診断根拠となる命令幻覚と見なされるものによって、他者から命じられたからだと主張した。今では私はこのような外在化について、その他の点では精神病的ではない人々にそれが認められる場合には、精神病の徴候であると考える代わりに、解離的な空想であると考えるようになった。

面接者：どうしてあなたは、自分がこのようなことをするのだと思いますか。
受刑者：それは他人の声のようには聞こえませんでした。「やれ、いや、するな」というようなその声は、たぶん自分の声です。あるとき、橋の上から下を見下ろしていると、「やれ。おまえならできる。飛べ」という低い男の声が聞こえました。それはたぶん自分の声だったのだと思います。
　　　　ぼくは痛みを感じずにそうすることができました。自分ひとりで。ぼくはそのことについて何も考えません。説明できないんです。ぼくは別のことについてしか考えません。

心的規則：文字と精神

　エマニュエル・タネイ（1976）が、精神科医としての長い経歴の中で面接してきた殺人犯たちについて述べているように、彼らは非常に頻繁に、夢を見ているのに似た解離状態に入る。もっとも、「私たちは望むままにあらゆる殺人を夢見ることが許されるし、そのことで誰も私たちを罰することはない」のだが（p.19）。バレット（1994）によれば、多くの初期の理論家たちは、夢を見ることと、転換ヒステリー（フロイト）、催眠状態（ジャネ）、変性意識（プリンス）、そして統合失調症[原注2]（フィッシャーとデメント，1963）といった様々な

▼原注2　ローゼンハン（1972）とクラフト（1987）はともに、統合失調症の「陽性」症状と解離性人格障害の症状との類似性に言及している。

精神病理との間にある類似点を認識していた。バレット自身は、トラウマの進行中にレム睡眠が慢性的に起きなくなることと、夢の中の人格が「目覚め」て行動するようになることとの間に、明白な関連があることを論じている（pp.132-133）。サリヴァン（1953b）は解離的な空想を、実際に眠ると通常は弱まる安全保障操作を働かせたまま、自分の行動を否認できる「目覚めている間に夢見ること」の一種と呼んだ。

　犯罪者たちが自分の犯行を眺めているときの知覚のあり方として私に説明してきた異常な夢見状態の性質を表現する目的で、私はサイコソムニア（psychosomnia）▽訳注6 という術語を採用した。サイコソムニアによって、犯罪者は、一方でエナクトメントを通じて超自我が示す規則の精神をあからさまに踏みにじっておきながら、自分の行動を否認することで超自我の規則に文面上は従うことができるのである。フロイトのモデル（1900）においては、超自我の前駆体である夢の検閲官は、睡眠中あるいは抑圧において、行為主と思われる人物を別の人物に置き換えることで、歪曲の一部を行う。▼原注3 解離モデルにおいては、心の中の自閉的な語り手たちは、「自己意識の減弱」と「夢遊性の」無秩序状態のおかげで（サリヴァン，1972）、内的にも外的にも、目覚めているときの生活の中に姿を現すのである。

　そのような無秩序状態が、言葉で語られるよりも行動によって自閉的に示されることに、その夢に似た性質がすでに示されており、凝縮されてもいる。犯罪者たちは、解離的な空想を行う生来的な能力を活用しようと努める。トラウマを受けた子ども時代に基本的に用いた防衛が、成人した犯罪者にも好んで用いられる。トラウマによって言葉が封じられ、記憶を閉め出すことによって、暴力のエナクトメントはその起源とともに葬られる。多くの犯罪者たちは、ヨケルソンとセイムナウ（1976）が実に適切にも「ゼロ状態」と名づけたものの中にいる。そこは、これまで何も起きたことがなく、今後も何も起きることはなく、自分は何者でもない、そんな場所である。ヨケルソンとセイムナウは、彼らが出会った犯罪者たちの臨床例について、子どもの頃に受けたトラウマが成人後の犯罪につながっていった道筋を跡づけてはいない。しかし私は、私が面接した犯罪者たちがそうであったように、「ゼロ」という言葉には、他の何

▽訳注6　「psycho」（心の）と「somnia」（眠り）の合成語である。解離により心の一部が眠っているような状態を指す。

▼原注3　ここで私が参照しているのは、フロイト（1900）による、禁じられた行為の責任主体が「同一視によって、（別の）人物の背後に隠されている」（pp.322-323）あり方についての議論と、他者の死を願う気持ちが偽装された夢において、願望の持ち主が曖昧にされることについてのより包括的な議論（pp.249-267）である。

にも増して、虐待を受けたことで自分を振り返る能力が破壊されたという意味が含まれていると思わずにはいられない。

　虐待的、ネグレクト的な養育者たちとその被養育者たちとの結びつきは、たとえあったとしても、主として彼らの孤独や激しい怒りを通じた結びつきである。それよりも、たいていは、彼らはそれぞれ無関心と癒し難い渇望の入り交じった態度へと引きこもる。このような態度はやがて、外的空間と内的空間の両方における彼らの関わり合いを特徴づけるようになる（フォナギーら，2002）。養育者たちとの有害な関わり合いで「実際に」生じていることは、言葉での表現を受け付けない。それは象徴化できないのである。それどころか、別の何かに置き換えてそれを心に思い浮かべようとしても、決してうまくいかない（デイヴィスとフロウリイ，1994；グロットスタイン，1995；スターン，1997b；ブロムバーグ，2003）。トラウマを受けた人々が状況の中の手がかりをもとにどのように推論して意味を組み立てるか、そうして認識した脅威や不正や切実な訴えに結局どのように応じるかに、象徴化ができないことで重大な影響が及ぶのである。

　演劇において、登場人物たちが災難や厳しい試練にあって（文字通りに）言葉を失うとき、あるいは不道徳な境遇に驚いて口がきけなくなるとき、私たちは彼らの純真さが傷ついたのだと直観的にわかる。トラウマによって言葉が失われる理由が、私たちには自ずと「わかる」のだ。同様の理解をさらに広げて、グロットスタイン（1995）は、トラウマを受けた人々には、現実を処理して情報に変換する「言語と概念のフィルター」が欠けていると説明している。

> 　このような状況においては、心は間主観的対話がもたらす、ごく普通の反響、承認、強化を得られなくなる。そして、その代わりに、自分が異次元の時空間に閉じ込められていることに気づく。そこは反響が返ってこない無響室であり、断末魔の叫びも誰の耳にも届かずいつも空しく消えて行く、仮想的なカーペット工場のようなものである（p.296）。

　もしトラウマにおける中核的な防衛が、抑圧よりもむしろ解離による健忘であるならば、いかなる象徴も生じ得ないことは当然である。悲惨にも孤立して漂うトラウマに関わる知覚は、リビドーの袋小路から出ることができない。強い刺激を受けながらも心理的に消化されていないので、人は自分が被害の受け手であること（victimacy）（主体性（agency）の反対の自己状態を言い表す、背筋の寒くなる言葉。サービン（出典不詳）の造語と思われる）を、うまくま

とめ上げて表現力豊かに語ることができない。激しい怒りを伴った無力さが、無数の、一見些細な、日常的な精神の落ち込みと交じり合う。個々の経験は他と切り離された出来事であり、他の出来事との倫理的関係の中に位置づけられていない。なぜなら、それらを橋渡しする言葉が存在しないからである。言葉に代わる役割を果たすのは、行動がもたらす心地よい興奮である。犯人を示す痕跡は、だから繰り返し、言葉もなく残されるのである。

攻撃の言葉

　私が面接した暴力犯罪者たちの大多数は、限られた情緒的表現力しか持ち合わせていなかったが、まれに少数の者たちが、少なくとも初めのうちは、洞察力のある様子と感情豊かな話し振りを示して、臨床的判断を曇らせた。多くの場合、そのような人々は犯罪精神病質者に分類されるが、その理由の少なくとも一部は、空虚な言葉を巧みに扱ってみせる手際のよさにある。弁舌巧みで知的に見えるこうした犯罪者たちが大衆の想像力を最も魅了するのだ。▼原注4

　決して同類の中で最高ランクに属するとは言えないが、第1章でも取り上げたおしゃべりテッド・バンディのような連続殺人犯たちは、言葉巧みで冷酷な殺人鬼という不朽の神話に貢献してきた。暴力的な精神病質者たちは、そうした伝説も語るように、ナイフやロープや銃と同じように、言葉を巧みに使って人に危害を加える。未来の被害者たち、鑑別診断中の精神科医たち、さらには法の執行者たちでさえ、このような精神病質者たちが言葉の妙技で自分たちの獲物の注意をそらす恐るべき能力に、繰り返し気づかされるのである。ロバート・ヘア（1993）は、犯罪精神病質者に関する自らの著書の付録として、仕事や遊びにおいて犯罪精神病質者の中でもとりわけ魅力的なタイプに出会うかもしれない人々に向けて、簡便な「犯罪被害者にならないための手引き」を提供している。自分が傷つけられる可能性を最小限にするためにヘアが勧めるのは、

▼原注4　精神病質という用語には注意を払う必要がある。この用語は、忌まわしい行為を倫理主義の立場から簡潔に言い表すには便利ではあるが、臨床的な意義は限定的である。ロバート・ヘアと彼の同僚たち（ジュタイら，1987；ヘア，1993）が操作的に定義したように、精神病質の構成概念は、特に、上辺だけの感情、冷淡さ、後悔の欠如がそろった略奪行為を行う反社会的人格の一群を記述する目的で用いられる。この構成概念の支持者たちがよく公言するところによれば、このような人々には「良心がない」とされる（この表現は人目を引く題目や見出しとして、ヘアの著書を含む多くの書物にも使われてきた）。私が本書の至る所で論じるように、このかなり救いのない診断名と関連づけられた性格特性の数々は、実際にはほとんどの暴力犯罪者たちにごく普通に見られるものであり、それらは異なった様々な見方で理解できるし、はるかに啓発的な他の診断名を適用することもできるだろう。

「自分の本当の意図を悟られないようにあなたの気をそらす」犯罪精神病質者の「口のうまさ」に、「耳を貸す」のをやめることである（pp.207-208）。

　犯罪者の中のこのような弁舌巧みな一群を研究する人々は誰もが、彼らがごくまれな存在であることを認めている。にもかかわらず、彼らの直観能力および言語能力を説明する様々な理論が、19世紀後半にクラフト＝エビング（1886）が精神病質とサディズムを結びつけて論じて以来、犯罪科学の中で不釣り合いに大きな関心を集めてきた。私はこうした饒舌な犯罪者たちを特異な一類型として理解するよりも、彼らと対照的に話下手な一群を反対の極とするアレキシサイミアの連続体に位置づけたいと思う。

　犯罪者たちは、意図的に本心を偽ったり相手を幻惑したりする話し方をするが、雄弁さと裏腹に話の中身が乏しいことはほとんど気にかけないと、司法臨床家たちはしばしば主張する。犯罪者の語りの中身のなさを、話し手に十分に意識された欺瞞的な意図があるためだと、**必ずしも考える必要はない**。例えば、次に引用するエイドリアン・レインズ（1993）の意見の後半部分を私は強調したい。「（暴力的な精神病質者たちの）話が異常であるのは、（彼らが）多弁で欺瞞的であるからばかりでなく、彼らが自分について語る内容と、彼らの実際の行動との間に奇異な解離があるためでもある」（p.116）。

　アレキシサイミアに関する文献には、トラウマを受けた後に、話すことが意思疎通のための手段であるよりも、遂行的な行為となる場合があることが述べられている（マクドゥーガル，1978；クリスタル，1988）。非常に破壊的なトラウマによって象徴化の過程が妨げられたり打ち消されたりしてきた場合には、アレキシサイミア者の中でも機敏な者たちは、「カメレオンのような」犯罪者たちと同様に（メロイ，1997a）、他者の感情を模倣し、その表現法を盗用する傾向を示す（クリスタル，1988）。どちらも、他者が自分の感情を説明する様子を聞き、そのやり方だけを習得するのである。彼らの最も病理的な例では、欺瞞的な「演技」（dramatizations）によって自己の下位擬人存在▽訳注7（subpersonification）が多数生まれ、不安を回避することに心を奪われるのである（サリヴァン，1953b）。

　注意深い傾聴と巧みな面接によって、犯罪者の軽妙な情緒的やりとりがコンテクストから切り離されたものであることが明らかになる。クリスタル（1988）

▽訳注7　サリヴァンは、一般には「自己イメージ」や「対象イメージ」として述べられるものについて、「イメージ」の代わりに「擬人存在」（personification）という独自の術語を用いる。サリヴァンによれば、自己そのものも擬人存在であり、その擬人存在の構成要素となる擬人存在は、擬人存在の内部の擬人存在、すなわち「下位擬人存在」（subpersonification）となる。

は、アレキシサイミア者たちの話にはニュアンスやメタファー、抽象作用、そして連想能力が欠けていると述べている。同様に、クレックレイ（1941）が早くから認識していたように、表面的には筋の通った犯罪者の流暢な話の背景は不毛で空虚である。それは、話が中身のない同語反復へと陥る、一種の「意味失語」である。

　話をすることで埋め合わせようとする欲求の基礎にあり、おそらくそれを押し進めるのは未分化な感情である。そうした未分化な感情は、言語化される以上に身体化されるか投影されるかしやすい。アレキシサイミア的な犯罪者たちにとって、感情は内省に利用できるあり方では存在していない。感情は緊張の高まりという形でしか経験されず、それは身体を動かすことでしか緩和されない。暴行、レイプ、殺人は、そのような圧力を軽減するのである。

　法曹界の人々（臨床家、司法機関の職員、法律家たち）は、このような耐え難い緊張はサディスティックな空想に過剰にふけることから生じると理解する傾向にある（レスラーとバージェスとダグラス，1992；シュレシンジャー，2000）。私はまったく逆の意見を唱えたい。危険を感じるほど捉えどころがなく理解不能なものとして感情を経験する傾向が意味するのは、想像力を働かせた空想に没頭することができないことと、その結果、不安と激しい怒りが身体による表出へと変質してしまうということである。

結合の不全

　精神病質者たちは言葉巧みであると思われているのに反して、彼らの言語処理に関する研究では、多くの異常が明らかにされている。精神病質者たちは、そうでない者と比較して、より多くの手振りを用い（ギルストロムとヘア，1988）、ストレス状況下では音素（音声の最小の単位）間の違いの識別がより困難であり（ジュタイとヘアとコナリイ，1987）、多くの研究において、言語処理過程での脳機能の左右差がより少ない（レインズ，1993）。攻撃的な人々、非行少年たち、そして精神病質者たちの言語性IQは、動作性IQに比べて著しく低い（クエイ，1987）。ケネス・ドッジと彼の同僚たち（ドッジ，1990；ドッジとニューマン，1981；ドッジとソムバーグ，1987）は、情報処理理論をこうした多くの研究結果に適用して、次のように主張している。基礎にある言語能力の不足が、環境内の手がかりの誤った意味づけと、他者が敵意を持っているという判断を助長し、自明に思える結論に飛びつくという形で、暴力的な非行少年たちの反応のレパートリーを制限してしまうのである。

言語化は重要な発達的指標である。なぜなら、子どもは養育者たちが提供する出来事についての合意による確認（consensual validation）▽訳注8 を通して、現実を定義するからである（サリヴァン，1953b；シーゲル，1996）。言葉を話し始めたばかりの18カ月の子どもは、慣れない耳には動物の鳴き声と聞き分けられないような一連の音を、歌うように声に出す。それを聞いて母親は心浮き立つような笑顔を浮かべ、「まあ赤ちゃん、ミルクが欲しいのね」と、哺乳瓶を差し出す。その赤ん坊は、本当は人形が欲しかったのかもしれない。あるいは何も欲しくなかったのかもしれない。けれども赤ん坊は、この特定の音の集まり（繰り返されるにつれ正確になる）がおいしい飲み物だけでなく、母親からの無条件の承認をも生み出すということを、これを機会に学ぶだろう。これが、母親と子どもが合意する現実である。そこでは、特定の音の結合が自分たち2人にとって同じ事柄を意味するのである。最終的にはこうした言語が、因果関係についての推論や、一定の視点からの現実の把握や、さらには理性的思考全体を生み出すのである。

　言語はさらに、自己の下位擬人存在の基盤をなす相対立するイメージの和解を促進する。サリヴァン（1953b）の考えでは、「良い母親」と「悪い母親」は言語という文化のフィルターを通過することで「母親」になるのであり、それが自己の諸状態の統合のひな型となる。

> 　この小児が最初期に持った「母親は二つである」という印象の名残を持ち続けることはまったく不可能である。（…）二つある母親とはむろん欲求満足の手だすけをし、やさしさを贈ってくれる母親と不安を帯びて欲求の満足を妨げる母親とである。実際には一人の人間をこのように二分するということは、人格の深層では続くだろうが、ある人を「ママ」（…）とせよと強いる高圧の文化同化力の前に長くはもちこたえられない（邦訳214頁）

　こうして、他者の1人ひとりがそうであるように、自己は単一の象徴化された実体なのだという認識の高まりを通じて、「良い自分」と「悪い自分」と「自分でないもの」との統合が、言語によって促進されるのである。

▽訳注8　サリヴァンの用語で、子どもが経験の意味や言葉の意味を、対人関係の中で他者と共有することを通して確認し獲得していく過程を指す。

合成と歪曲：不明瞭な自己

　養育者と子どもとの間に、出来事についての合意による確認がまったくない場合には、どうなるのだろうか。虐待を受けている状況で、すでに部分的に被害者によって解離されているトラウマ的な出来事の現実性が、加害者によって（例えば、「おまえが望んだんだ」とか、「それはおまえの空想だ」とか）、あるいは他の大人たちによって（例えば、「嘘つき！　パパがそんなことをするわけがないでしょ！」とか）、さらにまた否定されたら、どうなるのだろうか。被害者のすでに弱くなっている現実を把握する力がいっそう解体されるだろうと、私たちは容易に理解できる。それどころか、他者がトラウマ的な出来事を否定することこそが、虐待自体につきまとう感覚的な不快さ以上に、出来事についての被害者たちの明瞭な記憶の欠落や歪曲を（またそうした出来事が引き金となる精神病理を）引き起こすいっそう重要な決定因なのかもしれない。スー・クリミンズ（1995）は、ニューヨーク州において殺人罪で服役している女性たちについて画期的な研究を行った。その研究において彼女は、暴力行為の発生と、現実に性的虐待が起きているという被害者の訴えを真実と認めてくれる、虐待者とは別の女性の親友がいないこととの間に、強い相関があることを見出した。発達のかなり初期の段階においてそうであるように、トラウマについて合意による確認が行われることで、それがいつの時期であっても、「意識の拡大」を促進するまとまりのある語りが可能になり（ブッチ，1997）、それが自分の生活史に基づいた自己決定能力にとって決定的に重要なのである（デイヴィスとフロウリイ，1994；グランド，2000）。

　シーゲル（1996）は愛着に関する文献のレビューにおいて、情緒的に拒絶的な両親を持つ幼児たちには、10歳時の再アセスメントにおいて、「自発的な自伝的語りの中身の特異的な乏しさ」があることを見出した。注目すべきことに、愛着の不安定なこれらの子どもたちの親たちは、多くの場合、自分自身の子どもの頃を思い出すことがまったくできず（p.517）、内省能力を働かせる様子を

▼原注5　愛着に関する文献では、次のような親を情緒的に拒絶的な親として分類する。それは、実験状況や家庭訪問による観察の際に、子どもが親を求めてそばに来ることを阻んだり、そばに来ることを気まぐれにしか許さなかったりという特徴を持つ相互交流のパターンを示す親たちである。このような親たちは、彼ら自身の初期の愛着に関して不安定型と評定されることが多く、関係の価値を低く見積もりがちであったり、依存の問題で頭がいっぱいになりがちであったり、幼い頃に自分の親を喪失した後の喪の作業を完了していない様子であったりする（メインとカプランとキャシディ，1985）。親的人物からのこのタイプの拒絶には、自分は「触れるのも汚らわしいとか、人に嫌悪感をもよおさせるとか、不純であるとか」感じる子どもたちを生み出すという、重大な結果をもたらす恐れがある（ホプキンス，1991, p.197）。

面接中ほとんど示さなかった（メインとカプランとキャシディ，1985）。シーゲルはそのレビューにおいて、早期の関係的葛藤、精神的図式、言語的組織化の混乱やまとまりのなさ、そして解離の臨床的あらわれ、これらのものの間には、さらに研究すべき強固な結びつきがあると結論づけている。

　健忘が防衛的に推進されることに加えて、出来事についての認知に一種の解体が生じ、自分の経験についてのどのような現実的な意味づけも、本当らしくなくなる。その代わりに、ネグレクト的なあるいは虐待的な養育者たちの動機についての空想的な想像が、語りの別の選択肢として具現化するようになる。具体例を挙げるために、ベルヴュー病院での私の初期の研修経験に再び立ち戻りたい。

　マリアは14歳で、抑うつと自殺企図のために入院していた。彼女は、ひどく恥ずかしがったり、性的に露出的で挑発的に振る舞ったりする様子を、職員たちや他の患者たちにかわるがわる見せたが、たいていは、ほとんど緊張病的な引きこもり状態にあった。解離の研究を行っていた私たちのチームは、この謎めいた行動を検証し、解明することを求められたのだった。私たちがスクリーニングに使っていた解離尺度では、彼女は健常高群に分類されたが、家族歴に注目を引くものはなく、マリアの生活背景に虐待あるいは性的虐待の徴候はなかった。話し合いによる多くの検討が重ねられたが、私たちはこの事例に関して成果を挙げられずにいると、誰もが感じていた。

　ある日、母親が面会に来たことでひどく気持ちがかき乱されたマリアは、私たちに会いたいと申し入れてきた。マリアと母親は、病棟内でマリアが気に入っている少年をめぐって口論になったようだった。マリアの母親は非常に厳格で、マリアのすべての行動を徹底的に監視していた。マリアはデートを許可されていなかった。彼女が私たちに語るところでは、これまで彼女は男の子とキスをしたことは一度もなかったし、そもそも彼女の母親はそんなことを許すはずもないとのことだった。内緒でこっそりキスをしたこともないのかとマリアに尋ねると、母親にばれるから、そんなことは絶対に不可能だと、彼女は強く言い張った。私たちの指導教員であった精神科医がマリアに、どうして母親にばれるとそんなに強く確信できるのかと質問したとき、自分の母親には何でもわかるとマリアが思い込んでいるのは、彼女の未熟な魔術的思考のなせる業だと、私は考えつつあった。「あら、もちろん母は調べるのよ」「何を調べるの？」「私が何もしなかったってことを確かめるのよ」「質問されるということ？」「いいえ、彼女は調べるの」。それからほどなくして、マリアの処女膜が無傷かどうかを調べるために母親が膣を調べることを、私たちは知った。それ

はマリアがおよそ4歳の頃からずっと続けられてきたのだった。「ええ、母は私と同じ年頃だった頃、義父にレイプされたの。だから母は、誰も私を傷つけていないことを確かめる必要があるの」とマリアは言った。侵入することが保護することだとされている、このような言語と行為の混乱の中では、「ノー」は「イエス」のことであり、私のものはあなたのものであり、暴力は愛情表現である。そこに認めることのできる唯一の意味は、言葉は行動を見分けるための象徴ではないということであり、言葉はそれを非常に巧みに操ることができる者たちが都合よく使う多義的な符号なのだということである。

　養育者のサディズムを信じまいとし、自分が奇妙な共謀関係の中で被害者の立場に置かれていることを認めまいと努める被虐待児は、言葉をあべこべに用いることによって、自分の身に起きたと思っていることは、実は全然起きなかったのだと（あるいは少なくとも、それが同時に起きかつ起きないような平行世界においては、それは別のあり方をしているだろうと）大いに安心するすべを身につける。途方もない話につじつまを合わせて生き抜くために、言葉は、そしてさらに現実は、別の形に作り変えられ、現実感が失われる。シェンゴールド（1999）とハーマン（1992）はいずれも、そのような現象を、オーウェル（1949）の「二重思考」になぞらえている。そこでは、生き延びるために、まったく相矛盾する考えを抱き、かつその両方を信じ、そしてあることを忘れると同時に覚えていることができるのである。このように話が奇妙に作り変えられ、記憶の中へ封じ込められることで、自伝的な語りは著しく形骸化するのである。

　ナラティヴ心理学者たちは、子どもの頃の記憶とは、語ることを通して意味づけられる、出来事についての共有された言語的構成物であると考えている（ハーマンス，1996）。このような考え方は、虐待者による語りや虐待の事実を信じていない他者による語りの他には、語られる言葉のないトラウマ記憶を理解する上で、いっそう重要であると思われる。友人、親類、あるいはセラピストといった、事実を承認してくれる他者との交流を通じて、記憶は確かなものとなり、信じられるものとなる（サービン，1995）。このような意味で、自己の分裂排除された側面は、内的な防衛過程や認知過程の働きばかりでなく、重要な他者との結びつきのあり方によっても、姿を現す（あるいは姿を消す）のである。

　　注意すべき重要な点は、トラウマ経験によって損なわれるのは、アイデンティティそのものではなく、アイデンティティを構築する社会化の過程なのだという

ことである。同様にこのような見地からすれば、多重性という現象は、アイデンティティあるいはアイデンティティ構築の混乱である……多重的アイデンティティは、統一されたアイデンティティと同様の方法で、すなわち社会的関係を通じて力動的に構築されるのである（リンら，1998, p.139）。

　被害者たちは、犯罪者たちを承認する人々のリストに加えられてしまっているに違いない。そして、犯罪者たちの虐待の語りを具現化したり明確に表現したりすることを、そうとも知らずに手伝わされるのである。被害者に押しつけられる責任、あからさまな恐怖、無益な抵抗、無力な服従、あるいは想像上の共謀関係によって、加害者自身のトラウマの感情面の記憶の正しさが証明されるのだ。しかし、その犯行によって肝心の証人は命を失い、証人が虐待を証明し、理解し、記憶してくれる期待が今度もまた失われる。犯罪者自身が受けた虐待の歴史においてそうであるように、暴力に関する犯罪者の健忘は、純粋な忘却でもなければ、作り話でもない。それは論理的に当然の帰結なのである。いったいどうすれば、自分の身に起きたのではないと強力に外在化されると同時に、そもそも起きなかったことにされている出来事を、犯罪者は思い出すことができるというのだろうか。

不完全な文章：トラウマと言語の機能不全

　新たに発展しつつある発達トラウマ学という分野は、人生全体を視野に入れて、トラウマ経験の心理生物学的な影響を扱うものである。中でも神経学的システムは、とりわけ緊張が慢性化している場合には、ストレスの圧倒的な影響を受けやすい。児童虐待に広く見られる基本的なストレッサーには、破壊的な身体的暴力だけでなく、虐待者に依存し続けているという関係の枠組みも含まれる。そのような養育者との日常的で非虐待的な関わり合いは、深刻な重荷である。1つひとつの「普通」の関わりに、不安を引き起こす多様な引き金が含まれているかもしれないからである。私たちは今では、そうした不安が重大な生理学的なダメージを与えることを知っている（ヴァン・デア・コーク，1996）。こうした状況に直面し続けることによって、脳の成長や半球機能差や特殊化に悪影響を及ぼす神経病理的な相互作用が次々と生じるかもしれない（デブリス，2001）。

　神経系の機能不全が多数の重複した諸領域で起きると、様々な情緒的、認知的、そして行動的領域における発達が鈍る可能性がある。例えば、解離は生体

内の鎮静システムの混乱と関連づけられてきたが、それによってPTSDにしばしば伴う痛覚の喪失が説明されるかもしれない（ヴァン・デア・コーク，1996）。同様に、被虐待児に見られる解離症状は脳梁の縮小と関連づけられてきたが、それは半球間の連結が断たれている可能性を示している。被虐待児に関するある研究では、MRI検査によって測定された脳梁領域の縮小が、初診時に確認された侵入的イメージ、過覚醒、そして解離と関連していた（デブリスら，1999）。さらに、虐待は人間のホルモンシステムに長期的な影響を及ぼす。脳は、コルチゾールのようなストレス調整物質の生成を増大する脳の代償メカニズムを介して、虐待に順応する。このようなホルモン注入が下準備となって、あまり重要でないものまでも含めて、その後に続くストレッサーに対して脳が過剰に反応するのかもしれない（シケッティとロゴシュ，2001；デブリス，2001）。

　経験されたトラウマの生じた時期、慢性化の程度、タイプといったことは、子どもたちの攻撃性にどのように影響するのだろうか。乳幼児期に始まる慢性的な虐待は、将来その非常に有害な影響が暴力という形で現れることを予測させるが（実際、たとえ幼児期以降に虐待が減少しても、攻撃性はそのまま残り続ける）、たとえどの時期に生じても、虐待はその証拠となる痕跡を残すものである。子どもたちが他者の視点を取得して共感する技能を身につける時期である3歳以降に始まる虐待も、感情表現能力とそれにより調整される社会的相互関係に深刻で破壊的な影響力を及ぼす。トラウマを受けた人々における言語の不十分さの分析に非常に深く関連する所見が、PTSDを抱える人々のPET▽訳注9スキャン検査によって示されている。その所見は、言葉と情緒的経験を関連づけ、身体的状態の意味的コンテクストを構築することを担う脳の領域において、トラウマの影響で酸素の取り込みが妨げられることを示している（ヴァン・デア・コーク，1996）。この妨害のために、トラウマによってアレキシサイミアが引き起こされる可能性が高まるのである。「彼らにとっては、その経験を伝達可能な言語に翻訳することが、生理学的に不可能になっているのかもしれない。PTSDの被害者にトラウマの想起が生じているとき、彼らは文字通り『感情とのコンタクトを失った』状態の中で、声にならない恐怖を感じているのかもしれない」（邦訳270頁）。

　生理的に覚醒した状態の誤認や、それに続いて起こりがちな誤った原因帰属

▽訳注9　陽電子放射断層撮影による検査で、脳の活動の様子をリアルタイムで画像に表示して確認することができる。

によって、人はよりいっそう報復的な行動化を起こしやすくなる。内省能力が虐待によって心理学的にも神経学的にも損なわれている場合、とりわけこのことが当てはまる（シケッティとホワイト，1990）。

神経学のサブテキスト

　実物がそこにないときのイメージや言葉によるその表象は、象徴の領域に属する。直観的な暗黙の処理過程に基づく即時的反応は、前象徴的な（subsymbolic）様式の機能である。解離の神経学的基盤を探求する魅力的な論文の中で、ブッチ（1997）は多重コード理論を提示している。それは、神経認知処理過程に関する現行の知識と、記憶、葛藤、感情、防衛に関する精神分析モデルとの統合の試みである。ブッチの研究は、トラウマが話の中身の改変を通して内省能力を歪めたり、その発達を妨げたりするあり方を論じている点で、とりわけ示唆に富んでいる。

　ブッチの考えは、児童虐待と解離と暴力の間の理論的な結びつきを潜在的に支持するものであり、犯罪発生の研究にとって魅力的であるし適用も容易である。発達理論家たち（デブリス，2001；エリン，1995）は、解離の病理につながる深刻な言語の欠乏が、自己および対象の恒常性が確立する以前の発達の非常に早い時期に生じるトラウマからどのように生じるかを論じてきた。▼原注6 その一方で、多重コード理論には次のような仮説を立てる広い余地がある。それは、青年や成人のトラウマには、そうした出来事が何らかの水準で意識されている場合でも、様々な様式の言語を感情やそこから展開する意味から切り離す力（ある種の解離）があるとする仮説である。成人の攻撃性につながるそうしたトラウマには、児童期後期に身体的あるいは性的な暴力の被害に遭うこと、発達早期の虐待を青年期にトラウマ的に再現すること（例えば、10代で売春を行うこと）、さらには、それ自体トラウマとなる出来事である暴力の行使が含まれるだろう。▼原注7

▼原注6　早期の虐待はまた、境界を認識する能力を損なったり歪曲したりして、その結果、対象の恒久性や恒常性を認識する能力が低下するかもしれない。このような欠乏から波及する深刻な悪影響として、被虐待児たちに見られる奇妙な愛着パターンと、暴力犯罪者たちに共通する部分的投影が挙げられる。

▼原注7　犯行の間に生じる解離について、そこで忘却されているのは暴力行為の感情成分だけであり、犯行についてのある程度の意識はそのまま残っている一方で、おそらくその意味は抹消されているのだろうと考える研究者たちは、そうした解離を「血染めの言い逃れ」と呼んできた（スウィハートとユイルとポーター，1999）。

多重コード理論の出発点となるのは、次のような考えである。それは、前象徴的な諸様式は、意図あるいは表に現れる意思の及ばないところで作動しているにもかかわらず、高度に体系化された認知処理過程であり、感覚、直観、運動の各領域において習慣化した反応を生む、という考えである。他方、象徴化された思考は、言葉以外の形式もとり得るが、ほぼ決まって言語で表象される。象形文字、数学の等式、分析家の解釈、バレエ、そして投票、こうした表出がそれぞれに象徴的であるのは、基本的構成要素にまで解体して新しい形に再構築できる内的イメージと結びついているためである。前象徴的なものは、単に漠然と感じられたものであり、それを何かと結びつけ直すことはできない。受け取った情報をそのままなぞっただけのこれらのものは、より高次の処理過程と結びつかなければ、そのまま反復される運命にある。

前象徴的なものと象徴的なもの、どちらの種類のデータにも、特定の神経受容体に向けて発する電位にスイッチを入れる役割がある。前象徴的な活動は、本質的に身体中心的であり、非常に原始的な脳組織に起源を持ち、主に感覚運動領域で働いている。ブッチ（1997）は、素質的表象に関するダマシオ（1999）の研究をもとに、次のように結論づけている。ブッチによれば、未加工の神経データを最初はイメージに、そして次第により高次の抽象概念に連結する参照過程を介して、前象徴的なデータに心理的な性質を与える、基本的な神経回路機構に重ねられた二次的な組織が存在するのである。意識的および無意識的なイメージの様式を介して、感情を認識して情動状態を名づけることが可能になる。イメージで表現されなければ、刺激による興奮によって、習慣化した反応が考えなくただ繰り返される。「未構成のもの」は、まるで使い古したレコード針が溝にはまってしまって同じ台詞を繰り返すように、いつも同じやり方で表現される（スターン，1997b）。さもなければ、いかなる象徴化の媒介もないままに行動化されるのである。

虐待を生き延びることに関連した中核的な感情体験を象徴的に表象することができないのは、ある種の解離である。「活動している自己は存在しているのだが、それは、アイデンティティと人としての個別性が統合された自己ではない。感情は自分の身に生じていることとして経験されるが、その意味は認識されていないのである」（ブッチ，1997, p.780）。主観的自己が、記憶と情緒的な反応様式を組み込んだ包括的な自伝的意識と結びつき損なうことは、いっそう深刻な断絶である。象徴化の回避や解体によって、行為主体の基盤が損なわれ、人は自分自身の暴力行為に、まるで他者の行為をのぞき見るかのように出会うのである。

妨げられた言葉：トラウマを受けた時期

　非常に早期のネグレクトと虐待によって、言語化にとって、そしておそらくは言語化に先立つ音声化にとってさえも決定的に重要な神経結合の構築が妨げられることは、おそらく間違いない。こうした早期の脅威的な経験は、経験を処理する子どもの認知能力がまだ発達していないために、象徴化されないだろう。例えばエリン（1995）は、虐待が起きたと思われる年齢を識別する目的で、解離症状を示す患者の言語の不十分さと特定の神経認知的基盤とを関連づけている。

　　（解離）状態においては、人々はしばしば、1語文で記憶を語る。彼らは、電信文のような話し方をし、子どものような文章構造を使い、失文法症のような意味および統語の用い方をする……一部の事例では、言語発達に決定的に重要な時期に、身体的、性的そして心理的虐待を受けた結果として、言語発達が回避されたり、阻まれたり、ひどく抑圧されたりして、言語能力に永続的な損傷が生じるのだろう（p.235）。

　エリンによると、早期のトラウマによって、脳の未発達な言語中枢に新しくシナプスが生成される。こうしてそのようなトラウマは、言葉による加工を受けない知覚を扱う並行的な処理システムを生み出す。そのシステムはそのまま残り続けて、その後に生じるトラウマもまた象徴化されないままになる確率が高まるのである。言い換えれば、トラウマはすべて象徴化されて表現されることを拒むのだが、**早期の**トラウマは、とても強固に記憶を封じ込めるカプセルのための神経学的な基盤を用意するのである。そこでは、「言葉は抑え込まれ、意識から切り離される。象徴は失われるか、埋め込まれるか、弱められる。その結果、対象世界と情緒的に結びつくことは難しいままになる」（p.237）。こうした場合には、行動には何の意味も伴わないのである。

　義母をレイプし、肛門性交を行い、そして殺害して有罪を宣告されたある男性は、自分の妻、つまり被害者の娘に宛てて、この殺人は「俺たちのクソ人生の中で俺たちが片づけてきた厄介事の1つ」にすぎないと手紙を書いた。この男性の祖母によると、彼は幼い子どもの頃にひどい暴力とネグレクトを受け、アルコール依存の父親からオーラル・セックスを強要され、両親の性交を目の当たりにしてきたという。親の1人を、しかも義理の関係の親を抹殺することが、親密な夫婦関係に対する小さな障害としての意味しか持たなかったとして

も、何の不思議があるだろうか。

　非常に早期の虐待による敏感さの高まりが前もって生じていない場合でも、感情を苦しめる出来事がひどく深刻だったり、長期間続いたりすると、「類トラウマ的解離」が生じて、それは脱象徴化されて、まとまりがなくなる（ワイスとマーマー，1997）。そうした経験が、内省や言葉による表現よりも、未熟な振る舞いや、身体化のような他の表立った徴候を通じて記憶にとどめられる傾向の背景には、それらを抽象化する能力の崩壊がある。妄想的投影は、それは暴力の引き金になる場合が非常に多いのだが、脅威に直面して活性化する、ばらばらになっている認知的あるいは感情的な「浮遊物」を何とか意味づけようとする試みなのだろう。妄想的投影によって、行為の責任は被害者に押しつけられる。私たちの資料にある、非常に冷酷なある性的殺人犯は、自分の行為の意味を次のように説明した。「女というのは説明が難しい。女たちのことは愛しているが、これは愉快なことじゃない。厄介なことに、女たちはとてもずる賢い。二度と罠にはめられてたまるものか」。

　彼は服役中に、「女の首を何度も刺した」と書き添えて、様々なナイフの絵を描いた。その一方で、別のメモ書きには、「自分と違って、ぼくはみんなに満ち足りて幸せでいてほしかっただけだ」と記した。この男と被害者との関係について私たちの資料からわかるのは、被害者がこの男と同じ建物に住んでいたことと、事件より前にこの男が被害者のケーブルテレビの接続を勝手にいじったことがあったということだけである。被害者が自分の住むアパートで発見されたとき、彼女は足首と手首を縛られ、殴打され、刃物で刺されていた。彼は被害者の殺害は否認したが、被害者を縛ったことと被害者に性的暴行を加えたことは否認しなかった（精液が彼女の臀部に残っていた）。彼の主張では、先に暴力を振るったのは被害者であり、彼女が彼に襲いかかってきたので、「物を彼女の顔に投げつけて反撃しなければならなかった」のだという。彼は覚えていないと主張したが、そこから状況は破局に向かったに違いない。

　そのような関わり合いの中で覆い隠されたのは、本当は誰の顔なのだろうか。多くの場合、犯罪者は被害者の目を攻撃するか（マチアス・レイエスのように）、先ほど見たばかりの犯人のように、被害者の視界をさえぎる。そこに表れているのは、パラノイア心性であり、恥の心性である（ギリガン，1996）。そこには、私が何者であるか見てはいけないという意味が、もっと限定して言えば、私が今からしようとすることを見てはいけないという意味が含まれているのである。被害者も加害者も口がきけず目も見えなければ、2人とも暴行を確認することも否定することもできないわけである。

犯罪者の感情表出の論理

　ロバート・ヘアは、犯罪精神病質者についての経験的考察の仕事に打ち込んできた。彼が注意を向けてきたのは、矛盾した、大部分は非論理的な、精神病質者たちの自己主張の性質であり、また、彼らの淡々とした言葉と、そうした言葉によって描写される行為の恐るべき重大さとのつながらなさである。ヘア（1993）は、受刑者たちを対象として、単語テストでの反応時間や、感情を刺激する言葉や絵に対する生理的反応を測定した。▼原注8　彼はそこで、自分が作成したチェックリストを使って精神病質者の基準を満たしていると評価された受刑者たちには、認知と課題処理に著しい欠陥があることを見出した。さらに付け加えて、彼はいくつかの臨床的エピソードを通じて、多くの犯罪者たちの感情表出のレパートリーの幅は、彼らが発揮する模倣の才能の範囲内に限定されるという所見を述べている（中身のない雄弁さは、人とうまくやっていくための戦略である。弁舌巧みな会話で感情豊かなふりをすることで、話し手も聞き手も、人間味豊かだと錯覚するのだ）。そしてヘアは、心の中での内省的な独白が（ヘアの被験者たちにはそれが不足している）、罪悪感の発達に、したがってまた良心の発達に不可欠であることを、説得力を持って論じている。「精神病質者の思考やアイデアは、かなり小さな心的単位に分かれていて、ころころと移り変わりやすい」というヘアの所見（p.136）に、私はまったく賛成である。ヘアは、そうした硬直した区画化は遺伝的に規定されていると考えているが、私にはそれは、心理学的起源のものばかりでなく神経学的起源のものもあるとしても、主として防衛的な操作だと思われる。

　例えば、私がこれまで例に挙げてきたような類の矛盾した供述に注目して（例えば第1章で取り上げた、凶暴な怒りに駆られて殺人を行った証拠があるにもかかわらず、「ぼくは暴力的な人間なんかでは決してない」と述べたマチアス・レイエスの供述）、ヘア（1993）は、自験例による類似した臨床的エピソードをいくつか提示した上で、そのような意味上の不調和は、その基礎にある神経処理過程の欠陥を示すものだと述べている。2つの認知を統合すること

▼原注8　犯罪者たちに対する言語連想テストは、意外にも、カール・グスタフ・ユングの専門領域だった。情緒的な刺激の強い言葉に対して犯罪者の反応時間が遅れるのは、記憶の欠落と誤認識のためであるというのが彼の仮説であった。そのような欠落が、非常に苦痛な感情を核としてその周囲に組織された根源的なコンプレックスの存在を示していると、ユングは信じていた（コステロ，2002）。このようなユングの仮説は、今日の研究者が同様のデータから推論して作り上げる、一部の犯罪者たちが強い感情を帯びた言葉に対する反応に時間がかかるのは、「正常者たち」と違って彼らには感情の核がないためとする仮説と、まったく正反対である。

のできなさ、あるいはある認知をそれにふさわしい感情と結びつけることのできなさは、大脳半球間の連鎖の不調という、大部分生まれつきの脳の異常に由来すると彼は結論づけている。彼の仮説では、不安や共感のような複雑な感情を発達させる能力は、「一部は生まれつき、また、一部はおそらく、発達中の胎児や新生児に及ぶ未知の生物学的影響によって準備される」(p.173)。ヘアは、虐待によって心理的損傷が生じる可能性は認めつつも、精神病質者の行動も、それに付随する言語の異常も、早期幼児期のトラウマが原因ではないと頑なに主張している。

　私は、多くの犯罪者たちに見られる言葉の貧困さや情緒的なつながりのなさについてのヘアの所見を支持するが、彼の所見には、いくつかの疑問やいくつかの別の解釈の可能性が考えられるように思う。神経学的な脆弱性が暴力を含む多くの好ましくない状態の素因となることは、確かにありそうなことだが、研究者たちや臨床家たちによる**非常によく一致した**、そして残念なことに非常によく無視される所見が示しているのは（ウィダム，1989；ハーロー，1999；イングリッシュら，2001）、暴力犯罪者たちの生活背景にネグレクトと虐待が高い頻度で認められることである。共感と良識を遠ざけて、私たちが人間味を感じる意思疎通の様式を身につけることをしばしば阻むのは、主としてこうした悲惨な経験なのである。確かに、暴力犯罪者たちは異質な言語で私たちに「話す」。確かに、彼らの心の中の対話は病的に不足している。確かに、こうした欠損は神経学的に見て必然の結果なのだろう。しかし、神経系の障害は、虐待と、とりわけ発達的に重要な時期における虐待と、無関係なのだろうか。犯罪者における神経学的な異常はトラウマよりも**先に存在している**という命題は、まだ説得力を持ってその正しさが示されたことはない。むしろ、臨床的な証拠は、その反対の仮説のほうこそが一般に知れ渡る価値があることを示しているように思われる。

事例：象徴化の欠如

　子どもの頃に虐待を受けた暴力犯罪者たちについて研究を進めるにつれて、トラウマによって心の内側の世界（およびその表れ）は明瞭にわかるくらい歪められてしまうのだという、ヘアの考えとは対立する考え方が、急速に、そしてはっきりと形を成してきた。ここに取り上げるのは、兄から（服役経験のある近親姦的幼児性愛者であり、彼自身子どもの頃に性的暴行を受けていた）長年にわたって性的暴行を受けていた児童殺害犯である。彼は自分の最後の犯行

の被害者たちについて、次のように振り返っている。「あの2人の女の子と過ごした時間は、ぼくにとって唯一の大切な遊びの時間だった。ぼくの気持ちは彼女たちから離れなくなった。ぼくは彼女たちを愛していたんだ。彼女たちがぼくから奪い取られて、ぼくは猛烈に腹を立てている」。

　この語りには象徴化が欠けていて、外的対象と内在化された対象との区別は曖昧である。それでもそこには、ぼんやりとかすんだ中から何らかの形を見分けようとする動きが確かにある。人々が認知的な調和を維持するために、視知覚の不調和を組み立て直すのと同じように、トラウマを受けた人々は、新たに受けたトラウマの刻印を、以前から自分が抱いている信念、希望、空想、そしてこれまで築き上げてきた経験の枠組みと調和するように再構成しようと試みる。ここで取り上げている殺人者の語りには、まったく不調和がない。おそらく、彼にとって、自分を虐待した人物についての一番耐えられるイメージは、自分を愛してくれる兄というイメージなのだろう。兄は自分に関心を向けてくれた、兄は自分を求めてくれた、**兄は自分と遊んでいただけなのだ**という思いが、少なくとも先に見たあの語りの時点においては、非常にしっかりと内在化しているように思われる。同一視によって、レイプと殺人を行ったこの犯人は、自分もまた子どもたちを愛しているのだと思い込むことができる。虐待されているのはこの子どもたちとは別の子どもたちになり、その虐待は自分ではない別の誰かによって行われていることになるのである。

　被虐待児が用いる倒錯的で解離的な方略が、自分が受けている破壊行為を、自分ではない他の誰かにそれが起きているのだと装いながら経験することであるなら、成人の常習的な暴力犯罪者たちが用いる解離的な方略は、自分以外の他の誰かに対してそれを行うこと、最初に起きた象徴化されていない出来事を具現化することである。グランド（2000）は、被害者が、虐待的暴行は実は**本当ではない**とか、それは実は**自分**に起きたことではないと主張する例を挙げているが、これこそが犯罪者にとって、現実の入れ替えが行われる原点となるのである。想像上の平行世界を構築し、最終的に暴力の再エナクトメントを通してその正しさを立証することによって、防衛的構造を変えることなく、合意による確認を求める自我の要求を満たすことができる。子どもが自分の身に起きたと信じようとしない事柄は、本当に他の誰かに起きるように仕向けられる。このようにして、犯罪者の正気を損なうことなく、現実と非現実との間の不安定なバランスが回復するのである。

　ひどく困惑させられる、自分がその行動をした可能性さえも否定するいくつかの発言を、少し振り返ってみたい。そうした発言は、自分の性格を正反対に

捉えることで行為責任のありかを自分以外に求めることの表れである。そうすることで、前述した象徴化されていない出来事の具現化の場合と同じ防衛的な目的にかなうのである。以下は、私の資料からの抜粋である。

「ぼくはそんなタイプの人間じゃない。ぼくは決して誰も傷つけたりしない」（被害者は、手足を縛られて猿ぐつわをされていた。ベッドの上で見つかった野球のバットは、血まみれで、天井にも血しぶきが広がっていた）。

「ぼくは穏やかな人間です」（被害者は首を切断された）。

「自分がそんなことをするなんて、想像もできません」（被害者は、ナイフを胸に突き立てられる前に、両目を突き刺された）。

「否定的言明は、知らないと言うと同時に、知っていると言っている」（リトヴィッツ，1998）。このようなやり方で、否認されたり解離されたりしているものが肯定されるのである。そもそも、犯罪者たちの言葉もまた、人々に共有された倫理のコンテクストの内部で、自分にとっての真実をこしらえ上げたり定めたりしている限りは、その発言には、どれほど分裂排除されていようとも、良心が反映しているのである。

良心が割り込んできて、瀕死の被害者に心肺蘇生術を施したり、凶暴な暴行の後に警察に通報したりする例が時々ある。この種の矛盾した行動は、まだ犯罪の研究を始めたばかりだった頃の私の解釈では、輪郭のはっきりした交代人格の存在を示すように思えたものだった。世間が初めて多重人格障害に目を向けた『イブの3つの顔』で有名になった、シグペンとクレックレイ（1957）の用語を借りるならば、ジョー・ブラックはレイプして盗みを働き、ジョー・ホワイトは警察に通報したというわけである。郷愁の輝きに包まれた他の多くの事柄と同じように、この手の解釈は使い古されてしまった。シャルコーの言葉の要点を借りれば（フロイト，1893における引用）、考え方は移り変わるが、だからと言って事実がなくなるわけではない。犯罪者たちが語る言葉は、今もまだ生きている。以下の例を見てみよう。

未成年の知人に対する暴行未遂事件を起こしたある男は、自分から逃げていく被害者に、「君の母親に知らせてほしい。ぼくのしたことは悪いことだから」と頼んだ。攻撃から処罰希求、そして孤独感へと、この犯罪者の心の動きの反転ぶりは著しい。それは、自分の犯行に対する情緒反応の次元が背景に存在す

ることを示す説得力のある論拠である。主体性のありかは、いかさまカード当てゲームの当たり札のように、簡単には見定められないのである。

　先の例とは別の、住居侵入の上で子どもに性的暴行を働いた事件では、枕カバーで顔を隠していたこの男は、被害者が逃げ出すときにそのカバーを投げ捨てて、母親の友人である自分の素性を被害者の少女に自ら暴露したのだった。さらにまた別の子どもへの性的暴行事件では、この男は被害者の少女の尻を叩き、身体を触り、指を性器に挿入し、頭を殴りつけて、愚かで口のきけない嘘つきと罵った。そして、被害者を両親のもとへ帰らせるときには、彼女が彼の要求に従わなかったことを彼女の両親はわかってくれないだろうと、少女に言い含めたのだった。

　この男の暴行行為や言葉の使い方はひどく退行的だったので、ケース資料の中に明白な認知機能障害か発達遅滞の証拠が見つかるだろうと私は予想していた。しかし、そのどちらも見当たらなかった。この幼児性犯罪者は単純に、自分の行動および言語の快感領域の中で、つまり本物のシンタクシス的な経験が剥奪された場で、活動していたのである。私はこのシンタクシス的な経験という用語を、サリヴァン（1953b）にならって、空想と現実、私的なものと公的なもの、自分と相手の識別を可能にする、相互に合意された象徴が**有効**に使われているという意味で用いる。おそらく、シンタクシス的な経験がなければ、交流するための言語的な手段がまったくないのだから、いかなる関係の様式も存在の余地がないだろう。それでも、誰かが（加害者が、あるいは被害者が）罰せられるべきだという主張の中には、わずかとはいえ、良心の観念が含まれている。それどころか、フロイト（1916）が賢明にも仮定したように、罪悪感は犯行の前から存在するのかもしれない。なぜなら、犯罪行為によって、想像の中の罪に対する罰が招き寄せられるからである。クライン（1933）もまた、「超自我の極端かつ圧倒的な残酷さ」ゆえに（p.251）、罪悪感は攻撃に先立ち、そこから迫害不安が生まれ、パラノイア心性が生じ、最後には報復的反応を引き起こすのだと考えた。

　先に例に挙げた、2人の幼い少女たちと「遊んでいた」幼児性愛者は、結局2人の子どもを殺害した。子どもたちの遺体は、犯人の自宅の屋根裏の狭い空間に、服を着た姿で並んで横たえられていた。殺人課の刑事たちが少なくとも一度家に来たときにも、遺体はそこに放置されていた。彼は事件の発覚を避けようと努めなかった。それは、子ども時代の深刻なトラウマという生育史を持つ犯罪者たちに共通する、魔術的思考のなせる業であった。彼らはいともたやすく、犯行に関連する出来事を、現実から切り離し、自分から切り離してしま

うのである。

　多くの場合自宅で顔見知りの子どもを襲うのが、彼が好んだいつもの手口であった。予想されたことだが、成人してから彼が住んでいた小さな庭つきのアパートは、兄から繰り返し何度もいろいろな場所で殴られてはレイプされた子どもの頃の家に環境がよく似ていた。彼が2人の少女を殺した犯行には、彼自身が受けた虐待の様相が、断片的にではあるが、はっきりと映し出されているのがわかる。彼は1人目の子どもを性的暴行の後で殺し、2人目の子どもをその口封じのために殺した。少女たちが象徴していたのは、彼自身の姿と他者の姿の両方が入り混じった姿であった。成長して襲撃者となったこの元少年は、自分が受けた被害に自分が共謀したことも抵抗したこともともに否定しようと努め、そしてまた、自分が苦しむ姿を傍観者として見つめていた者たちの目を永遠に閉ざそうと努めたのだった。

考　察

　どの物語にも背景がある。作家たちは、物語の脇筋を念入りに書き上げる。役者たちは、自分が演じる役柄に立体感を出すために、想像上の世界を作り上げる。被分析者と分析者の2人にとっての背景は、転移的なコミュニケーションから作り上げられる。ふさわしい支え手たちや脇役たちがいない語りには、まったく生気がない。だから、背景が明確に語られていないときには、私たちはまるで虚空を歩いているかのような気がするのである。そうした背景が語られ得なかったり、語られようとしなかったり、注意を向けられていなかったり、メンタライズを拒んだりするその程度に応じて、語りの本筋から生気が失われたり、語りが偏った方向にねじ曲がったりするのである。

　したがって、この研究においては、私自身の背景を読み取ることがとりわけ必要だと思う。攻撃性と折り合いをつける私自身のやり方は、私が他の人々の語りを選択したり解釈したりするやり方に、どのように影響しただろうか。また、私のやり方は、仕事の上で、あるいは偶然に、暴力的な者たちと関わりを持つ人々に、どの程度幅広く当てはまるだろうか。こういったことを私はできるだけ語ろうと思うし、そうしたことについて知ることは読者にとって価値があると思う。

　例えば、この章の最初の原稿を読み返してみたとき、自分の書きたいことが脚注の中に身を隠しているように思えて、私は居心地の悪さを味わった。どうして、こんなにも多くの重要性を秘めた内容が本文で論じられていないのか、

いったい自分は何を否認しようとしているのかと、読み返すたびに思わずにはいられなかった。脚注だけを読み返してみて、私が本文から離れるのは、たいてい自分が攻撃を仕掛けている場合であることに気づいた。著名な同僚の考えに異議を唱えようとするときには決まって、私は自分の見解を本文から切り離していた。脚注はある種のエナクトメントだったのだ。つまり、そもそもたいていの人は脚注に目を通さないのだから、そこでは当然の報いを受けることなく、思い切って攻撃できるというわけである。こうしたことから私は、暴力を物語の本筋に含めるよりも一種の心の中の脚注へと追いやる人々に対して、私たちが心惹かれる場合がある理由について、よく考えてみる必要があることに気づかされたのである。

　症状選択や被害者選択があるように、臨床活動や調査研究を行う人々は、その対象を選択している。犯行を通じて破壊し尽くされたり蘇らされたりする正体のはっきりとしない他者との死の抱擁から逃れられないのは、おそらく暴力の実行者だけではないのだろう。患者がエナクトするものを分析家が解離している間は、分析家は患者が解離しているものをエナクトするものだという考え方ができるようになったのは、ドンネル・スターン（2003）の功績である。そうした考え方からすれば、神経症的なクライエントたちに会う中で、ばったり殺人者に出くわすことはないにしても、張りつめた高い攻撃性をめぐる語りを見つけ出そうとするような臨床家について、どのように考えればよいだろうか。そのような人物には、攻撃性を相補的に満たそうとする傾向があるのだろうか。

　私は自分の仕事に関して、法医学の臨床家たちや研究者たちといった塀の外側の人々から、気持ちに水を差される思いをすることがよくある。彼らは、暴力的な人々には同情を向けられる資格があるという考え方そのものを拒絶しているように思えるのだ。彼らは自分たちのクライエントが解離しているもの、つまり共感を差し控えているのだろうか（それは本質的に、消極的なエナクトメントである）。怒りに満ちたコミュニケーションを臨床家が未構成のままにしている限り、臨床家が共感や激しい怒りを統合する見込みはまったくないのである（そしてクライエントの側も同様である）。

　犯罪者に対する逆転移反応について幅広いコンテクストで議論を進めるために、この章を始めるに当たって、私は次のことを指摘した。それは、世間の人々が、それぞれの立場から見た悪い種子理論を世に広めようとする政治家たち、司法行政官たち、医学界の権威たちに不幸にも誘導されて、犯罪者たちには人間性がないといとも簡単に考えてしまうことである。様々な記事や書物が描き出すところでは、犯罪者たちは獲物を狩る怪物であり、戦いを挑む悪魔で

あり、しつこくつきまとう邪悪な者であり、最近では、相手の目をじっとのぞき込む神経生物学的な突然変異体なのである（デピューとシンデーエット，2005；ヘア，1993；ヘイヴィル，2001；モリソンとゴールドバーグ，2004；レスラーとシャットマン，1992；ヴロンスキイ，2004）。こうした隔離が原因で、私たちは（私たち自身のそして他者の）攻撃性を理解して行動化を生じにくくすることが難しいのである。

多くの場合、犯罪者たちの世界観は、「親的対象から残酷な攻撃を受けるという基本的な経験」をくぐり抜けてきている（カーンバーグ，1998, p.376）。刑事司法制度は、多くの点で、原型となるサディスティックな家族的布置を再現している（ギリガン，1996）。このことから、犯罪の常習性を反復強迫の特殊な一形式として捉え直すことができるかもしれない。結局のところ、刑務所は虐待的な養育者への全面的な依存状況を再現しているのであり、そこにはマゾヒスティックな檻が文字通りに具現化しているのである。

矯正領域においても精神保健領域においても、その効果は「無いも同然」だという理由で（カーンバーグ，1998, p.377）、反社会的な人々への心理療法的介入はまったく正当性がないと一般に信じられている。大部分の犯罪者たちが評価を受けたり、更生処置を受けたりする**関係的な**コンテクストについては、これまでほとんど何も書かれてこなかった。そして、たいていの矯正プログラムは、犯罪者と矯正者の二者関係においては、2人が一緒になって意味を生み出しているということを考慮に入れていない。矯正領域においては、失敗の責任はすべて受刑者に帰せられて、反社会性は矯正できないという通説が決まって確認されるのである。矯正処置が矯正を果たさない理由を述べたいかなる論説にも、このような背景があるのである（もうそろそろ、誰かが関係的ならびに対人関係論的な司法精神分析を創案してもいい頃である）。

抑えの利かない攻撃性はひどく有害な早期の対人関係から生じる避け難い産物であるとする考えは、一部の人々の間では長らく承認されている。しかし、犯罪者たちを「弁護している」という非難を招くことを恐れて、はっきりと公に表明されることはほとんどない。こうして、大半の刑事司法政策の立案者たちは、自分の行動は他ならぬ自分だけがコントロールしているのだという意識を受刑者たちに育む必要性を考慮した矯正処置を、決して作り上げないのである。例えば、ブロムバーグ（2003）は、トラウマを抱える患者に関わる分析家に対して、「患者が（分析家についての）今ここでの経験を関係的なコンテクストの中でますます信頼できると感じ（られるようにすれば）、（被分析者が）予防的な早期警戒システムとしての解離を自動的に用いる機会をますます減ら

すことができる」と勧めているのだが（p.562）。

　それどころか、現行の少数のプログラムは、受刑者たちに民主主義のあり方と倫理的な意思決定について教えることを目指す、「正義の視点」に基づいている。一般に受刑者たちは、服役中はそのようなプログラムで非常によい成果を示すのだが（倫理的推論に関する彼らの試験成績は急激に上昇する）、自由の身になると、犯罪から身を遠ざけ続けることができないのである。こうしたプログラムの「卒業生たち」は、どうしても再犯に至ってしまう。彼らは、情緒的に深く結びついてもトラウマを受けることのない関係を、実際の人間関係において、これまで経験する機会がなかったのだ。だから彼らは、世界の中に投げ出されると、これまで慣れ親しんできた脱象徴化とエナクトメント以外のやり方では、感情的興奮を統制することができないのである。私たちが実際に人々を解離的な防衛を使わざるを得ない状況に追い込んでしまうときにはいつも、私たちはトラウマを再受傷する危機から身を守る安全感を提供できずにいるのである（ブロムバーグ，2003）。受刑者たちの早期のトラウマを無視したり、ましてや再現したりすることは、それは現に刑事司法制度の中で日常的に生じていることなのだが、検察官の法廷用語を借りるなら、まったく**良心が欠けている**。

第3章
犯罪者の不運 ▼原注1

捜査資料より

事例1

　犯人はティーンエイジャーだった。彼は71歳の女性の後をつけ回し、レイプし、ハンマーで殴り殺した。犯行後、彼は被害者のリビングルームに侵入し、つまみ食いをして、少しの間テレビを観た。やがて、彼は被害者に心肺蘇生術を施し、さらに緊急ダイヤルに電話をかけたが、救急のオペレーターにつながる前に電話を切ってしまった。彼が逮捕されたのは、犯行の最中にポケットから落ちた自分の診察予約券を拾わなかったためであった。捜査官に対する彼の供述によれば、予約券を落としたことに気づいていたということである。診察予約券には彼の氏名と、彼が予約時間に立ち寄る病院の住所が記載されていたので、捜索に力を注ぐまでもなく、彼は逮捕された。

　子どもの頃、この犯人は母親と姉とおばから身体的な虐待を受けていた。彼のような子どもたちは、気づかれないようにその場に居るすべを早期に身につける。人目につかないことは、むごい仕打ちを受けている子どもにとって救済でもあり、呪いでもある。見られたいと同時に見られたくないという願いは、虐待的関係に典型的に見られる両極的な態度を育む。彼の生育歴を考慮すれば、このティーンエイジャーの犯人は、簡単に見つかる場所に隠れるのが習慣だったのだろう。たった今犯したばかりの殺人の犯行現場に自分の診察予約券を残していけば、あえて警察に自分を見つけさせるようなものである。その代償がたとえ処刑であっても、見つけられることによって、きっと心が落ち着き、心

▼原注1　20世紀への変わり目に、心理学者たちは、犯人たちがうっかり自分の正体を暴露する証拠となる手がかりを犯罪の現場に残していきがちであることを、「犯罪者の不運」と名づけた（ウルフェン，1926）。

地よく感じられるのだろう。殺人の発生率が最も高いのは死刑が科せられる州であるという事実は、決して意外なことではない（ベイリイ，1976；レンパート，1983）。

事例 2
　ある若い男性は、売春婦を手近に見つけることができなかったために、「ただ何か変わったことをしてみたくて」、少女を誘拐してレイプすることにした。犯人は、少女の友達の目の前で、自分の雇い主の名前が大きく書かれたトラックに乗ってその少女を連れ去った。犯人も知っていたのだが、そのトラックには衛星追跡装置が完全装備されていた。犯人の所在はすぐに割り出された。犯人は追及されてようやく、被害者をショッピングセンターに置き去りにしてきたと供述した。少女はおびえていたものの、生存していた。

事例 3
　ある男性は、隣人を絞殺し、遺体を手際よく始末した。数カ月後、それとは関係のない、暴力とは無縁の罪で捕まったとき、この男性は自ら警察官に、自分は殺害されたある女性の隣に住んでいたと話した。不審に思った警察は、彼の車を調べた。すると、レイプに使う道具一式がトランクから見つかった（レイプ犯たちは、被害者の自由を奪うのに必要な道具を入れたバッグをしばしば持ち運ぶのだ）。また、女性の殺害に使われたロープが前部座席の目につく場所に置かれていた。男性は女性を殺害したことを断固として否定し、自分の無実を証明するためにポリグラフ検査とDNA鑑定を進んで受けた。そのどちらにおいても、彼と事件との関連が確証された。

事例 4
　浴室のガラス窓を交換するために雇われたある犯人は、自分の雇い主である被害者をレイプした後、被害者の喉を押しつぶし、浴槽に引きずり込んだ。この男性は唾液と血液のサンプルの提出を自ら申し出たのだが、その結果、有罪を宣告されたのである。それらのサンプルと犯行現場の遺留品のDNAが一致したのだった。この殺人者は、自分はその日の朝ガールフレンドとセックスをし、その後こっそり雇い主の家の浴槽でシャワーを浴びたのであり、被害者はたまたまその浴槽内で殺害されたので、自分の精液が被害者の体内に入ったのだと弁明した。

本章で私が論じたいのは、たとえどれほどぼんやりとしてまとまりのないものであっても、犯罪者たちには確かに良心が存在するのだという証拠を、彼らの言動が密かに伝えてくるそのあり方である（それほど密かでないこともあるのだが）。まず何と言っても、暴力そのものが、残忍に振る舞う超自我が存在するということの確実な証拠である。そのような超自我は、あまりに残忍で意味づけようのない早期の虐待によって植えつけられる。その結果、暴力は、意味づけられるのではなく解離されて実行されるのである。過去の虐待が活発に再現される状況では、トラウマを受けた人は激しい怒りと被害感情、恥と罪悪感、傷つきとその修復の試みという状態の間を揺れ動く。法を犯す人たちは、多くの場合、超自我の気まぐれな要求にそれ以上応じることができなくなると、道徳を行使する主体を外部の「権威者たち」に委ね、そこから束縛と非難と承認を得ようと努めるのである。

　こうした見解は、古典的な精神分析理論にも現代的な精神分析理論にもよく適合している。しかし他方で、これは一部の有力な司法臨床家たちや司法当局者たちの意見とは対立しているのである。彼らは、常習的な暴力犯罪者たちのうち、ほとんどではないにしても多くの者が、良心を持たず、十分に自覚的な意図を持って犯行に及んでいると信じている。こうした見解を採用する刑事司法制度は、残念なことに、「奴ら」と「自分たち」を区別する倫理的な境界線を引き、自らの持つ攻撃性や倫理的な冷淡さを認めないのである。こうした見解が公共政策に、とりわけ児童福祉領域および矯正領域の公共政策に及ぼす波及的影響は計り知れない。

　子どもに向けられた暴力によって、子どもの自我は切り裂かれ、極めて苛酷で、非常に懲罰的な性質の防衛のレパートリーが始動する。私が出会った数々の事例は、トラウマが残虐な超自我の中に刻み込まれているありさまを、そして、そのような超自我の力の源泉が、自分が受けた暴力と自分が振るった暴力の両方を含む、解離された暴力にあることを、明らかに示している。私がこの研究を通して明らかにしたいのは、暴力を受けた子どもたちとその加害者である大人たちの良心の問題に対して、私たちが抱く考え方に含まれている暗黙の意味についてである。

犯罪の痕跡を追う

　犯罪科学の専門家たちは、これまでしばしば、犯人たちが残していくあからさまな手がかりを、彼らの良心の表れというより、自分は決して捕まりはしな

いという誇大感を嘲笑的に示すものとして理解してきた（事実、私は研究の過程で犯罪科学の様々な著作に目を通したが、罪悪感にも良心にも後ろに「〜の欠如」と付け加えられていない索引を目にすることはほとんどなかった）。自分は捕まるはずがないという態度は、そして犯行現場の痕跡から伝わる「鬼さんこちら」とでも言えるふざけた調子は、部分的には誇大自己の表れである。そこから伝わってくるメッセージは、送り手によって様々である。親から継続的に虐待を受けた経歴を持つ犯罪者たちにとっては、誇大性は、内在化された万能の虐待者が顔を出したものであるかもしれない。「けれどもそれは物語の一部でしかなく、たいていの場合、そのような見解はさほど役に立たない」（ワームザー，2003b，p.227）。それよりも重要なのは、「自分でないもの」（サリヴァン，1953b）、「ゼロ」（ヨケルソンとセイムナウ，1976）、「名もない者」（ガントリップ，1969）、「ブラックホール」（グロットスタイン，1990）、あるいは最初のトラウマ的な傷つきの場面をさまよい続ける非活動的な自己などといった、自分の存在が隠れているという犯罪者の感覚が、誇大性によって補償されている可能性である。▼原注2

　自分の正体を示す手がかりを犯罪現場に残すことによって、承認されること、処罰されること、束縛されること、そして罪を償うこと、これら4つの目標に近づくことができる。警察に追跡されることは、自分が重要であり、求められていることを意味する。そして、警察に逮捕されることによって、自分が確かに存在していることが合意に基づいて確認される。その上、逮捕される状況を自ら招くことで、犯罪者は、外界の権威者に超自我の機能を一部譲り渡す。そのような権威者は、分裂排除が起きていなければ通常は内なる声がもたらすはずの非難を行うのである。▼原注3 法律の「権威者たち」は、犯罪者たちがコントロールできない性愛化された攻撃性を阻止し、制度的側面（フーコー，1977）においても、発達的側面（ウィニコット，1965）においても、抱っこする環境を提供する。その結果、将来の行動に制限が課せられ、「また人を殺してしまう前に、誰かぼくを止めてくれ！」という映画でおなじみの願望がかなえられる。こうした行動制限は、不思議なことに安心感をもたらすのである。

▼原注2　誰からも見られていない主体が、ベビーカーに、あるいはかつて乳母車と呼ばれていたものに乗って、トラウマの中を進んで行く光景が、私の心の中にどうしようもなく鮮やかに浮かんできてしまう。

▼原注3　もちろん、多くの人々は、あくまで比喩的な意味でだが、他者に自分たちを監視する役目を割り当てる。懲罰が回避されたり、抑制されたり、阻止されたりする空想を活性化する目的で「超自我機能を外在化する生来的傾向」についての考察の一例として、ミラー（2003）が参考になる（p.5）。この領域における転移現象の分析に関して、ミラーは特に優れた洞察力を示している。

迫り来る判決をめぐる予期不安は、刑の宣告を受けることで終息する。それは、親からひどい暴力を受けることで、その恐ろしさを思い浮かべるときの緊張から解放されるのによく似ている（空想の中では、刑事司法制度によって科せられるほとんどの懲罰は、幼児期に保護者から受けた残忍な暴行に比べれば、もちろん死刑になる場合は別だが、たいしたことではない。死刑判決が下されて初めて、犯罪者になってしまった虐待の被害者たちは、自分は殺されてしまうという幼児期の空想をついに実現させてしまうのだろう）。結局のところ、罰せられるということは、倒錯的に愛されることと同じことなのである（フロイト，1919）。権威者に服従することで、救済と復活の希望が与えられる。そして、不安や葛藤の真の源泉が、より根本的で重要な、遠い過去の他者にあることを認識しなくても、アイデンティティの再構築が可能になるのである。

空虚さについて

「空虚さ」の経験が感情面の機能不全に及ぼす影響については、これまで様々なやり方で概念化されてきた。例えば、自分の価値に対する認知的評価（ヨケルソンとセイムナウ，1976；ギリガン，1996；ローズ，1999）、無力化された自己状態（フェアバーン，1952；サリヴァン，1953b；レイン，1959；バリント，1968；ガントリップ，1969；オグデン，1989；シェンゴールド，1989）、主観的な行為主体からの知覚的な疎外（サリヴァン，1953b；ウィニコット，1991；フォナギーら，2002）、そして、危険を恐れない行動に駆り立てる神経病理学的変異（レインズ，1993）などである。

暴力犯罪者たちの多くには、心の中に空っぽな感じがあり、それは時として
▼原注4
深い孤独や、どうにもならない退屈さとして経験される。前の章で検討したように、児童期の虐待は、全体対象を心の内に保持し、表象する能力を破壊するので、そうした人々の内的世界には、不十分に、あるいは不安定にしか人のイメージが存在しないのかもしれない（ウィニコット，1958；フォナギーら，2002）。

残忍な養育者と傷ついた子どもという閉所恐怖を引き起こすような二者関係においては、トラウマに出会うたびに、虐待者である対象と融合するか、その二者関係自体を完全に断ち切るかという、どちらにしても苛酷な選択が突きつ

▼原注4　リチャード・ククリンスキは、夫であり、2児の父親であり、推定では200人を殺害した犯人である。ビデオ録画されたひどく感情的なインタビューの中で、彼は精神科医パーク・ディーツに対して、「ぼくはこの世で一番孤独な男だ」と語った（HBO, 2003）。

けられる。虐待者と融合することを選べば、未来を予測し、コントロールできるという幻想がもたらされ、孤独にならずにすみ、自分自身の防衛のための攻撃性が解き放たれる。フェアバーン（1952）は、無力感に直面した際に万能感を得ようとするこの試みを「道徳的防衛」と呼んだ。

　発達的観点から見れば、そうした融合に伴う代償は、被害者が加害者の内的状態へ隷属することである。悪意を抱き、虐待者の行動を先取りして模倣する「主観的対象たち」▼原注5 に満ちた迫害的環境の中で、人は怠りなく警戒し続けることを余儀なくされるのである。融合は不快ではあるが、だからと言って、もう一方の分離を選べば、その恐ろしい代償は、自分の存在が抹消されることである。

　どちらの恐ろしいシナリオにおいても、そこにはもはや自律的な自己は見当たらない。実際、子どもの身体は子ども自身の支配下にあるということを大人が承認し損なうと、深刻な恥意識が生まれ、トラウマの衝撃の防衛的な縮小化が、そしてまた、トラウマを受けた自己のアイデンティティの縮小化が進行するのである。

　　愛着のコンテクストで生まれる、感受性と理性を備えた人間として受け止められたいという期待は、残忍な人物から物として扱われて人間性を奪われることによって、荒々しく踏みにじられる。恥は、苦痛の高次の派生物なのである（フォナギーら，2002, p.426）。

　　他者から心理的に無視されることで、私たちの内に、自分の存在は無価値であり、他者から注意を向けられるに値しないという、極めて大きな恥が生まれる。他者のまなざしは、このような侮りを表している。どこであれ広範な否認が幅を利かせているところでは、自己と世界、イエスとノーというように、現実は相反する2つのものに引き裂かれざるを得ない（ワームザー，2003a，p.313）。

見られるようになること

　虐待された子どもにとって、他者からの関心と承認を取り戻す唯一の手段は、相手の一部分を、特にリビドーを刺激する攻撃的要素を取り込むことである。

▼原注5　ウィニコット（1969）は、「対象」に主観的という修飾語を付け加えることで、重要な他者を内在化するその個人に特有の同一化過程に沿って、それら重要な他者の内的表象が質的にどのように変化するのかということに注意を向けた。

子どもがこのような危険な心的表象を取り込むことによって、養育者の理想化された部分が分裂により切り離されて守られる。こうして、外界に存在する攻撃性は、事実上「消えてなくなる」。このように現実を解体することで、実際よりも愛情深い交流があるという幻想が育まれるのである（フェレンツィ，1933）。そうして、虐待者に対する激しい怒りは自分の心の中へと向け変えられ、その結果、意味を生み出し、現実をあるがままに捉え、間主観的コミュニケーションを促進するといったような認知的諸過程が損なわれる。ビオン（1977）はこうした防衛操作を、対象群ならびに観念群の間の意味ある結びつきを妨げたり解消したりするという観点から、「連結への攻撃」と呼んだ。このようにして象徴がその指示対象から切り離されると、精神病が、あるいは少なくとも一過性の精神病様状態が生じる。攻撃的行動の最中に起きる重大な解離による空白は、一過性の精神病の現れなのかもしれない。ビオンは、こうした攻撃は迫害対象によって扇動されていると理解した。かつてクライン（1933）も同様のことを述べており、私の考えでは、それは暴力犯罪を構成する不可欠の要素である。

　　　患者の中に精神病機制を優勢にしてしまう点で非常に重要なやり方で敵意を表出する、敵意ある迫害対象の形成あるいは対象の凝集の形成を示唆する要素があった。私がすでに迫害対象の凝集に付与した特徴は、原初的で殺人的でさえある超自我の性質を持っている（邦訳106頁）。

　クラインとビオンが述べているのは、対象ないし部分対象を迫害的と捉える**知覚**のことである。私が強調したいのは、内在化されている対象は、虐待やネグレクトを行う養育者の姿に基づいているのだが、そこには空想的な加工はそれほど施されていないのではないかということである。そうしたひどく破壊的で死を恐れない対象を相手に紡ぎ出された強力な超自我は、自我が完全に消滅することを防いでいる。疑いもなくそれは、激しい怒りを非常に未熟なまま持続する状態に保ち続けることによって果たされるのである。
　断片化し、内在化された激しい怒りを、子どもは、罰を受けるに値する恥ずべきものや罪あるものとして経験しており、そのような罰が与えられると結局いっそう強い怒りが引き起こされる。成人の場合は、そしてとりわけ暴力犯罪

▼原注6　フェアバーン（1952）の考えでは、幼児の自我はトラウマを生き延びるために、対象の理想化された側面、拒絶する側面、興奮させる側面のそれぞれに対応する、解離された複数の構造へと断片化する。

においては、こうして積み重なった解離された激しい怒りは、精神内界のドラマよりも、対人関係のドラマにおいて、サド・マゾのサイクルを始動させる仕掛けとして再現する。恥と罪の感情が入れ代わること、あるいはワームザー（2003a）がトラウマによる混乱の「最初期の均衡」と呼んだものが（p.311）、（愛情深いとされる）加害者の意図と（挑発的だと責められる）被害者の意図をごちゃまぜにして自分に関連づける処理のひな形となる。このことから生じる結果について、フォナギーら（2002）は、精神分析の古典学派と現代学派にまたがる多くの高名な理論家たちの見解を反映させて、次のように適切にまとめている。「そうした人は、エナクトメントと挑発というやり方でしか、心理的な経験を呼び起こすことができない。主観的な状態は、主として、それを他者の中に作り出すことを通じて知られ得るようになるのである」（p.386）。

　実際に犯罪が実行されると、様々な立場の司法実務家たちが作り上げる刑事司法制度という舞台の上で、罪悪感、屈辱感、そして激しい怒りが強力に再生される。そうした実務家たちは、刑罰を与えることにひどく熱心なあまり、このようなサイクルを再始動させてしまうのである。このようなサイクルは、行動に現れる見かけは同じでも、理論的には古典的な見解とは別物である。古典的な見解では、抑圧された怒りの回帰は、恥を罪悪感に置き換えるという結果をもたらす。フロイト（1916）が仮定したこのような過程によって、人は「道徳的マゾヒズム」という心的態度へと駆り立てられ、成人になって実際に犯罪を行うことで幼児期に空想した犯罪に対する罰を受けようと努めるとされる。

　ポスト・クライン派のカーベス（2001）は、処罰希求は罪悪感の副産物というよりむしろ「罪悪感の代替物」であり、罪悪感を感じることに伴う苦痛を回避する防衛の一手段であると主張し、フロイト派の理論構成に疑問を投げかけている。カーベスの主張では、外界に妄想－分裂ポジションの影響が及ばないように努める人は、罪悪感を経験すると自分の「悪さ」が自動的に外界に広まってしまうことを恐れてしまうので、罪悪感をまったく経験することができない。このような人は善と悪が共存するという考えに耐えられないので、あらゆる不法行為に対して、罪に問われる恐れを取り除くために、処罰希求を用いるのである。

　　　フロイトは無意識的な処罰要求と無意識的な罪悪感を同等視した。そのために、無意識的な自虐性の防衛的な機能が曖昧にされてきた。そして、抑うつポジションのワークスルーにおいて直面されてコンテインされねばならない心的苦悩、抑うつ不安、罪悪感、後悔に向き合うことが避け続けられるときに、無意識的な自

虐性が果たしている役割も曖昧にされてきた (p.14)。

　このモデルにおいては、恥は、妄想-分裂的なスプリッティングに対して自己愛的にあらかじめ組み込まれた反応を意味しており、そのおかげで人は超自我の要求から影響を受けずにすむ。罪悪感が恥に対する防衛である代わりに、恥が罪を**意識する**ことに対する防衛なのである。それはある種の退行であるが、良心の社会化機能を重視しない文化においては、おそらく正当な態度と見なされる（カーベス，2001）。西洋の司法制度では、恥は臆病者の逃げ場所と見なされ、罪は成熟した者が引き受ける責任と見なされる。まるで恥と罪は、トラウマの混乱の中で共存することはないかのようである。
　身の安全が脅かされると情緒は拡散することからすれば、恥と罪悪感は経験的に区別し難いと私には思える。例えば、スーザン・B・ミラー（1989）は、児童期には、とりわけ感情を十分に認識し、明確に表現する力が発達する以前は、反応的に生じるこうした諸状態が互いに置き換え可能であることに注目している。彼女はエリク・エリクソンの研究に基づき、恥-罪悪感の継起は過剰に処罰的な超自我に構造的に組み込まれていると想定して、詳細な発達論的説明を行っている。

　　エリクソンの貢献は、弱さと特異的に結びついた感情の1つである恥から離脱する発達過程が、良心という内的構造の肥大した発達に寄与し、それが今度は二次的な情緒状態である罪悪感を生み出すことを指摘した点にある（p.234）。

　このような考え方は、生物学的な志向性を持った研究者たちの見解に一致する。彼らが重視するのは、処罰希求が、トラウマによって負わされた感覚の混乱の余波の中で生理的平衡を維持する方法の1つである可能性である（ハーマンとヴァン・デア・コーク，1987）。特にトラウマは、刺激を弁別し、身体の適切な覚醒水準を維持する能力に影響を及ぼす可能性がある（ヴァン・デア・コークとヴァン・デア・ハートとマーマー，1996）。秩序を回復するためには、意識の焦点を狭めて体性感覚領域を刺激するような外的な出来事が早急に求められる。それらは多くの場合、処罰を科したり、処罰を受け入れたりする形をとり、その範囲は自傷行為から殺人にまで及ぶのである。
　おそらく、恥と罪悪感はたいてい置き換え可能であるばかりでなく、どちらも処罰希求に至る図式にすっかり組み込まれているのである。その関連で述べれば、強烈な屈辱を味わわせることは、それ自体が罪悪感を与えることであり、

アイデンティティに対する死刑宣告なのである。したがって、どちらか一方の感情が他方よりも重要なのだと主張するとしたら、それは現象学的に見て不適切だろう。恥と罪悪感を相互に排他的な情緒の領域と見なす考え方は、情状酌量につながる可能性を秘めた児童期の虐待の話を法廷に立つ被告から引き出すよりも、心から悔い改めているという態度を引き出すことに余念のないタイプの司法制度に、実に都合よくなじむのである。

　刑罰を与える諸制度には、それぞれの社会の倫理的要請が映し出されている。現在そうした諸制度が要求するのは、被告の刑法上の有責性についての理性的な議論よりも、被告からの許しを請い願う気持ちの表明のほうである。カルシュテット（2002）の指摘によれば、こうした要求には次のような問題点がある。それは、悔恨の情は見た目にはわからないこと、悔恨は多くの、また時に矛盾する諸要素から成るものであること、そして、そうした悔恨が刑事司法制度によって課せられた特殊な関係的布置の中で表明されることである。クライン派の観点から、イギリスの犯罪学者アリソン・ブラウン（2003）はさらに、犯罪者たちに社会の倫理的規範を内在化することを本当に求めるのなら、刑事司法制度は恥と罪悪感の表明を法的判断の指標とすべきではないと論じている。この観点からすれば、司法が真の意味で「修復的」[訳注1]であるためには、加害者が加害の事実を認める必要があるばかりでなく、加害者に対する**許し**も与えられなければならない。

　　　　修復によって、犯罪者たちは、自分たちは刑事司法制度からの迫害の犠牲者であり、だから報復するしか道がないのだという思いから解放されるのである。これは、サディスティックな超自我から監督的な超自我への転換であり（裁判官に象徴されている）、エナクトメントから象徴化への転換である（p.428）。

　処罰の防衛的使用についてのカーベス（2001）の見解に対して、おそらく彼の意図とは異なる別の見解が私には思い浮かぶ。確かに、処罰希求が、高まる緊張感や激しい後悔といった耐え難い感情を回避するために利用されている場合がある。しかしこの所見は、罪悪感の置き換えとしての処罰の意義以上に、処罰の持つコンテイン機能について、より多くを物語っているように思われる。

▽訳注1　修復的司法の基本的な考え方は、犯罪や侵犯行為に対する処罰だけでなく、被害者、加害者、関係者、ならびにコミュニティの回復と和解を重視するものである。例えば、その試みの1つとして、被害者と加害者が対話するプログラムなどが実施されることがある。

収容所

　私はすでに、発達しつつある脳と初期のパーソナリティの組織化の両方に児童虐待が及ぼす広範囲にわたる影響について、幅広く検討してきた。ここでのキーワードは、組織化である。新奇なものに適応できるようになるには、知覚したものを安定した場の中に位置づける同化のための枠組みが必要である。そのための地図をまず初めに作るのは、発達早期の養育者たちである。彼らは私たちをひどく混乱させる経験を引き取り、それらを扱いやすくて意味のあるものにして私たちに投げ返す（ビオン，1977）。私たちが感じるとてつもない恐怖や私たちを圧倒する強烈な興奮を、養育者たちは辛抱強さと彼ら自身の不安のざわめきを通じて変容させた上で、私たちへと差し戻すのである。適度に健康な養育者たちは、穏やかな道筋を示して、おおむね安全だと思える感情の通り道を子どもが選んで進むことを助けるのであり、そこでは不安は主として教育的な機能を果たす（サリヴァン，1953b）。病理を抱えた養育者たちは、このような課題を遂行できないか、遂行しようとしない。彼らが子どもに差し戻すものは、空虚さや過剰さ、あるいは意味の伴わない欠落感や破壊的な不安である。こうした変容を受けて、芽生えつつある象徴化の営みが歪められ、自己の針路を定める能力が低下する。虐待を受けて典型的な行き詰まり状況に陥った子どもたちは、地図もないままに敵地をあちこち偵察することを運命づけられているかのようである。

　もしも、子どもの混乱を適切にコンテインして処理する大人が身近に一人もいなければ、子どもはそのような機能を果たすことのできる何らかのシステムを、直観に頼って見出さねばならない。組織化の立て直しは、様々に工夫をこらしたやり方で進められるが、そのほとんどは、自分が陥った困難な状況についての意識を区画して分けるという「隔離技法」から出発するやり方である（サリヴァン，1953b）。

　恐ろしい経験を区画して分けることは、そうした経験の持つ有害性をコンテインする1つの方法である。対象を良い部分と悪い部分に分裂させることによって、対象の影響力は半減する。アイデンティティを偽装することは、様々な形で情緒的に悪影響を受けて巻き込まれることから、自己と他者を守る1つの方法である。分裂とともに、「想像上の仲間」は、虐待を受けた子どもに移行経験を提供する。そこには、大人たちが提供してこなかった、抱っこすること、なだめること、コンテインの機能といったものが含まれるのである（クライン，1985；フォン・ブレムセン，1986；コールマン，1988；ボンヌら，

1999)。(私の経験では、傷ついた子どもたちの想像上の仲間は、常にそのように友好的であるとは限らない。私が思い出すある暴力犯罪者の場合、子どもの頃に自分のテディベアが想像上の仲間になると、そのテディベアは迫害的な存在になってしまい、破壊してしまわざるを得なくなったのだった。)想像上の仲間についての別の見方として、主観的に変形された対象が再び具体化して現れたものにすぎないとする見方がある。想像上の仲間は、サリヴァン(1953b)が記述した「良い自分」「悪い自分」そして「自分でないもの」に類似している。というのも、想像上の仲間は、後にはもっと切り離されたものとして知覚されるようになる「人格たち」の基盤を成す、自己の擬人存在の原型であるかもしれないからである(フェイガンとマクマホン, 1984 ; トルヒーヨら, 1996)。人格の諸断片を隔離してそれぞれを別々の実体に封じ込めることで、究極の収容所が作り出される。逮捕されて責任を他の人々に譲り渡すことができるときがくるまでの間、それが暴力をコンテインする手段なのである。

臨床例

　法医学的鑑定のために病院にやってきたサニーは、特定不能の精神病と診断されていた。私がこれまで面接で出会ってきた、自分の犯行を覚えていないと訴える他の人々と同じく、サニーも自分の犯行として告発された殺人についてはまったく否定せずに、次のように言った。「みんな、ぼくが包丁で彼を刺したと言うんです。ぼくは自分がやったと認めたけど、身に覚えがなかった。ぼくにはそんなことをした覚えがないんです」。

　サニーは、うつ、不安、躁、幻覚、自殺企図、遁走を理由に、入院を繰り返していた。彼は多くの種類の向精神薬を服用してきたが、どれも彼の症状を緩和する効果がなかった。サニーに関してはある謎があった。彼はコミュニティ・カレッジを卒業しており、家族思いの男だと思われていた。けれども彼の妻が言うには、普段の「穏やかで、礼儀正しい」物腰とうってかわって、サニーは時々「乱暴で、何も聞こえず、何の反応も返さない別人」になった。彼は数年にわたって複数の医師に、いつか自分の行動のコントロールを失うかもしれないことが一番恐ろしいことだと訴えていた。今では、殺人が行われたことで、彼の予感は現実となってしまったのだった。

　彼の長い病歴を調べると、長年にわたりサニーの治療に当たった医師たちの大部分が、彼の症状はベトナムでの14カ月間の任務に起因していると確信していた。その任務期間中に、彼が最も親しくしていた軍隊仲間が首を吊って自殺したのだった。サニーは敵兵に刀で顔を斬りつけられて負傷した後、除隊と

なった。私との面接中に初めて、戦時中の経験よりもはるか以前の児童期から、自分には不可解な記憶の空白がずっとあること、また自分とは別の語り手を隠し持ち続けてきたことをサニーは打ち明けた。おそらく、ベトナムで経験したトラウマは、児童期に身につけた防衛反応が再開するきっかけにすぎなかったのだろう（グリンカーとスピーゲル，1963）。最終的に、自分の平和な家庭が脅かされていると思い込んだサニーは、自分の「保護者的人格」に、第2級殺人罪を犯すことでその脅威を取り除いてくれるよう要請したのだった。その殺害手口は残虐かつ突発的であり、事件に先立つ被害者とサニーの関係を考えても、武器を扱い慣れた者の行動とはとても思えないようなものだった。

　サニーは数カ月間、生活に困っているかつて隣人であったボビーを援助していた。ある日、ボビーはサニーの家でシャワーを浴びてもいいかと尋ねた。サニーの妻の証言によれば、その類の便宜を図ることはいつものことだった。しかし、帰宅したサニーはボビーを見るなり、顔を紅潮させて感情を高ぶらせ、いったいボビーはわが家で何をしているのか教えろと要求し、自分はシャワーを使うことを許可した覚えはないと言い張った。サニーは取りなす妻の言葉に耳を貸さず、キッチンの引き出しからステーキナイフをつかみ取り、ボビーが2人の昔の仲を持ち出して命乞いをするのにもかまわず、ボビーを刺した。妻は緊急ダイヤルに電話をかけたが、警察が到着したときには、ボビーはすっかり絶命していた。サニーは放心状態で、警察官が彼を逮捕しても抵抗しなかった。

　この殺人が起きる前にも、サニーにはしばしば記憶が途切れる経験があった。あるときは15分間、またあるときには20分間、あるいは数日間にわたることもあった。

　　気がつくと、ぼくはニュージャージーで野宿をしていました。放浪を始めて3日が経っていました。そこで我に返ったんです。ぼくはフラッシュバックを起こして、自分はベトナムに戻ったのだと思っていたんです。ぼくはキャンプを設営し、防御地帯を作り、そこでじっとしていました。自分が敵地にいると思っていたんです。また別のときには、気がつくとブロンクスのアーサー・パークにいました。聞くところでは、ぼくはおかしな行動をしていたそうです。

彼は自分の行動を筋道立てて説明するために、しばしば他者による説明を頼りにする。

自分ではわからないんです。人は、ぼくがしでかしたいろんなことを、ぼくに教えてくれます。ぼくはベトナムにいるかのように行動するらしい。ぼくは様子がおかしくなり、暴力的になるらしい。あるときなど、ぼくはどこかの子どもを、あやうく絞め殺すところだったそうです。

　　　ぼくは自分の知らない物が家の中にあるのを見つけるんです。この前の感謝祭のとき、自分のドレッサーの中に、金の入った財布を見つけました。それはぼくのものじゃなかった。ぼくのブーツの片方に拳銃が入っていたことがありました。ぼくはそれを警察に引き渡しました。

　　　時々、知らない人がぼくに近づいてきて、ぼくの名前とは違う名前で声をかけてきます。そうした人たちは街中でぼくに会ったことがあると言うんですが、ぼくは彼らに見覚えがないんです。

　サニーは10歳のときに母親を亡くした。彼の養育は、「何一つ辛抱できなかった」虐待的な父親に委ねられた。サニーはベルトや延長コードで叩かれ、「目の前に火花が飛ぶまで顔を殴られました」。最初の「保護者」的人格は（「彼の名前は言いたくありません」とのことだった）、サニーが6歳のときに出現した。サニーはこの保護者を、自分の頭の中だけにいる存在と感じることもあれば、独立した実体として経験することもあるのだった。
　サニーはしばしば、この保護者がボビーを殺したのだと言ったり、自分は共犯者だと言ったりした。また別のときには、この保護者は殺人を目撃していただけだと主張した。「彼はぼくの身に危険が迫ると現れます。彼はぼくが人を殺したその晩に現れました」。非常に興味深いことに、私が面接を行った他の解離のある男性たちと同じく、サニーは自分の人生（複数の人生）に起きた様々な出来事をつなぎ合わせようと努めることに非常に多くの時間を費やした。しばしばサニーは、自分がもうすでに告白した殺人事件を解決しようと奮闘する探偵の役を演じた。「逮捕された後、ぼくはあるメモ書きを見つけました。ぼくは紙にこう書きつけていました。ぼくがやったと思われていることは、ぼくがやったんじゃない。誰がやったかぼくは知っている、と」。
　サニーは自分の自己システムを、区画化され、他者にコントロールされているものとして心に思い描いている。「ジュニアは強い部分です。彼は16歳くらいの少年です。彼はぼくを笑わせてくれます。また、1人になりたがっている赤ん坊の部分もあります」。

彼が受け続けてきた父親からの虐待について、さらに詳しく話を聞こうとすると、サニーは、それについてはたぶんローレンスとロバートが覚えているだろうと言った。彼が言うには、その記憶は暗い場所に保管されており、「ローレンスとロバートが目を光らせて見張っています。彼らは秘密を分かち合うことを嫌がります。もしそうなれば、彼らはぼくをコントロールすることができなくなるからなのです」。

ロバートは、虐待をめぐるサニーの罪悪感と怒りを具現化しているように思われる。自己卑下と他者への復讐心を抱きつつ、ロバートはサニーに自殺をそそのかし、また、癒し手の人格と協力して、サニーの「保護者」の語りに磨きをかける。ロバートが最初に現れたのは、サニーが10歳のとき、母親を亡くした後だった。「彼は正しい行いについて話します。ぼくが何か間違ったことをすると、彼は休むことなく話し続けます。『馬鹿はやめろ。お前はくだらない人間じゃないんだ。生きていてはダメだ、おまえは生きていてはダメだ。自殺しろ』と、彼は言うんです」。

他方でローレンスは、サニーに、「まじめに生きろ。家庭に戻り、子どもたちを育て、正しい行いをするんだ」と助言する。サニーは、自分が娘たちをそれぞれ、看護師、教師、女性軍人に育て上げるのをローレンスが助けてくれていると信じている。ローレンスは、サニーを罪から救うことに献身するのである。

　　ローレンスはホームレスに食べ物を施します。彼は教会のために1年以上働きました。

　　ローレンスはぼくを気遣ってくれます。ぼくを落ち着かせようとしてくれます。彼とロバートはぼくのことで言い争います。ローレンスはロバートに、ぼくをいじめるのはやめて、放っておくようにと言うんです。

　　ジュニアも、保護者も、赤ん坊も、支配権を握ることはありません。ロバートとローレンスだけです。彼らが言い争うと、ひどい頭痛がしたり、胃や後頭部が痛くなったりします。ひっかき傷がいくつもあるのに、どこでそれを作ったのかわからないことがよくあります。

　　彼らはぼくの気分をコントロールします。ロバートのほうがローレンスよりもコントロールする力が強いんです。

（ロバートは）ぼくの母が亡くなったときに現れました。ぼくには他に誰もいませんでした。彼はぼくに何をすべきか指示し始めました。子どもの頃とベトナムにいた頃は、状況はとても混乱していました。こうしてすべては始まったんです。

主観性と意志

　サニーの事例は、根源的に危険な状況（フロイト，1926）が成人期に再現されると、その人を最初の分裂が生じた地点に引き戻す退行的な解離が誘発されるという考え方が妥当であるということを、説得力を持って示している。サニーの個人的な戦いは、父親の虐待に対するエディプス的な恥と母親の死に伴う罪悪感から始まった（伝統的な考え方では、こうしたことは、厳格な超自我が形成される場合によく見られる、酌むべき事情と見なされるだろう）。サニーの内的な戦いは、東南アジアの殺戮現場で再現された。母親の喪失と父親からの暴力と兵役につくことがそろうことで、「死の布置」（ハイアット＝ウィリアムズ，1998）が整えられた。そこでは、パニックが蔓延し、恥と罪悪感が区別できないほどおびただしく重なり合っている。もし、誰が誰に何をしたかまったく確信を持てないとしたら、いったいどうやって倫理的なジレンマが形作られ得るだろうか。グロットスタイン（2001）は次のように述べている。「プリミティブな精神障害においては、複数の意志が混在している例をいたるところで目にすることができる。それはまるで、複数の異なる主体が１つの人格の中に存在し、それぞれの主体が意志や動機の固有のシステムを備えているかのようだ」（p.580）。

　サニーは、互いに相容れない複数の意志の間で、板挟みになっている、というより引き裂かれている。一方で彼は、すべての行いが常に善であるという、非常に熱心で過活動的な超自我を持った、この世で一番善良な少年であらねばならない。こうした原始的な超自我の働きによって、感情が統制される（ワームザー，2003b）。その働きによって、自分を脅かす感情から距離を保ったり、そうした感情の動きが抑えられたり、そうした感情の性質がより自我親和的なものに変容されたりする。しかし、「ローレンス」が具現化するような絶対的な善良さは一面的である。厳格で硬直したローレンスの完全主義は、一種の内的サディズムである。こうした非常に用心深い物語の中では、暴力の脅威を招き寄せることを危ぶむあまり、安心や快適さや幸福を感じることはできない。「内なる審判者である太古的な超自我は、あらゆる満足を拒まねばならない。それは、一方で非常に厳格な内的権威でありながら、他方では境界や限度を大

幅に無視するという二重性を自ら示すのである」（ワームザー，2003a, p.311）。
　サニーの場合、もう1人の隠れた語り手であるロバートが、非難を通じて自己愛に屈辱を与え、最終的には殺人に走らせた。

> サニー：（ロバートは）攻撃的に振る舞うことがあります。彼がそう振る舞うときもあれば、ぼくにそう振る舞わせるときもあります。あるとき、彼は人の頭を棒で殴りつけました。相手は何針か縫わなければなりませんでした。
>
> 　例えばあるとき、ぼくは喧嘩をしました。ぼくは喧嘩したくありませんでした。彼がぼくの頭の中に入ってきて、ぼくを支配したんです。彼の命令に従わずにいることは、ぼくには難しかった。（被害者と）ぼくは、ただ話をしていただけでした。すると、ロバートが「お前は自分の頭がいいと思っているんだろう」などと言って、相手と口論を始めました。それでぼくと相手が喧嘩になりました。ロバートは相手を数回殴って逃げてしまいました。ロバートはすぐに姿を消しました。
>
> 面接者：誰が（殺人を）実行したのですか。
> サニー：ロバートです。やったのは自分だと、彼は時々言います。ぼくは彼の言うことのすべてを信じるわけじゃない。でも、ぼくは暴力を振るうような人間じゃありません。ぼくにわかるのは、何かが起きてしまったに違いないということです。

トラウマの回帰

　加害は被害を受けることと表裏の関係にある。相手を傷つける力が自分にあるとき、自分が脅かされているときと同じくらい強力に、人は行動に誘われる。解離そのものが暴力を生じさせなくても、暴力行為を心に思い描くことからそのエナクトメントへと一線を踏み越えることが、解離を引き起こすきっかけになることは多い（ポーターら，2001）。例えば、ヘンリー（2004）は、追跡中の容疑者を銃撃した警察官たちに解離が生じた複数の事例を報告している。彼が見出したのは、解離が生じている間、普段は正常に作動しているそれらの警察官たちの信号性の不安が、鋭敏な初期警戒システムとしての機能を停止してしまうことだった。そうなると、当面している脅威が現在の状況とのつながり

▼原注7　過去にトラウマ経験のある警官たちのほうが、解離や無分別な武力行使の傾向が強いかどうかがわかれば、興味深いであろう。

を失い、過去の様々な脅威の影響が入り混じってきてしまって、将来の危険に関する一貫した判断が損なわれてしまうのである。するとほぼ確実に、全面的なパラノイア反応と反応性の攻撃が生じる。これと同様のことが、解離が生じている犯罪者にも起きるのである。調査が示すところでは、過去に解離の経歴がない人であっても、非常に激しい暴力は、多くの場合、忘れられてしまうか、記憶の中で変容されてしまう。暴力は究極の向精神薬なのだ。

　暴力的な者たちの多くは、自分たちの攻撃行為や殺人行為を覚えていないと訴える（オコンネル，1960；ホルコムとダニエル，1988；ブラッドフォードとスミス，1979）。こうした健忘は、犯罪科学の文献において「レッドアウト」と呼ばれてきた（スウィハートら，1999）。犯罪行為の最中には、被害者のそばにいることで、自分が被害者を傷つける力を持っていることに対する前意識的な恐れに加えて、遠い過去の、強力な刺激となるトラウマが加害者に呼び覚まされる。理解を絶した、圧倒的なその刺激には、抑えることのできない、恐ろしい性質がある。恐怖は身体化によって防衛され、それは多くの場合、性的興奮と抑えられない怒りという形で現れる。そして、防衛的な性愛化と攻撃性が作動することで、超自我の支配権が再確立されて、暴行のエナクトメントの際に行動の主体が自己の外部（被害者）や自己のそば（分裂排除されたアイデンティティ）に投影される。多くの場合このようにして、犯罪者たちは、被害者が、あるいは実体を持たない自己が、自分たちの攻撃を誘発したのだと主張するのだろう。

　怒りをエナクトすると、束の間、恥を感じなくてすむ。しかし、攻撃は罪悪感を引き起こし（また、報復を予期することはとても屈辱的なので、いっそう強い恥も引き起こし）、それは外在化された権威者によって暴かれ罰せられねばならない。犯罪においてこのような力動の循環が生じることを、メラニー・クライン（1933）が明確に述べている。

> 　（子どもの）不安は、猛攻から身を守る手段として敵対する対象をやっつけるように促すという意味で、子どものサディズム衝動を強化するという働きをする。子どもの不安が対象をやっつけさせようとするといったふうにして形づくられる悪循環は、逆に自身の不安を増大させるという結果に終わる。そして、このことが再び対象に対して同じことを押し進めさせ、私の見解では、個人の持つ非社会的および犯罪的傾向の底にある心理機制を形づくることになるのである。このように、非社会的ないしは犯罪的人間の行動の原因となるのは、普通考えられているような超自我の弱さや欠如ではなくて、逆に超自我の過度な厳格さや残酷さで

ある、と考えざるを得なくなってくるのである（邦訳 7 頁）。

クラインの考えでは、子どもが（自らのサディズムによって作り出した）怪物のような親たちという内的イメージと、ほどよく優しい親たちという外的現実とを調和させるにつれて、超自我の性質は変化する。通常の発達においては、報復的なサディズムが償いへの関心に置き換わることで、超自我は不安に操られる立場から、不安を検閲する立場へと変容する。しかしながら、破滅不安が現実に根ざしているような状況では、そのような変容は起こり得ないのである。

見張り番から正義の執行者へ

われわれは、その症候そのものがヒロイズムの演技をする場を表しているとも言うことができよう。人がそれを放棄できなくても不思議はない。その症候は人が否認し克服しようとしている恐怖の洪水全体を、まったくひとりでに放出するだろう（ベッカー, 1973, 邦訳 288-289 頁）

アーサー・ハイアット＝ウィリアムズ（1998）は、殺人犯たちに関して 20 年以上に及ぶ研究を行い、混乱した対象関係という観点から、殺意が殺人へと推移する過程を明らかにした。彼の所見では、暴力的な人々は「死の布置」を反復するとともに反復させられているということである。そしてそれは、たいていは虐待的な養育者との関係において、子どもが恐怖によって身動きできなくなったり、身動きできなくなることで恐怖に陥ったりする状況に繰り返し遭遇することから生じるのである。子どもは、養育者を象徴する「殺人を容認する超自我像」(p.35) の命令を否認すると同時に受け入れることに心を奪われ、殺人をめぐる思考や衝動に没入するようになる。彼は頭の中で虐待者を何度も繰り返し殺害するが、絶えず自らの身の安全が脅かされることに気をとられて、自分が空想の中で破壊した人たちに償う作業にしっかりと取り組むことがどうしてもできない。サニーの場合のように、未来の殺人者は、想像上の被害者たちを悼むのではなく、殺人を行う内的対象と病的に同一化し続けるのである。クライン（1935）が記したように、「自分自身に対する不安が非常に強く作用している間は、愛する人に対する不安というさらなる重荷に耐えることができない」(p.271)。後に大人となって、（想像上の、あるいは現実の）差し迫った脅威を与える出来事が重なり合い、死の恐怖に敏感なこうした心に打撃が及ぶと、現実と折り合う能力が再び破綻する。象徴は具体化し、人々はばらばらに分解し、グロットスタイン（1997b）が述べたように、投影された様々なイ

メージは、主体性と意志を備えた悪魔的な「物そのもの」となる。

　　行為が生じる前には、意識的な努力は、場合によっては無意識的な努力もまた、封じ込められた殺意を行動に移さないことに傾注される。そして、何事かがきっかけとなって、殺意が隔離された状態から解き放たれると、その個人のすべてが、殺人行為をエナクトすることに全力を傾けるようになる（ハイアット＝ウィリアムズ，1998, p.11）。

　ロバート・ジェイ・リフトン（1983）は、彼がトラウマ症候群における「死の刻印」と呼ぶものをぬぐい去ることができないのは、それが、死そのものの恐怖に支えられているのと同じくらい、死を回避する自分の努力が無益に終わった罪悪感によっても支えられているからだと論じた（ここで、実に簡単に「罪悪感」を「恥」に置き換えることができることは、おわかりだろう）。サニーより先に亡くなった母親、仲間の兵士たち、親友といった人たちについて考えてみよう。そこには、自分が現実に生き残ったという勝利の感情を鎮めるに足る、死者を悼む気持ちはまったくなかった。ましてや、彼がボビーを殺害したときの空想上の自己防衛においては、なおのことそのような気持ちはなかった。喪の作業が不十分だと、償いの作業は崩壊してしまうのである。

償いと和解
　捕まりたいと願う気持ち（サニーが警察に素直に身を委ねたことを思い出してほしい）の中に犯罪者が表わす過剰な罪悪感は、憎悪を取り消し、孤立に代わって結合を求める、高度に儀式化された試みを生む。事実、犯罪者の罪の告白を引き出すための警察の取り調べの技術は、懺悔する者とそれに許しを与える者との間に暗黙に働くこのような力動に依拠している（ブルックス，2001）。
　クライン（1933）もウィニコット（1965）も、親的対象が子どものサディズムを生き延びて償いを受け入れることができる場合にしか子どもの共感能力は発達し得ないと考えた。このような構図が通用するのは、ほどよい通常の発達においてである。クラインもウィニコットもともに注目したのは、病理的な適応のあり方であった。クラインの考えでは、高められた不安と報復的なサディズムは、状況を改善するのに役立つ罪悪感よりも、迫害的で有害な罪悪感を生み出す。ウィニコットは、クラインと同様に、犯罪者には罪の意識がないとする一般的な考えに異議を唱えるとともに、攻撃的行動をコントロールすることが難しい原因は、共感性の発達において償いの時期に生じた諸問題にあると考

えた。ウィニコット（1960）によると、養育者が子どもの攻撃性に生き延びて許しを与えることができない場合には、解消されずに残った不安は解体と分裂を用いて防衛される。「偽りの自己」は、自分のことしか考えない養育者の拒絶的な振る舞いに対する服従を基盤として展開していく。偽りの自己は、その中で遊ぶにはあまりに危険な、孤立した具象的な世界に生きることを強いられる。そこにはファンタジーや複雑な象徴化は存在せず、ただ「偽物」だけがある（p.147）。ここで私たちが改めて思い起こすのは、クレックレイ（1941）、メロイ（1997a，b）、ヘア（1993）、その他の人々が記述した、いわゆる精神病質者たちの巧みな擬態能力である。ウィニコット（1984）は、反社会的傾向の起源を児童期の剥奪にまでさかのぼり、犯罪者は児童期にコンテインされる状況に恵まれず、外的な権威者によってそれが与えられることを望んでいるのだと述べた。こうしたウィニコットの考えは、犯罪が罪悪感を生むのではなく、罪悪感が犯罪を生むのだというフロイト（1916）流の考えに一ひねりを加えたものである。

罪悪感は確かに存在する：その原始的な諸形態

　というのも、「良心」とは何かと問うとき、このドイツ語が示すところによれば、それは人が最も確実に知っているものに属するからである。多くの言語において良心という言葉は、意識という言葉とほとんど区別することができないのである（フロイト，1913，邦訳89-90頁）。

フロイトの3層構造モデルでは、超自我は良心の主体であり、後悔の念として表われる罪悪感が宿る場とされた。道徳形成に関するフロイトのモデルは、エディプス葛藤に関する検討（1923）から、道徳的感受性の向上に及ぼす社会的な諸力の影響に関する幅広い概観（1930）に至るまで、数年をかけて発展した。
　フロイト（1930）の考えでは、良心的な人が誘惑を拒絶するのはほとんど反射的な行為であり、そのような自動的な過程を起動する不安に満ちた恐怖の起源に関する認識は抑圧されている。フロイトの推測では、罪悪感に関連した不安は、近親姦を行うこと、人を殺すこと、遺体を冒涜することといった、人類の太古的な欲望から生じる。次に取り上げる犯罪者は、今述べた3つのすべてを実行した人物である。彼女の物語は、良心に関する詳細な検討の出発点にふさわしい。

捜査資料

　被害者には複数の逮捕歴があったが、彼を殺害した加害者イザベルには前歴はなかった。それどころか、右耳のすぐ後ろからまっすぐに被害者を撃ったとき、イザベルは正規の拳銃携帯許可証を所持していた。果たして、当局が彼女に銃器登録の許可を拒むような理由があっただろうか。刑事司法システムから見た彼女の職歴には、判断力の不良や、態度上の問題は見当たらなかった。事実、彼女は長い勤続年数の間、もっぱら模範的な働きぶりであるという評価を受けていた。

　イザベルが警察に対して行った主張によれば、亡くなったボーイフレンドは、決して彼女を殴ることはなかったという。もっとも、彼女はそれ以外の虐待的な仕打ちは数多く経験しており、彼女の申し立てによれば、彼は仲違いした後に彼女の家に押し入って盗みを働いたり、酒に酔って何度も彼女をレイプしたりしたことがあったらしい。だから彼女は、「自分たちのどちらかが死ぬ」のでない限り、自分は安心できないと考えるようになった。彼女は、自分が彼に拳銃を向けたことと、自分が引き金を引くのを誰かが止めてくれますようにと願っていたことを覚えていた。彼女は、「私の手が私の意志に逆らったの」と、感覚上は殺意が解離されていた様子を涙ながらに語った。しかし、その後の警察の取り調べで、彼女は自分がやったことの責任を堂々と認め、次のように証言した。「彼は決して私を殴らなかったわ。私はただ、彼の嘘やごまかしや盗みに、これ以上耐えられなかったの。私は30分ほど、（彼がベッドで酔いつぶれた後）そんなことを考えていたわ。生きるか死ぬかという状況だったの。そうでなければ、私は彼の足を撃っていたわ」。（おそらく、少なくとも比喩的には、銃撃者が狙ったのは被害者の足であった。ボーイフレンドは比喩的に彼女を何度も踏みつけてきたのであり、おそらくはそのことが早期の見捨てられる恐怖を再び呼び覚ましたのだろう。）

取り調べ

　犯行現場の写真には、サクラ材の幅の狭いベッドと、そこにクッションとして置かれた数多くの動物のぬいぐるみが写っていた。ベッド脇のテーブルには、かわいらしい小型電話機と馬の写真が置かれていた。中年の公務員にしては奇妙に少女っぽい部屋だった。逮捕後に行われた精神科医によるインテーク記録には、知能指数は平均より高いにもかかわらず、彼女は未熟で欲求不満に陥りやすいと記載されていた。その医師は、イザベルが示す自責の念は、おそらく自己愛的な青年の場合と同じように、長続きしないだろうと判断していた。彼

女は弁護団に、被害者をばらばらに切断する間、自分は鹿を解体しているのだと自分に言い聞かせていたと語った。ステーキナイフでは骨を断ち切れなかったので、彼女は大型の肉切り包丁に取り替えたのだった。
　銃撃後、彼女は被害者の呼吸が絶えたことを手鏡で確認し、遺体を浴室まで引きずっていった。その場で、彼女は被害者を文字通りばらばらにしたい強い衝動を覚えた。この男は、彼女が鍵を取り替えた後にアパートに無理矢理押し入ってきたし、職場に脅迫電話をかけて彼女を侮辱する言葉をべらべら並べ立てて、彼女の無傷の勤務評価を脅かしたのだった。「彼はまだ私のことを嘲笑っていて、誰がボスなのかを見せつけてきたわ。私には耐えられなかった。彼はやりすぎたのよ」と彼女は話した。そして、またとないこの機会に被害者を無力にしてしまいたいという自分の気持ちを、「私は彼をどんどん小さくし続けなければならなかったの」と警察官に説明した。彼女の話では、服を脱いでそれに取りかかったのは、自分の服を台無しにしたくなかったからだった。
　イザベルの話では、ボーイフレンドの腕と脚を切断する作業に「身も心も疲れ果てて」しまった彼女は、遺体の断片を処分する前に一寝入りした。彼女はその晩、家族の集まりに顔を出し、不安を抱えながらも、翌朝は時間通りに出勤したのだった。
　逮捕されてすぐに、ビデオ録画された取り調べで、イザベルは殺人と遺体の切断を自白した。また刑事たちが凶器を発見する手助けをし、遺体を遺棄した場所の地図を描いた。イザベル自身は遺体を広範囲にばらまいて捨てた記憶を持ち続けたが、実際には、被害者の胴体が発見された場所から1200フィート以内の範囲で、遺体の残りの部分も発見された。彼女が自発的に捜査官に協力したことと、最初の事情聴取のときの善良な少女のような物腰は、彼女の犯行とひどく不釣り合いであった。いったい彼女のどの部分が、自他の境界のそのような急激な再生を可能にしたのだろうか。おそらく、後でなされた尊大な発言へと結実した部分がそれであり、自分の犯行をより詳細に繰り返し話すことによって、そのきっかけが得られたのだろう。いろいろな点で、殺害、遺体の切断、遺棄に関するこのような無造作な説明には、この女性が幼児期にまでさかのぼる自らの性的虐待の歴史からぼんやりと距離を置いているあり方が反復されていたように思われる。

家族歴

　イザベルは第1子で、自称太ったおてんば娘であり、オールAの成績で全国表彰されたこともあった。彼女の母親は、もっと大人びたお手伝い役を欲し

がっていたために、彼女が10歳になったときに、彼女がお守り代わりに大切にしてきた品を彼女に焼き捨てさせた。思春期には、イザベルは弟妹たちの世話係兼しつけ係になり、弟妹たちの愛情は母親に代わってイザベルに向けられた。父親の性行為の相手を務めることが3歳の頃からの彼女の習慣的な役割であった。父親はその事実を認めたが、検察側の精神科医は、被告の心理状態を議論するにはそのことは必要ないとして、この事実を取り上げなかった。性的暴行は早くから始まっていたが、膣への性器の挿入が行われるようになったのは、被告が十分に性的に成熟した14歳以降であり、このような経緯から、この近親姦が感情面に及ぼした有害性はそれほど重大ではないと考えられると、その精神科医は報告したのだった。家族によって虐待が発見され、最終的に虐待が行われなくなった後も、イザベルは父親と親密なままであったし、彼女はその問題に関してこれまで一度もセラピーを求めたことがないという理由で、「父親との性的関わりが彼女に圧倒的な悪影響を及ぼしたとは考えられない」と、その精神科医は結論づけた。被害者となった彼女のボーイフレンドなら、これとは違った評価を下したのではないだろうか。しかしながら、ほんの少しばかり近代的な装いをまとった野獣状態という例外を除けば、刑事司法制度においては、犯罪者が負う責任と犯罪者の精神内界とは大きく解離している。▼原注8
「狂気に責任を問うこと」（フーコー，1993）が最大限に拡張されているのである。

遺体の切断

　殺人者たちのプロファイリングを行うとき、犯罪科学者たちは、効率よく遺棄するのに都合がよいという実用的理由で被害者を切断する者たちと、風変わりな目的で切断する者たちとを明確に区別する。FBIのプロファイラーたちは非実用的切断を「性的倒錯の儀式的表現」と見なしているが（レスラーら，1986, p.280）、そのような考え方は、少なくとも部分的には、マスターベーショ

▼原注8　13世紀に初めて明確にされた、刑法上の故意性に関するイギリスのコモン・ローの原則では、「野獣」以下の理性しか持ち合わせていないと裁定することができない限りは、人は自らの犯罪行為に対して責任を有すると判断された。この基準は、18世紀になって、トーマス・エルスキンがそのようなまったくひどい狂気は断じて存在しないということを裁判官たちに納得させるまで、問題なく通用してきたのだった（ハルタネン，1998）。裁判において精神医学的な問題が取り上げられる場合、法的な有責性を評定する現行の基準は今なお限定的である。罪があるか否かを決する議論は、被告は犯行時に善悪の判断が認知的に可能だったのかどうかという論点だけをめぐって展開する。極めて症状が激しい精神病患者は別として、実質的にはすべての被告たちが、犯行のある時点では自分が悪いことをしているとわかっている。こうして、精神異常を申し立てる野獣的な者たちの中でも極めつきの者だけしか、刑事責任を免除されないのである。

ンの残留物が切断の現場で発見されることがあることで実証されている。警察はこうした犯罪者たちと、合理的な計算に基づいて切断を行う便宜主義者と目される者たちとを区別する。しかしながら、被害者の遺体を検死によって精査すると、効率的な遺棄を目的として切断が行われたと思われる場合であっても、先に詳細に述べた女性犯罪者の事例のように、実用的な目的とは無関係の、何らかの程度の不必要な損壊行為が明らかとなる場合が多い。

　死後の儀式的な暴力や性的カタルシスを暗示するものがまったくない場合でも、供述の中で語られる話から、被害者の遺体を切り裂いたり、臓器を取り出したり、外観を傷つけたりする決意に秘められた象徴的な性質がうかがい知れることがある。殺し屋のリチャード・「アイスマン」・ククリンスキが、遺体切断中に嗅覚を遮断するには強力な香水と刺激臭の強い軟膏薬のどちらが優れているかについて、精神科医のパーク・ディーツ（HBO, 2003）に平然と話すのを聞けば、被害者たちには死んだ後でさえも加害者を苦しめる力があることが仮想的に経験される。被害者の首に縄をかけ、「自分が被害者を吊るす木の代わりになった」（こうして被害者の背中に身体を密着させて被害者が息絶えていくのを感じるのだ）とククリンスキが詳細に語る絞殺の様子は、負けず劣らずぞっとするものではあっても、先ほどの嗅覚の話ほど迫真的ではない。

　死後の遺体切断は、殺害によって怒りが解消せず、さらに怒りが刺激されたときに生じるのである。切断が実用的な目的を副次的に果たす場合にも、このことは当てはまると私は思う。イザベルは、自分がより大きく、万能になれるように、ボーイフレンドを小さくし続けなければならなかった。なぜなら、荒れ狂う怒りに加えて、抑え難い恐怖があるからである。それは、たとえ彼女が彼を殺してしまっても、依然として強大なままであり続ける虐待者には、まだ彼女を傷つける力が残っているという恐怖である。

　罪悪感が生じるが、それは死を悼む気持ちや気遣いにつながるのではなく、いっそう強い被迫害感を生み出す。後悔の念が高まるにつれ、被害者が犯人を非難しているように思われてくる。とりわけ、部分的に知覚された被害者の目が、確かにそこに存在しながら非難の気持ちを伝えてくるように思えてくる。脅威を与える象徴は、それに主体性が備わっていると思えるような形で具現化される。そうなると、それを抹殺する以外に道はない。切断あるいはその他の過剰な殺傷行為を通じて、虐待者が生き返る機会は徹底的に消し去られる。想像上の迫害者は、普通に死んでいる状態以上に死んでいるのである。切断は、部分を過大視することの究極的な証しである。被害者は犯人が心に抱く、自分を叱りつける舌、自分を縛りつけ、自分から盗み取る手、自分を置き去りにす

る足、自分のすべてを見抜く、あるいは自分を無価値なものとして見下す目といったイメージに沿って切り刻まれるのである。

不安と攻撃性

　自分自身の攻撃性は、クライン（1933）による口唇サディズムの定式化に見られる前性器期のものであれ、フロイト（1916）によるサディスティックな超自我の描写に見られるエディプス期のものであれ、あるいはサリヴァン（1953b）による「悪意的転換」の概念に見られる発達時期が特定されないものであれ（p.213）、ひどく恐ろしいものなので、否認され投影されねばならない。投影においては、明らかに実際には心の平安をまったく脅かしていないにもかかわらず、本来は安全な人物たちが脅威の源となり得るのである。

　しかし、近親姦の家族力動においては、空想と事実との融合が生じており、それは死に関連した不安を急激に増大させるのである（スタイン，2001）。虐待者に報復して相手を殺したいという思いは、生き残るために欠くことができない。まるで、近親姦という災いにおいては、ただ1人の登場人物しか生き残ることができないかのようだ。こうした圧倒的な攻撃性は、それによって引き起こされる不安とともに、生々しくて未分化なまま残り続ける。そうした攻撃性は、それを意味づけて評価したり、自己の歴史的な時系列上に位置づけたりする参照過程を受け付けないのである（サリヴァン，1953b；ブッチ，1997，ストロロウ，2003）。危険が差し迫ると、2種類の死の不安を回避しなければならない。1つは、虐待を受けている間に自分は死んでしまうだろうという恐ろしい認識、もう1つは、虐待者に死をもたらしたいという恐ろしい願望である。
▼原注9
イザベルの事例が示すように、脅威によって過去と現在が崩壊するような状況では、安全は「自分たちのどちらかが死ぬ」ことでしか得られない。しかし、もし他者を自分から分離した存在として認識する間主観的態度がまったく発達していなければ、被害者と加害者は主体を共有することになる（そしてそれは破壊されねばならない）。このような人は、常に自らの自己を破壊し続けているのである。

　自分への関連づけの一種である自己原因性（autochthony）とは、外界で生

▼原注9　不安という感情の渦を記述することに関しては、おそらく後にも先にもハリー・スタック・サリヴァンほど明晰な書き手はいないだろう。彼は、畏怖、恐怖、嫌悪、戦慄といった言葉を、原始的でパラタクシス的な経験に結びつけることによって、他の点では自閉的なトラウマの特質を明らかにした。児童期の不安の苦痛には「吐き出したい欲求と一体になった人を麻痺させるような激しい嫌悪感」（p.316）が含まれるとするサリヴァン（1953b）の説明は、比類なく卓越している。

じる出来事は自分に原因があるという信念である。親からの虐待の「根本的原因」は自分にあるという考えは、トラウマが生じた理由についての本人なりの理解にも同じく適用されるので、自己原因性は被虐待経験の内在化に重要な意義を持つのである（グロットスタイン，1997a）。もし、自分に責任があるとは考えられないなら、虐待は気まぐれで起きることになり、止めようがない。だから、生き延びるためには、解離だけでなく自己原因性によっても、被虐待経験を分裂によって切り離すことが重要になる。つまり、虐待を招いた責任を引き受けるために、「悪い」行いをする自己の役を自ら務めるのである。もしこのような主体の変容が生じなければ、人は「（トラウマの）徹底的な外在性に打ちのめされて」しまうだろう（p.408）。

　こうした攻撃を受けて、心的組織は精神病に道を譲るのだろう。このような混沌の危機に直面して、悪い行いの主体は自分だという感じが（一般に良心と自責の念として知られるものが）、(a) 心の平安が損なわれることを防ぐために、また、(b) 虐待が制御可能であるという幻想を維持するために、生み出される。そのようなサディスティックなあるいは誘惑的な役割を引き受けることで、客観と主観との認知的な区別はすべて崩壊してしまう。良心の喪失ではなく、良心の置き換えによるこのような変容によって、虐待者の持つ力は認識されなくなり、トラウマの刻印は動かし難いものではなくなる。子どもたちは、トラウマを与える対象が自分の外部にあると認識できるようになるまで、主に自分がトラウマを引き起こしていると考えるほかないのである。そうした認識ができて初めて、彼らは自分の苦痛を外的な原因に帰することができるようになる。しかしながら、主体の位置をそのように移動させるはずの手段は、虐待と、自由を奪われた意思と、すぐそこにある罪悪感のせいで、使い物にならないのである。

　暴力に関連する（自分が受けたものであれ行使したものであれ）記憶や感情の防衛的な解離によって、生き延びたいという願望がかなえられると同時に、破壊したいという欲求が否認される。暴力を黙って見過ごした、そしてある根源的な水準では享受さえしたことをめぐる非常に深い恥は、被害者アイデンティティを背後に退かせ、悪意あるアイデンティティを強化する。悪意の高まりにつれて、攻撃性が力強く現れてくる。虐待を生き延びた人は、自分の人生は他者を犠牲にして手に入れたものだと感じると、罪悪感を抱く（リフトン，1976）。しかし、暴力犯罪者たちの場合は、空想されてきた攻撃性が、長い年月を経て、実体化した被害者を見出す形で罪悪感が現実化される（スタイン，2001）。ワームザー（2003a）がトラウマの受傷について述べたように、「言い

表しようのない混乱状態に言葉や意味を与え、恐怖から身を守ってくれるような、何か具体的なものが探し求められる」のである（p.311）。

　ワームザーが述べているのは、近親姦の被害者が自己懲罰と再受傷を追い求める行動のことであるが、このような願望は、性的虐待を受け、成人後に性的に暴力的なパートナーと出会った、前述のイザベルの事例にはっきりと見て取れる。しかしながら、過去のトラウマ的状況をこうして再確認しようとして、現在直面している状況の中にそれに相当するものを探し求めることは、虐待を生き延びた人々の一部が自分の犯行の被害者を罰して処刑するやり方にも通じている。殺人を犯すことで、虐待を生き延びた者は、虐待者である親を殺害するという空想の中に秘められた殺人の記憶を具現化しているのである。その例として、サニーの事例を思い起こしてみよう。彼にとっては、母親を失ったことで、父親による虐待から身を守るあらゆる手段が取り払われ、ひどく恐ろしい悪夢のようなエディプス的空想が活性化されたように思われる。彼は、母親を追い払ったことを恥じ、それによって父親の残忍さを引き出したことを恥じるとともに、おそらく自らの精神医学的な病気の初期症状をも恥じたのだろう。彼は、母親に対する性的感情と（それが母親を殺してしまったのかもしれない）、父親に対する強い怒りに（それがいつか父親を殺すことになるかもしれない）、罪悪感を覚えた。その後、サニーは戦争を生き延び（敵兵を殺害することによって）、そして（うつ状態と戦場でのトラウマが重なって命を落とした）親友の死後も生き続けた。ボビーの殺害は、サニーが空想し、そして現実化した、殺害能力の結実なのである。

　虐待的な関わり合いは、強烈な不安を引き起こす。それは、自分自身のサディズムに対する不安と、自分のサディズムの対象からの想像上の報復に対する不安である。クライン（1934）が、「暴力は不安を解放する」と述べたように、このような悪意に満ちた関わり合いにおいては、暴力だけがカタルシスをもたらす（p.260）。その上、他者を殺害することと自己を殺すことは同じことを意味するので、殺害することによって罪悪感が処理されるのである。

　　愛情は、犯罪者の中に存しないのではなく、隠され埋められているのです。……今や犯罪者は自己の愛情の対象を憎み迫害するという立場にあることになります。こうした状態は耐え難いものであるために、如何なる対象への如何なる愛情でも、それらにまつわる記憶や意識はすべて抑圧されねばなりません。もしこの世に敵しかいなかったり、また犯罪者がそのように感じたりするなら、彼らには自分たちの憎しみや破壊性は大部分正当なものと考えられることになり、彼ら

はそうした態度によっていくらか無意識的な罪悪感から救われることになります。往々にして、憎しみは愛情を最も効果的に包み隠すものとして利用されます。しかし、迫害という持続的なストレス状態にある者にとっては、自分自身の自我の安定こそ最も重大な唯一の関心事であることを忘れてはなりません（邦訳 18-19 頁）。

　サニーは無意識的な親の代理者に先制攻撃を仕掛けることで、自らの自我を守った。殺害の瞬間、サニーには、殺人の被害者であるボビーが、かつてサニーの父親がサニーと母親の関係を断ち切ったのとまったく同じように、家族内の女性に対する自分の男性役割を不当に奪おうとしていると感じられたに違いない。イザベルは最終的に彼女をレイプしたボーイフレンドを切断することに成功したが（その言葉が持つあらゆるエディプス的ニュアンスを含んで）、彼もまた一皮むけば無意識的な親の代理者であった。サニーとイザベルの暴力行為はどちらも、はっきりとわかる動機がなく、実行されるとすぐに忘却されたのだが、私には、クラインがたいへん巧みに記述した原始的で解離されたサディズムの特徴がそこに明瞭に示されていると思える。

　最終的に強い怒りが、そしてそれに引き続く罪悪感が注意を集めることで、ほんの束の間でも、恥が効果的に隠される（ランスキー，2003）。明らかな虐待の歴史を持たない人たちにも、恥と怒りのサイクルは、日常世界の多様な行動や関わり合いの中で、微妙な形で現れる。本書で論じている人たちよりもトラウマの少ない人たちでは、そうしたパターンは内省に取り組むことを通じて意識化される可能性がある。しかしながら、極めて深刻なトラウマを受けた人たちの場合、怒りと恥は区別が難しい傾向にある上に、それぞれがあまりに圧倒的なのでそれらを一度に捉えることができない。このことは、とりわけこれまで見てきたようなかつて被害者でもあった犯罪者たちに当てはまると、私は信じている。

考　察

　　無意識的な主観性と主体は同一である。主観性は意図性の別の一面である。
　　（グロットスタイン，2001, p.582）

　ワームザー（2003a）は、複合的なトラウマを受けた自分の患者たちについて記す中で、恥と罪悪感の源を外在化する目的で懲罰を引き出そうとする、原

始的で横暴な超自我について述べた。そうすることで、そのような超自我は、恥と罪悪感に通常結びついている情緒を統制するのである。虐待を受けている間、無力感、興奮、そして憎悪が、かわるがわる情緒の中心を占める。しかし、多様な情緒や観念の相容れなさ、つまり葛藤によって、麻痺状態がもたらされるため、情緒と認知は拡散したままになり、経験を組織化する枠組みとの結びつきを失い、やむなく改めて身体化される（p.25）。このようなトラウマの襲来によって曇らされた認識世界においては、倫理的な問いは形を成しようがない。それでも、後悔、哀れみ、悲嘆、苦悩、そして思いやりといった、事実上あらゆる道徳的感情が犯罪行為における矛盾に凝縮されてはっきりと表れている。それは例えば、これまで見てきた、完全に絶命している被害者を蘇生しようとしたティーンエイジャーや（警察の報告書によると、被害者の頭の下の絨毯には血液と脳の内容物がべったりと染みていた）、位置確認装置を載せた車で移動した幼児性愛者や、本人らしくない振る舞いで市民を殺害したベトナム退役軍人や、ボーイフレンドをひどく野蛮に切断した模範的な公務員といった例である。

　私たちもまた、程度はより軽微ではあるが、似たような矛盾と投影を行動に現して、倫理的相対主義を日常的に実行している。授業中に教壇をゴキブリがはっているのを見れば、生徒たちは「殺せ、殺せ」と騒ぐだろうが、子犬が教室に迷い込んできても、極刑を要求する声がわき上がることはまずないだろう（D・F・スウィードラー、私信による）。もし年少の生徒がゴキブリを殺せば、それは成長の証しである（それどころか、もし、その生徒がゴキブリを殺したことにひどく罪悪感を持てば、おそらくセラピーのための面接が必要だろう）。他方、同じ生徒が蝶やトンボの羽をむしり取れば、その行為は倒錯の前兆であるとされ、その上、一部の犯罪学者たちによれば、近い将来に殺人を犯すサインとされるのである。社会はある程度の攻撃性がなければ機能することはできないし、ある程度の解離がなければ暴力はエナクトされ得ないのだから、私たちはある種の分裂を社会的に是認しているのである。

　状況次第で病理的と見なされるこうした行動は、これまでも見過ごされてきたわけではない。ジェフリー・ホワイト（2004）は、社会的良心の欠如によって定義される「政治的アパシー障害」をDSMに含めることを提案している。

▽訳注2　ある行為が善であるか悪であるかの倫理的価値判断が、状況やコンテクスト、行為の対象、あるいは誰が行為者であるかなどによって左右されるという考え方である。
▽訳注3　社会問題に対して無関心で利己的にのみ行動する人々の「病理性」を指摘する診断カテゴリーである。

精神病質者たちと同様に、この障害の患者たちは、主観的には何の苦悩も感じていない。彼らの行動の特徴は、いろいろな場面において、困っている人たちに手を貸そうとしないことと（例えば、貧困にあえぐ人たち、虐げられている人たち、恵まれない人たち）、世界の限りある資源を過剰に消費することである。社会的良心の欠如を問題視するホワイトが、利潤を追求する企業による権力支配の問題、支援の乏しい第三世界でトラウマを生き延びることの苛酷さ、そして第 2 次世界大戦中にアメリカのユダヤ人たちがヨーロッパの状況に対して何ら行動を起こさなかった問題、こうしたことを研究対象としているのは、至極当然だと感じられる。

　私たちの議論によりつながりの深いところで見れば、人間の歴史の大部分において、この世界は子どもたちに対する身体的虐待と性的搾取を容認し、奨励することさえしてきたのだ。私たちは大いに、また非常に自分たちに都合よく、ネグレクトと虐待の本当の意味を解離してきた。時として私たちはそれらを、しつけや教育や愛情といった、正反対の意義を持つものとして推し進めさえしてきたのだ。

　私たちは、虐待を受ける人たちはその人たち自身が虐待を招く行動をしているのだと考えがちである。刑務所には、幼い子どものほうが自分を誘惑してきたと語る幼児性愛者たちや、被害者のほうがそれを望んだのだと信じているレイプ犯たちや、空想の中で被害者が自分を見下したという理由で相手を殺した殺人犯たちがたくさんいる。それとまったく同じように、学校にも、家庭にも、教会にも、自分の子どもが体罰を「求めてくる」とか、セックスについて「教えてもらいたがる」と言い張る親たちがたくさんいるのだ。オットー・ランク（1941）やジョージ・オーウェル（1949）が見抜いていた通り、言葉は、歪曲、否定、そして解離の媒介物なのである。

　古びた 1970 年代の政治的格言に手を加えて言い換えれば、臨床の問題は文化の問題であり、その逆もまた然りである。例えば、幼児殺しがひどく横行するのは、幼児の病死率が極めて高い地域である。なぜなら、子どもが幼くして死亡する可能性の高さが愛着を損ない、子どもの価値の切り下げを助長し、死にまつわる不安を高めるからである。これらすべてが、攻撃性が増大する前提条件なのである。先に述べたように、殺人の発生率が最も高いのは、死刑が最も頻繁に執行される地域である。極刑は、それを計画的で冷酷な殺人としてではなく、むしろ「最後に出てくるデザートのようなものにすぎない」と受け止める地域で、最も頻繁に適用されるのである。事実、重大な事件を裁く陪審員たちには、殺人についてこのような文化的な解離に適合する見解を持っている

ことを確認するために、「死刑反対論者の陪審員免責」▽訳注4が行われなければならないのである。ルイス（1998）は、彼女が奉仕活動で面会していた患者たちの1人に致死注射を行った死刑執行人にインタビューする中で、その男性が生活歴と心理的な不安定さの点で処刑された彼女の患者と似ていることに気づいた。彼女は、暴力の合法的ならびに非合法的形態に関する自分の著作を締めくくるに当たって、達観した調子で次のように述べた。「わたしたちの社会には、子どものころにひどい虐待を受け、頭が混乱してパラノイアになっているために、ふつうなら夢にもやろうとは思わない恐ろしい仕事を率先してやる人間があとをたたない」（邦訳314頁）。この死刑執行人は、彼の手にかかって処刑された者たちとまったく同じように、自分は人を殺したことなど一度もないと言い張った（19人の処刑を実行した後であるにもかかわらず）。ほぼ間違いなく、彼自身の攻撃性の存在を解離しなければ、心理的に破綻してしまうのだろう。かつてアドルフ・バスティアンは次のように記した。「二重人格者が自分自身の姿を見かけると、間違いなく1年以内に命を落とす」（ランク，1941, p.50における引用）。その場合、死はもっと急速に訪れるのではないかと、私は思う。

▽訳注4　死刑が適用される可能性のある裁判において陪審員を選定する際に、死刑に反対する意見の持ち主はそもそも陪審員になることができないという制度である。

第4章

極限の倒錯

　私が司法心理学を学ぶ学生だった頃、最も触れる機会の多かったのは次のような考え方だった。それは、性犯罪者たち、とりわけ連続性的殺人犯たちは、逸脱した性的空想に長くふけりすぎたために、もはや性的満足が得られなくなって犯行に駆り立てられるのであり、満たされない願望に緊張が高まった彼らは、抵抗する被害者を相手に自分たちの空想を実行に移すのだという考え方だった。

　ペニスの体積変動記録器▽訳注1からロールシャッハ・テストに至るまでの様々な実証的研究によって、暴力的性犯罪者たちが何らかのひどく不気味な空想を持っていることが立証されてきた（ガコノとメロイ，1994；ラルミエルら，2003）。犯罪者たち自身が、自分の奇怪な空想が自分が実行するに至った犯罪のひな形になっているさまを、胸が悪くなるほど詳細に述べることも多い（プレンキーら，1989）。研究者たちは、自分たちの主張の確かさを補強するために、犯罪者たちが犯行現場に精液を残していくことや、後で自慰行為をするときに犯行を再体験するために被害者の所持品を使うことを報告している。これだけ根拠があれば十分ではないだろうか。確かに、自慰に伴う暴力的な空想は暴力的な性行為の予行演習であるという主張には、表面的には十分な妥当性がある。

　私が学んだクラスでは誰一人として強い疑念を持たなかったようだが、実は、犯罪者たちの性的空想に関するこうした研究では対照群がまったく設定されていなかったし、あるいは、ごく少数だが、「健常者」も性的な支配や服従をめぐる空想、それもしばしば非常に攻撃的な空想にふけることが珍しくはないことをうかがわせるデータがあったのだ（クレポーとクーテュール，1980）。そ

▽訳注1　ペニスの大きさの変化を測定する機器。性犯罪者に用いられる場合、性的内容を含んだ写真や映像を刺激として提示し、ペニスの大きさの変化を指標に性的興奮の度合いを推定する。こうした測定方法の妥当性には様々な異議がある。

れどころか、ある貴重な比較研究においては、少年の性犯罪者が逸脱的な空想をする傾向は、対照群と基本的に同じであることが示されている（ダレイデンら，1998）。長らく患者の夢、白昼夢、空想、願望などに示される倒錯の詳細について探求してきた精神分析家たちにとっては、おそらくこういったことすべては何ら意外ではないだろう。

　性的な空想についての尺度も含めて、多様な尺度を用いて、サディスティックな殺人犯たちと犯罪者ではない健康なボランティアたちとを比較した（私が知る限りでの）唯一の実証的研究▼原注1では、犯罪者ではない対照群のうちのかなりの割合の者がサディスティックな空想をしているということ、そして、犯罪者と犯罪者でない者の両方を含む「高サディズム」群は多くの病因的な特徴を共有していることが見出された（グレイら，2003）。空想と犯行との間に結びつきを想定する一連の犯罪科学の文献に対して、グレイらは自分たちの所見を添えて、「手に入る証拠からは、サディスティックな空想とサディスティックな殺人との間に直接的な結びつきがあるとは**言えない**」と主張している（p.1020, 強調は引用者による）。

　そのような実証面での見解の不一致に加えて、犯罪者たちに見られる子どもの頃の被虐待経験の解離について私自身が行った研究を通じて学んだことからも、逸脱した性的空想が何らかの理由で満足をもたらさなくなると性的に逸脱した犯罪行動へと結実するという素朴な考え方に、私は疑問を抱くようになった。逸脱した性的空想は、誰にでも見られるものだ。私が暴力犯罪者たちと行った面接からうかがわれたのは、彼らの性的空想の倒錯の度合いではなく、彼らが内在化した対象が抱え込んでいる逸脱こそが（そしてまた、そうした対象をめぐってわき上がる愛着関係の性愛化されたイメージも）、彼らの対人関係世界をひどく危険なものにするのだということである。共生的な融合を求めるこのような強い欲望に加えて、脅威を感じると象徴化の過程が急激に崩壊に向かうということが、未統合のトラウマの倒錯的で暴力的なエナクトメントの基盤になっているのである。だから、ジェシカ・ベンジャミン（1995）が述べているように、サディスティックな空想そのものにではなく、「空想と、他者を他者として認識できているかどうかとの間のバランス、とりわけ他者の主体性が認識できているかどうかとの間のバランス」に関心が向けられるべきなの

▼原注1　この研究における犯罪者群を構成するサディスティックな殺人犯たちは、この後、本章で論評するバージェスら（1986）の性的殺人の研究の被験者と同じ者たちである。グレイら（2003）は、バージェスらのデータについて二次的な検討を行い、新たに犯罪者ではない大学生からなる対照群にインタビューを行った。

である (p.181)。

　空想を防衛のために、あるいはカタルシスとして用いる者と、他者を利己的に利用する夢想家との間には、現象面で大きな隔たりがあることを、多くの犯罪科学研究者たちは認識していないか、少なくとも承認していないように思われる。前者は空想に没頭し、後者は空想を現実化しようとする。実際には、この種の心的な観念作用を、日常的な言葉遣いと同じ意味で空想と呼ぶのは、おそらく誤りである。それは、クライン（1933）が絶滅と修復の「幻想」、あるいは無意識的な空想として特徴づけた、トラウマ的な過剰刺激の変形物と見なしたほうが適切である。こうした想像に組み込まれているサディスティックで修復的な願望の多くは、意識から解離されている。その一方で、解離された出来事に性的な色づけが施された、より受け入れやすい見方が意識化され、さらにはそれに心を奪われるようになる。無意識的な、あるいは解離された空想と、侵入的で意識から離れない空想と、これら2種類の空想が結びついて、もともとのトラウマの破壊的な派生物であるエナクトメントを促すのである。

　本章で焦点が当てられるのは、解離によく見られるある一要素である。それは、しばしば世間の人々の想像力をかき立てる、交代人格の出現ほどには劇的なものではない。私がここで検討するのは、解離的な夢想に向かう傾向である。そのような夢想が犯罪者の心に現れてくる過程、多くの場合それが原始的に性愛化されている理由、そこに含まれる意味、一般に空想と呼ばれているものとの違い（それどころか場合によってはまったく正反対のものである）が検討の対象である。人はなぜ、どのようにして、性的に倒錯したやり方で攻撃を行うのかということについて、新しい見方が切り開かれることを期待して、空想に関する議論のポイントを設定し直し、その観点を定義し直したいのである。犯罪科学の領域においては、非常に多くの人々が、性倒錯的な空想が犯罪の原因であり、夢想家たちを逸脱行動の実行者に変えてしまうのだと考えてきた。それに対して、私がここで示したいのは、いわゆる空想が一線を越えて実行されるかどうかを左右するのは、解離的な防衛に頼り続けること（強迫思考と偽妄想的な夢想を含む）、ならびに逸脱した前エディプス的な対象関係の持つ力だということである。

捜査資料

　レスターは、母親が非業の死を遂げた後の数年間を、複数の施設で暮らした。成人した彼は、複数の性的殺人で有罪を宣告された。レスターは取調官に、自分の犯行手口を詳細に述べた。彼の供述には、写真を撮るために被害者たちに

ポーズをとるよう強要したことや(その間、それ以前の被害者たちの下着を着せることもあった)、被害者たちの年齢および性交経験の有無、肛門周辺の体毛の色などの詳細な記録を残していたことが含まれていた。彼は被害者の遺体を掘り出して、犯行時を思い浮かべながら屍姦を行うこともあった。判決前の、長くてところどころまとまりのない発言の中で、レスターは、子どもの頃に「福祉制度」から自分が受けた扱いを強く非難し、子ども時代を過ごした多くの養育施設で自分は性的虐待を受けたと主張した。

捜査資料

ジャーメインは、ある年配の女性の後をつけ回して、ようやく彼女と知り合いになった。その前の年、彼は「女性って一体どのような存在なのだろう」ということがひどく気になって、カウンセリングを受けようとしたことがあったが、犯行時には自分の強迫観念は「治った」と信じていた。彼はその女性の豊かな胸に魅了されて彼女の家に押し入ったが、彼女の体臭に辟易してレイプを完遂できなかったと主張した。しかし医学的な証拠からは、膣と肛門にペニスの挿入が行われていたことが示された。ジャーメインは、どちらも身に覚えがないと主張し続けた。

取り払われた愛着空想

刑事司法や犯罪学の文献において一般的に受け入れられている考え方では、人を性犯罪に駆り立てる性的固着の背景にある観念が重視される。大部分の研究者たちは、暴力的な性犯罪の原因は、犯罪者たちが自慰行為に際してもっぱら性的で攻撃的な空想に意図的に頼ることにあると考えてきた(バージェスら, 1986;プレンキーら, 1989;レスラーら, 1992;メロイ, 2000;シュレシンジャー, 2000)。犯罪プロファイラーたちは自慰という用語を厳密に性的な意味で使うが、私は、その言葉が持つそれとは別の刺激的な、あるいは満足をもたらす側面に注意を向けたい。特に、損なわれた対象関係の生育歴を持つ人たちの場合には、空想は(さらには自慰行為そのものも)、ちょうど自閉症の子どもの体を揺する行為のように、性的な機能よりも自己をなだめる機能をより多く果たすだろうということである。実際、自慰の観念内容だけではなく、性犯罪者たちの性行為全体を考慮すれば、私たちが性的空想と呼ぶものと、彼らの性的な観念との間には、共通する部分がほとんどないことがわかる。

丁寧に見ていくと、記述される空想は、性的な目標の満足よりも、損なわれ

た愛着の魔術的な修復とはるかに密接に関係しているように思える場合が多い。綿密に調べると、そうした観念が犯罪として現れるそのあり方は、嘆き、怒り、無力感、絶望、そして孤立という、養育者から突然に引き離された幼児がたどる反応の諸段階に（ボウルビイ，1973）、不気味なくらい一致している。略奪的な犯罪者たちはしばしば、一歩一歩犯行へと近づいていく間に生じる、圧倒されるような緊張、激しい怒り、無意味さ、逃れられなさ、解離といった、上記の心的諸状態によく似た自らの心理的状況を語るのである。そうした犯罪には、損なわれた早期の愛着の倒錯性を再現したり、そもそも存在しなかった絆を埋め合わせたりするはずの被害者との倒錯的な融合を、犯罪者たちが試みている徴候が満ちているのである。

　ある捜査資料が伝える例を見てみよう。喧嘩中の妻を探しに出かけたある男は、最後に妻の母親の家にたどり着くと、義母をレイプした後に、ひどく凶暴なやり方で殴り殺したのだった。彼は、刑務所から妻に宛てた手紙の中で、義母の死について数多くの話を書いたが、自分がそれに関与したとする告白は一つもなかった。ある手紙では、すでに絶命しているように見えた義母を見つけた後の自分の行動について、「ぼくはお義母さんのそばに行って唇にキスした」と説明した。別の手紙では、黒人にレイプされたという恥辱から義母を守ろうとして、自慰をした後で、自分の手で自分の精液を彼女の口と膣と肛門に注ぎ入れたのだと主張した。さらに彼の言い分によれば、たまたま彼女の頭の上に転んで、彼女の喉を押しつぶしてしまったというのだ！（司法機関が聴取した多くの彼の家族の証言によれば、この男性は成人するまで、父親からネグレクト、暴力、そして性的虐待を受け続けており、両親の性行為を目撃することもしばしばあったらしい）。配偶者の身代わりとしてその母親に暴行を働いた後に、突拍子もない内容の告白をした彼の行動には、強烈な分離不安、抑えられない激しい怒り、そして和解を求める必死の企てが表れている。そして、それらはすべて魔術的思考の網に絡めとられているのである。彼は後に、刑務所から妻に宛てて、「すぐに会いに来て、ぼくを家へ連れて帰ってほしい。もうここにはいたくない」という手紙を書いた。少なくとも私には、彼の哀願には、父親から肛門性交を強いられていたときに母親には決して届くことのなかった悲痛な悲鳴がこだましているように思える。

空想が空想でなくなるのはどんな場合なのか？

　アリス・シーボルド（1999）は、セントラル・パークでレイプされて処女を

失った自らの経験を小説として書いている。その中で彼女は、待ち伏せして残忍な暴行を働いた後で、襲撃者が彼女に別れのキスをしてほしいとせがんだ様子を記している。彼は彼女をきれいだと褒め、服を着るのを手伝ってから、「君に会えてよかったよ、アリス。また会おう」と言って去って行った（pp.20-22）。シーボルドは、親密さを強要する通り魔に、不本意ながら従った。彼女は自分の命を守るために、2人は恋に落ちたのだという通り魔の認識に、言葉で追従することさえしたのである。これはレイプ犯の多くが抱く認識と似通っている。彼らは、面識の有無に**かかわらず**、ひどい暴行の直後でさえも、まるで自分たちはデートの最中であるかのように、被害者に接するのである。

　こうした犯罪者たちは、被害者とは合意があったのだという「空想」を具現化するように振る舞う。たいていの場合、男性の性犯罪者たちが描く筋書きには、彼ら自身の幼児期の性的な被虐待経験が反映されている。そうした経験に対して、自分は性行為の受け身的な被害者であるよりも、誘惑した側なのだと思い込むことで、彼らは自分たちを守ってきたのである。何人かの男性犯罪者たちは、自分が男らしくませた子どもだったおかげで、ベビーシッター、おば、隣人、継母といった人たちを魅惑し、性的関係を持つことができたのだと私に話した。ある犯罪者はしばしば、「彼女とやったとき、ぼくは6歳だった」と言う。彼は現実を解離して、それに代わる別の話をこしらえ上げたのだ。思春期や成人期に至って、彼は支配する側に立ってその場面を繰り返しエナクトする。空想の中では、彼はレイプ犯ではなく恋人なのである。こうして犯罪的なエナクトメントによって、現実から離れてこしらえ上げられた話が、揺るぎない明白な真実に変えられる。犯罪プロファイラーたちなら、このようなものを、生活経験に基づき、幼い頃から繰り返され、性的な刺激を求める際に意図的に練り上げられて用いられ、ついには現実の時間の中で現実の被害者を相手にその極致に達する、そのような性的な空想と呼ぶことだろう。

　一方、精神分析家なら、最初に行われた現実の作り替えがいかに深刻に現実を骨抜きにするか、そしてそれに引き続く空想がいかに妄想に類似しているかに、注意を向けるはずである。ドンネル・スターン（私信による，2005）が述べるように、空想の名に値するのは、こうした犯罪者たちがメンタライズするものよりも、もっと柔軟で創意に富むものである。

> （空想に）表現される願望は、実現不可能だということが空想者自身わかっている。（私たちが）殺人の空想を抱くことを許容できるのは、そうした空想がエナクトされることは絶対にないと、よくわかっているからである。それが、私た

ちがそうした空想を楽しむことを自らに許すことができる**唯一の理由**である。移行領域の中で生じる空想と、移行領域が崩壊して日常的な現実に変貌するときに生じる空想とは、別物なのである（強調は原著者による）。

私が面接したマティという男性は、青年期の初め頃、母親とセックスすることを強いられていた（彼が語る物語は次章で取り上げる）。成人後のマティは、地下鉄に乗っているときに若い女性たちを眺めては、彼女たちの家に招かれてセックスする空想にしばしば没頭した。警察から犯行の証拠を突きつけられて初めて、自分が帰宅する女性たちの後を追い、彼女たちの家に押し入り、玄関先でレイプに及ぶことを繰り返していたことをマティは知った。その犯行は、マティのお気に入りの空想の1つに合致していた。そのときまで、彼は自分が性交渉を「夢見ている」にすぎないと思い込んでおり、想像の中ではそうした性交渉は合意の上なのだった。レイプに及んだ後、自分たちが本当は「恋人同士」だと思い込むために被害者と一緒にシャワーを浴びた、第1章で紹介したあのマチアス・レイエスが思い出されないだろうか？　ひどく現実離れしたこうした出来事について、犯人は意識的な空想を行動に移したのだと説明することは的確なのだろうか？

　ロバート・ストーラー（1973）の考え方にしたがって、私は意識的な空想と妄想的あるいは幻覚的な経験を、その内容や防衛的な機能によってではなく（それらは同じかもしれない）、その人の頭の中にあるものが現実の日常生活の中でどのように表現されるかによって区別する。ストーラーは、非常に解離的な（かつ両性的ジェンダーを持った）ミセスGの事例の有名な分析の中で、おそらく多くの女性は、ミセスGと同じように、自分にはペニスがあると空想するのだろうと述べている。さらに場合によっては、ミセスGがそうであったように、トラウマ的な記憶に対する防壁を強化するために、そうした空想を練り上げてきているかもしれない。しかし、ストーラーが述べているように、どれほどその空想が強力であったとしても、現実の身体感覚に基づいた現実的な身体イメージをそのまま維持する女性と、ペニスを自分のアイデンティティにしっかりと取り込み、それが「幻覚的ではない、身体自我に不可欠な一部」となって定着している女性との間に違いがあることは（p.23）、精神分析家であればよくわかるだろう。これに似た区別を、マクドゥーガル（1972）が行っている。彼女は、構造的あるいは性格学的な倒錯と、ごく普通のパーソナリティの持ち主が時にふける倒錯とを区別する。このような「倒錯構造」は、統合的な空想の**欠如**と関連があると、彼女は明確に述べている。

似たようなことが一部の犯罪者たちにも当てはまる。彼らのいわゆる空想は、実際には早期の虐待の筋書きが高度に儀式化されて繰り返されたエナクトメントであり、まるで悲惨な事故現場に引き寄せられるかのように、彼らはそこに立ち戻り続けるのである。例えば、子どもをレイプして有罪となったある男は、取調官に対して、自分が兄から肛門性交される「空想」を話した（後にそれは、記憶だと判明した）。この男は、取り調べの中で、この心的観念について3つの異なる様式で説明した。初めに、少女にペニスを挿入している間にオーガズムに達するために意識的に用いる道具として。次いで、性的暴行の最中に被害者の涙をきっかけに生じる、好ましくない「フラッシュバック」として。そして最後に、両手を縛られて行われることがあった、兄からの実際の暴行が手の込んだやり方で儀式化され、自分が被害者を相手に実行したサディスティックな行為の筋書きに結実したものとして、彼は語ったのだった。このような心的活動を空想と呼ぶことは、その性質について重要な特徴を見落とすことに、つまり、想像力を自由に飛翔させることと、果てしなく現実に縛られ続けることとの違いを無視することになる。

　ルーエとリン（1987）は、「空想傾向」と関連のある生活歴に関して実証的研究を行い、次のような説得力のある結果を得た。彼らが抽出した被験者のすべての年齢層において、最も高い空想傾向を示す被験者たちは、対照群と比較して、より深刻な体罰を高頻度に受けたことと、体罰に伴う痛みを遮断するために空想を頻回に用いたことを報告したのだった（p.133）。もちろん、子どもたちが虐待を受けて孤立無援になれば、自分の居場所となる代償的な世界を作り出すだろうということは、直観的に理解できる。けれども、ここで改めて、いわゆる空想の性質について、私たちはもっとよく知る必要がある。人々は、どのようなものを空想と考えているのだろうか。創造的に練り上げられて自らの意志で想像された観念のことだろうか、それとも強迫的に意識の中に押し入ってくるもののことだろうか、あるいは解離的な白昼夢に没入する経験のことだろうか。人々がどのことを言っているのかを区別することは可能だろうか。

　ルーエとリンの論文は、ウィルソンとバーバー（1981）の研究から着想を得ている。ウィルソンとバーバーの研究では、被暗示性の高い被験者たちは、自分には頻繁に空想にふける傾向があると語るのに加えて、幻覚や、身体妄想[訳注2]や、体外離脱[訳注3]を経験したことがあり、現実と空想との区別に困難を覚えることがあ

▽訳注2　自分の身体に、実際には起きていない異常な状態が生じていると体験すること。
▽訳注3　自分の心が自分の身体から抜け出して、自分自身の身体を離れた場所から主に視覚的に知覚する体験のこと。

ると報告した。ルーエとリンの研究では、被験者たちに対してこうした変数についての評定は行われなかった。しかしルーエとリンは、彼らの研究対象であった大学生の被験者たちが、空想を好む人々の中でも表面上は現実検討力に問題がないように見えるとりわけ高機能のグループを代表していたかも知れないと述べている。空想傾向の高い被験者 21 人のうち、養育者から受けた深刻な虐待について詳細に述べたのは、6 人だけだった。残りの被験者たちは、厳しく罰せられた経験があるにすぎないと述べた。これら 2 つの研究がともに提起するのは、厳格な懲罰と虐待的な懲罰とは連続しているのか、意図的で適応的な空想と解離的で潜在的に破壊的な空想とは連続しているのか、そしてそうした懲罰と空想の間に結びつきはあるのかといった刺激的な問題である。

　犯人が被害者に対する想いを説明する捜査資料を読むといつも、私には彼らのそうした想いが、強迫的であったり、魔術的であったり、あるいは完全に精神病的な強迫思考であったりするように思える。そうした想いに対して、取調官や精神鑑定医が、「つまりこれが、彼女に関するあなたの**空想**だったんだね」と口を挟むのである。犯人は、ほぼ 100％、自分が話していることは空想だったと同意するだろう。そして、例えば、「犯人は被害者に関する暴力的な空想を認めた」といったような調書が作成されるのである。そういった想いが厳密な意味で空想に該当するとは、私には思えない。ここでもまた、定義の重点を少しずらすことによって、現象の意味がかなり明らかになる。犯罪者たちは、とりわけ非常に若い、あるいは重い障害のある犯罪者たちは、空想と想起を区別することや、想像したものと侵入してきたものを区別することができないかもしれないのだ。

　サリヴァン（1953b）は、「その小児がそれまで孤独であったならば、その孤独が深ければ深いほど、われわれ成人が実際に起こったというものと空想過程の一部であったものとの区別をきちんとするためにその子が努力する必要——絶えず過去を想起し未来を予見する必要——が非常に増大するだろう」と述べている（邦訳 253 頁）。十分な世話を受けた子どもは、現実を温かく良いものとして見るようになり、外的対象を統制する空想を楽しめるのに対して、適切な世話を受けなかった子どもは、空想や遊びとはまったく異質な「虚構」の中に入り込んでしまうと、サリヴァンは考えた。ウィニコット（1960）は、象徴化の過程は、子どもの全能感の幻想を具現化する母子二者関係の暗黙の了解から生まれるのであり、だから、そっと寄り添ってくれて、後で償いを受け入れてくれる対象への心的備給が促進されるのだと考えた。ウィニコットによれば、子どもが持つ力についてのこのような相互の承認がなければ、遊び心の

ある空想的な自己は防衛のために隔離され、偽りの、従順な、擬態的な自己が活動し始める。そのような変容を受けて、あらゆる空想が徹底的に弱められる。想像の不確実さは、拠り所の確実さに座を奪われる。用心深くならざるを得ない子どもにとって、具体的なものは、世界を見渡す確実な足場になりやすいのである。

　このような無味乾燥なコンテクストの中で、力と支配を求める欲求は、トラウマの少なかった人たちの場合のように創造的に想像されるようにはならず、強力に解離されてエナクトされるようになる。「レイプ空想」は、そしてまたSM領域での穏やかな役割演技も、男女どちらにも普通に見られる性的行為であり（シュウら，1994；パーソンら，1989；ロカチとナットブラウンとネクシピ，1989）、おそらくどんな性的志向の人においてもそうである。破壊性を創造的に統合できるのは、想像力を働かせた構築だけである。スターン（1997b）が述べているように、解離とは「自分の想像が自由に働くに任せるのを嫌うこと」である（邦訳119頁）。残念ながら、凶悪な行為に走る人々には、行動の自由に対して同様の制限が及ばないのである。

うまく働かない空想

　空想によって、苦痛に満ちた現実を心の中で想像力豊かに作り変えることで、リビドーを発散することが可能になる。思いやりのある両親のもとで育った平均的な子どもにとっても、現実が恐ろしく思える場合もあり、そうした子どもは空想を用いて、恐怖、痛み、屈辱、そして現実生活のすべてに広がる混乱を乗り越える（ベッテルハイム，1989）。しかしながら、虐待された子どもはひどく過酷な現実の中に捕らわれており、かき立てられた不安に満ちた警戒心は、伝統的な心理的逃避経路の数々を使用不能に陥らせ、それに代わる潜在的なシステムとして過去の出来事の解離を生じさせるのである。

　超自我が厳格に働く場合には（前章を参照のこと）、不安は空想の形で表現されたり解消されたりすることなく、その代わりに、暴力行為によって発散される（レファー，1984）。犯罪者たちは、緊張のはけ口をもっぱら犯行に見出すのであり、だから彼らは、動機が見当たらない行為を不安の増大のせいにして、犯行後に気持ちがすっきりしたと述べることが多いのである（それは明らかに長続きしないのだが）（スタイン，2002）。興味深いことに、犯罪科学の研究者たちはしばしば、こうした不安の増大と暴力的な空想の増進を直接的に関連づける。そうした研究者たちは、彼ら自身が認めているように、そのような

仮説の根拠となる対照群のデータがまったくないにもかかわらず、自分の想像の世界を行動化しない空想者たちは、おそらくこれに似た圧倒的な緊張状態を経験しないのだろうと述べている（シュレシンジャー，2000, p.12）。

　暴力的な性的空想の内容や頻度ではなく、そうした空想の平板で固執的な性質のほうを、私は改めて強調したい。こうした反復的な性質のために、犯罪者たちの暴力的な性的空想は欲望の充足に役立たないのである。このことこそが、良性の構成物とそれと対照的な悪性の構成物とを分けるのである。換言すれば、おそらく、空想だけで安らぎを得られる者たちは、自分の頭の中にいる人物たちの象徴的代理物を十分に詳細に、かつ深く、生き生きと動かすことができるので、安らぎを得ることができるのである。だから彼らは、想像活動にカタルシスを見出すことができる。他方で、倒錯の虜になっている多くの者たちの場合は、空想はうまく働かない。例えば、リトマン（1997）は、激しいサド・マゾ的な行為を行っている9人の男性との面接から、彼らのうちの誰一人として暴力的な空想からは十分なオーガズムを得られず、実際の緊縛や苦痛だけがオーガズムをもたらすことを見出した。カーン（1979）が述べているように、逸脱した欲望の充足は、空想においても現実においても手に入れにくいのである。

　　神経症者が（意識的かつ無意識的な）空想を生きるのと同じように、倒錯者は行動を生きる。**行動する**ことがこのようにどうしても必要なために、倒錯者はその意志と力を用いることを否応なく強いられる……倒錯者は、被害者を相手に自分の意図を実現することを通じてのみ、自らを知るのである。▼原注2 この点に、倒錯者の経験の本質的な貧困さがあるのだ（pp.208-209）。

　最善の場合には、特に、トラウマに対する積極的な適応として性的空想を使うことができる人々は、倒錯的な空想によって、不安と激しい怒りを満ち足りた身体感覚に変容することができる。▼原注3 実際、マイヤーズ（1991）の所見によれ

▼原注2　これと同様のことについては、フォナギーら（2002）、メロイ（1997a）、グランド（2000）が参考になる。
▼原注3　トラウマの記憶から生じる性的空想については多くの文献がある。大部分の著者たちは、例えば虐待の最中に満足を経験することをめぐる罪悪感といったような、空想によりもたらされる否定的な影響に注意を向けてきた（デイヴィスとフロウリイ，1994）。オーガズムに達するためにトラウマを「利用する」ことの防衛的な利点について述べた者は、これまではとんどいない。それはいかにも月並みなやり方ではあるが、詩を書いたり絵を描いたりするような、より創造的な昇華を通じて到達し得るトラウマの克服に似ているかもしれない。

ば、自慰に伴う倒錯的な観念が行動化されることはほとんどない。彼女の考えでは、そのような空想から性的満足が得られる理由は、そうした空想が公衆の面前で実行されることはなく、空想の持ち主が危険や屈辱にさらされることは決してないという事実そのものにある（p.96）。その一方で、慢性的に虐待を受けてきた子どもの場合、おそらく、発達の不十分な想像力と過度に発達した超自我がともに作用して、暴力的な空想を、それらが浄化作用を発揮する前に、根絶やしにするのである。確かに、性的な復讐を果たす場面が繰り返し頭の中に思い描かれるかもしれないが、それは心を鎮める空想とはまったく別物である。それはむしろ、傷が化膿していくのに似ている。こうした攻撃的で性的な考えはすぐに否認され、後になってエナクトされるのである。

　パイ（1995）は、虐待を受けた患者たちの記憶は迫害的な性質を帯びているために、空想そのものが「暴行現場」になってしまうのだと述べている。大人になって犯罪者となった被虐待児は、豊かに空想する創造的な能力が不足しており、自分自身が想像した中身を侵入的で迫害的なものとして経験するので、緊張をうまく処理することが簡単にはできないのだ。ブラム（1991）は、妄想に入り込んでしまうと精神病的で暴力的なエナクトメントが突発する、犯罪とは無縁のある患者について、単刀直入に次のように述べている。「**空想に備わった安定化機能が失われて……サド・マゾ的な要素が入り混じらない、素朴な攻撃性が姿を現した**」（p.448, 強調は引用者による）。このブラムの患者は、後になって妄想的な退行状態から回復すると、サド・マゾ的な空想を取り戻すのだった。

　「人を殺しかねないほど凶暴な」（しかし殺人者ではない）患者たちについての臨床的な観察が示すのは、**空想する能力が高ければ高いほど、実際の暴力に訴える可能性は低くなる**ということである。様々な対人状況について、象徴的で空想的な表象を使いこなす能力は、怒りを取り除き、恐怖を抑え、緊張を低減することに役立つ。犯罪に至らずにすむ人は、犯罪に走りそうな場面で、現実を見失って取り返しのつかないことをしてしまう代わりに、攻撃行動を実行に移さないで空想を働かせることができるのである。このことを裏づける根拠として、ハイアット＝ウィリアムズ（1998）は、「象徴化の能力が高まり、緊張が緩和し、その結果、殺人に至らずにすんだ、かなりの数の例に私は出会ってきた」と述べている（p.35）。危うく犯罪者になりかけたこうした人々に生じた、具体的なものから象徴的なものへの移行の性質について、ハイアット＝ウィリアムズはそれ以上論じていない。このことについて、私は次のように考えている。激しい怒りを取り除く他に、殺意が生じてそれが取り除かれる過程

の少なくとも一部は、行為とその結果との間の因果関係を想像すること、つまり、認知的リハーサルの先を見通す機能に関わっているのではないだろうか。

空想と現実の区別

多くのトラウマ経験者たちにとって、心の中のイメージは、過去の現実の恐ろしさの影響を常に受け続けているために、生気に乏しい（グロットスタイン，1995）。彼らは、意志の力で現実を無視することも、身体の影響から自由になることもできない。フォナギーら（2002）は、一部のトラウマ被害者たちが、空想と現実とのつながりを安全に切り離せるような想像の領域に入ることができずにいることを、一種の発達停止状態として説明している。「攻撃性と結びついた愛着の観念を心の中に表象する能力が不十分であることこそが、（トラウマを受けた人々を）親密な対人関係のコンテクストで暴力行為を働く危険に陥れるのである」（p.344）。

直観とは逆に、空想形成力の旺盛さではなく**減弱化**こそが、現実との関わりの深刻な混乱の前兆であることを、シュローミス・コーエン（1989）は明確に指摘している。

> 空想活動には、知覚された現実世界の法則と制約を積極的に受け止めようとする力が、つまり現実検討を離れた心的な自由を行使しようとする力が現れている。このタイプの活動は、自我や高次の心的諸機能の働きの不適切さの表れでは決してない。その反対に、それが不足していることのほうが、はるかに注意を要する（p.65）。

犯罪科学の文献には、暴力犯罪者たちの夢想に関する記述が豊富にある。臨床家たちも捜査機関も同じように、伝統的に空想と考えられてきたものよりも、境界例的あるいは精神病的な思考のほうに似た心的内容物について報告しているが、彼らはほとんど例外なく、そうした想像活動を執拗に「空想」と呼び続けている（バージェスら，1986；メロイ，1997a，1998；シュレシンジャー，2000）。

犯罪者たちの想像活動は、投影が積み重ねられ、入れ替わり現れる魔術的な全能感と妄想性の恐怖心にたきつけられると、たちまち意志による統制が及ばなくなる。彼らの犯行の被害者である対象と、発達早期の迫害的対象との区別も、主観的な自己感との区別もつかなくなる。こうして空想に対して意志によ

る統制が及ばなくなると、それはもはや空想ではなく、強迫的な反芻思考である。また、こうして空想と現実との区別がつかなくなると、それはもはや空想ではなく、擬似的な妄想である。

　本章ですでに取り上げた連続レイプ犯のマティの物語の中に、地下鉄で見かけた女性が帰宅する後を追い、セックスを求められて家に招き入れられる空想にふけり続けた男性の姿を、私たちは見た。彼の言い分によれば、彼は警察が自分を逮捕しに来て初めて、自分がレイプを実行していたことを「知った」のだった。この事例で作動していた空想があったとすれば、それは、自分は空想をしているのだという空想であり、そうした空想の働きによって、この犯人は、夢想と現実との区別がうまくできなかった尻ぬぐいを、自分とは別の暴力的な語り手に丸投げしてしまったのだろう。▼原注4

魅惑された状態：トラウマの性愛化

　差し迫った脅威による恐怖や苦痛あるいは不安から注意をそらすために、心は別の何かに没頭する。それはとても強力な働きであり、強迫的な反芻思考によって全般的な無力感が反転する。このような過程は、虐待の事例において（性的なものであれその他のものであれ）、虐待的な関わりの攻撃的な側面を感じ取らないようにするために、そうした関わりの興奮を刺激する側面に子どもが過剰に没頭するような場合に、有効に働くのである。もし興奮が防衛的に性愛化されれば、トラウマに由来する感覚亢進は、虐待の状況次第で、性的興奮や、エディプス的な征服感にさえも、置き換えられる可能性がある。このように別の何かに没頭することで、そうした子どもは、巧みに（suavely）かつ解離的に、自分の倒錯傾向に磨きをかけるのであり、そうすることで、トラウマ▼原注5　　　　　　　　　　　　　　　　　　　　　　　　　　　▼原注6

▼原注4　ゴットリーブ（1997）は、あらゆる解離的な経験の背景には、分裂ならびにそれに引き続く操作を作動可能にする空想が働いていると述べている。このような考えは、解離についての今日的な見解、つまり心は単一であるという信念は実は虚構にすぎないという見解と対照的である。それでも、以下の点については、ゴットリーブは的確だと私には思える。彼の主張によれば、極めて暴力的な犯罪者たちに見られるような厳格に仕切られた心的組織を維持するためには、何らかの心的加工が施される必要があり、暴力行為を分裂排除するためには、無意識的な素質的傾向だけでなく、意識的な関与もあるに違いないということである。

▼原注5　虐待的な暴行に対する性愛化による防衛は、防衛の対象となる実際の暴行がもともと性的なものである場合にも起こり得る。その証拠に、子どもの頃に性的暴行を受けた男性受刑者たちは、たとえわずか6歳の頃であっても、彼らのほうが性交渉において略奪的な役割を演じていたという例に、私は繰り返し出会っている。

▼原注6　サリヴァンはしばしば著作の中で「巧みに」（suavely）という言葉を使って、非常に滑らかに解離が作動する様子を説明している。私には、これに優る適切な言葉は思いつかない。

によるもっと深刻な内部崩壊を免れているのである。
　多くの被虐待児たちは、マスターベーションでオーガズムを得るために暴力的な空想を用いて、青年期の間に苦痛と性との結びつきを強める。オーガズムを得るためにこのように暴力的なイメージを用いることで、そうした空想は著しく強固に固定化され、それが本来持っていた防衛的な機能が覆い隠される。防衛的な性愛化の反応がたどる生理学的な経路について、ブラム（1991）は次のように述べている。

　　興奮が押し寄せることそのものが、それ以上に脅威的で苦痛に思われる他の諸感覚や諸感情を隠蔽したり制御したりする目的で利用される。……強烈な性的感覚亢進や興奮もまた、おそらく何らかの心理生理的なレベルにおいて、融合や混合の過程を通じて、また攻撃的な意図を官能的な目標と一致させることによって、攻撃性の発散に役立つ（pp.445-446）。

　こうした過程が、以下に述べるようなサド・マゾ的な空想の展開に決定的に重要なのだろう。そうした空想においては、虐待を生き延びた者たちは、（自分を欲望される対象と見なす）性愛的誘惑によって、自分にとって必要な他者に対して、また、そのような他者が提供する愛着関係の場に対して、敵意を向けずにすむのである（ハウエル，1996，1997）。
　あからさまな性愛化が行われない場合には、トラウマを受けた人々は、つながりを求めて様々な「空想上の擬人存在たち」を作り出すだろう。彼らは、現実の関係の不足を補うために、空想に大幅に頼るようになるのである（サリヴァン，1953b，p.223）。

退　行

　シャスゲ＝スミルゲル（1991）は、倒錯とは、対象とその諸部分との区別を曖昧にするという形で現れるものであり、肛門愛を好み性器愛的な現実を全面的に拒絶する態度であると述べている。カーンバーグ（1992）は、倒錯者の欲求には、対象をばらばらにしてまき散らして破壊し、そうすることで「肛門愛を満たす」という性質があることに注目した。性的殺人で現れる行為が、例えば肛門のレイプといった、性感帯レベルで退行的な性行動に偏っていること、また、慣習的な性的対象選択の観点からすると、被害者となる相手の「適切性」にはほとんど無関心に、性別や世代に関係なく行われていることを考慮す

れば、たとえ古典派の支持者でなくても、このような古典的な見解を軽視することは難しい。例えば、多くの男性の性犯罪者たちは、成人女性を被害者に選ぶのと同じくらい、子どもや老人をも被害者として選ぶ。それは、彼らが合意に基づく性的関係を持つ場合の相手の選び方が慣習通りであり、特定の種類の性的パートナーに対する性倒錯的な興味を示した経歴がなくても、やはりそうなのである。犯罪科学の文献では、これは「好みの」被害者が手近にいない場合に行われる、その場しのぎの選択にすぎないとされている（ナイトとプレンキー，1990；バーバリーら，1994）。しかしそれは私には、自己と対象が十分に個別化しておらず、母親と融合しているという空想を持ち続けることができる、まとまりが弱く心理的に未分化な状態へと犯罪者たちが回帰しているために起きてくることだと思える。

　まとまりが弱く未分化な状態へのこうした回帰は、性暴力犯罪を繰り返す者たちがたどる、時が経つにつれて暴行する相手を選り好みしなくなっていく軌跡を見ると、とりわけよく当てはまるように思われる（グエイら，2001）。また同時に、彼らは行動のまとまりも失っていき、より早期の発達段階への大規模な退行を示すようになる。一人きりでいる魅力的な女子大学生を狙い、口がうまく人を引きつける魅力のある社会病質者の殺人者として神話的存在となったテッド・バンディでさえ、次第に殺人にのめり込んでいく過程で2人またはそれ以上の被害者を求めるようになった。そして最後の犯行では、キンバリー・リーチという12歳の少女をレイプして殺害したのだった。バンディによる殺害行為においては、「肛門愛」や「性感帯の混乱」は、単なる精神分析的な比喩表現ではすまなかった。被害者の臀部や乳房に残された彼が噛んだ跡が、有罪となる決め手の一部となった。キー・オメガ女子学生クラブ会館で起きた事件の被害者の1人の性器からは、ヘアスプレーのボトルが突き出ていた。それは、彼の一連の最後の凶行の1つであり、抑えが利かなくなった彼は4人の少女を襲ったのであった。

空想と融合と性的殺人

　多くの犯罪科学の文献で性倒錯的な空想が注目を集めてきたのは、それがレイプ殺人および連続性的殺人のリハーサルに相当すると見なされてきたためである（バージェスら，1986；プレンキーら，1989；レスラーら，1992；メロイ，2000；シュレシンジャー，2000）。こうした研究者たちの間では、サディスティックなあるいは他者を支配する性的空想への没頭は殺人を助長するという

見解が、圧倒的な同意を得ている。しかし一方で、ごく一部の司法臨床家たち（メロイ，1997a；ルイス，1998；カーライル，2000）は、最終的に現実化されたこうした空想は解離されたトラウマのもとで育まれてきたものだと述べている。また、精神分析の文献では、解離されたトラウマと一部のタイプの性犯罪との間に強い結びつきがあることが、理論的に示されてきた（グランド，2000）。

　かつて FBI のプロファイラーを務めたロバート・レスラーと彼の同僚たち（1992）は、犯罪科学の文献において広く普及している理論的見解に大きな影響を及ぼしている。彼らは、性暴力は主として子どもの頃のトラウマに由来するという考え方を強く否定する。彼らの考えでは、性暴力は、様々な脅威への反応として現れた、性的で攻撃的な空想に対して過剰にのめり込む依存から生じるのであり、子どもの頃に受けた虐待はそうした脅威の一部にすぎない。おそらく、そのような空想が性的殺人の認知的なリハーサルに相当するというのである。こうした考え方にしたがえば、空想が持つ自慰的効果は繰り返されるにつれて弱まるので、空想を実行に移す機会が探し求められるようになるとされるのである。

　このように理解するなら、性的殺人とは、主に統制に失敗した認知によって、とりわけそうした統制の仕組みが環境的なストレスによって損なわれる場合に引き起こされる出来事であるということになる（バージェスら，1986；レスラーら，1992）。レスラーとその同僚たち（1992）は、36 人の性的殺人者たちを対象とした彼ら自身の研究において、**すべての対象者**が子どもの頃に深刻な虐待やネグレクトを受けていたという事実があるにもかかわらず、また、彼らの共同研究者であるアン・バージェスが、別の研究において、性的虐待と性犯罪とが「トラウマによる学習」の「認知的作用」によって結びついていると指摘しているにもかかわらず（バージェスとハルトマンとマコーマック，1987，p.1436）、トラウマは攻撃的な性的空想とそのエナクトメントにほとんど関係がないという考えを述べている。このような情報処理モデルにおいては、解離とはトラウマ的な出来事を「カプセル化して封じ込めること」であると捉えられている。しかしそのような捉え方は、重篤な解離に伴う精神病理のスペクトラムの広がりとその重要性を認めておらず、それらを軽視している。

　経験豊かな司法臨床家であるシュレシンジャー（2001）は、心理力動的な立場から、子どもの頃の虐待と性愛化された母子関係を、性的暴行が実行されるに至る過程で認められる「様々な前兆」のリストの筆頭に挙げて強調している。しかし彼は、残忍な性的空想を実行に移す者と移さない者の違いは、選び取ら

れた空想が生み出す「内的な不快感情を和らげるために行動化しようとする衝動」にあるのだろうと結論づけている（p.56）。彼は「そうした空想は性的サディズムから発展する」と述べているが（p.56）、そうした空想の内容の展開や、そうした空想が持つ行動を強要する並外れた力の発展に、解離されたトラウマが影響することを認めない。それどころか、シュレシンジャーは、殺人犯たちの一部にとって女性を殺すことは母親を殺すことの代理である可能性は容認しても、性的攻撃性を過去から現在へと送り込む機制として解離を捉えることは断固として認めない。犯罪者は「自分が何をしているのかはっきりとわかっており、自分の行動をほとんどコントロールできる」と、彼は主張する（p.13）。クラフト＝エビングは、殺人は強迫行為であるという理論を支持する材料として、性的殺人には犯罪者が犯行に駆り立てられる特質があることについて鋭い所見を残しているが、シュレシンジャーが言っていることはそれと同じである。「自らのサディスティックな空想を行動に移す人々は、行動化への強迫があるためにそうするのだと結論づけられる」（シュレシンジャー，2000, p.12）。残念ながら、人を性的殺人に駆り立てる力を、空想を行動化する抗い難い意識的な強い衝動に帰するだけでは、サディスティックな行動の起源を説明する上で、クラフト＝エビング（1886）が100年も前に行った説明と大して変わりがない。クラフト＝エビングは次のように書いている。

> （サディスティックな犯罪者が）感じるのは、一般に、異性に対する残酷かつ暴力的な仕打ちへの衝動と、そうした行為を思い浮かべるときの性的感情に限られる。だから、想像した行為を実行しようとする強い衝動が生じるのである（p.57）。

こうした考え方を、次のような見解と比べたい。それは、殺人は1つの孤立した出来事ではなく、子どもの頃に始まり殺人が実行された後にも持続する、非常に長期間にわたり、時には密かに進行する、内的な過程の一段階であるという見解である（ギリガン，1996）。ギリガンの見解は、出来事の連鎖が長く尾を引いて影響を及ぼすことを認めるものである。そうした影響は、後に続く心の中身に及ぶとともに、犯行の引き金となる状況刺激を目の前にしてどのような空想を展開することによって積極的に防衛に努めるかにも及ぶのである。腕力による性的な支配と服従をめぐる空想は、犯罪とは無縁の一般の人々にもまったく普通に見られることである（ライテンバーグとヘニング，1995）。性犯罪者たちもまた、力づくによる性交渉を探し求めるのと少なくとも同じ程度

に、合意に基づいたセックスを空想し、実際に行うのである（マーシャルとマーシャル，2000）。したがって、ある種の人々の空想と現実の境界を曖昧にする諸要因を精査することは、空想それ自体を分析することと、少なくとも同じくらい重要に思える。

　私はこれまで何度か、多くの暴力的なエナクトメントが生じる解離的なコンテクストについて論じた（スタイン，2000, 2001, 2003）。私は、グランド（2000）、ルイスとバード（1991）、ルイスら（1997）、メロイ（1997a）、スタインバーグとシュナル（2000）といった人たちの見解に賛同してきた。それは、解離は犯罪者が一般に身につけている防衛的な態度であり、おそらくその起源は、子どもの頃に実際に受けた恐ろしい虐待やネグレクトの過程で生じた、絶滅と復活をめぐる空想の具現化とそれに引き続く加工にあるという見解である（スタイン，2001, 2003）。しかしその一方で私は、次のような考え方には違和感を覚えてきた。それは、犯罪の引き金となるトラウマは、すっかり埋もれていた状態からその全貌が姿を現し、再びすっかり埋もれた状態に戻ってしまうのだという考え方であり、それが解離的な犯罪者たちの暴力の特徴だとされることである（サックス，1997）。むしろ、暴力犯罪者たちの語りについての私の分析では、犯行前、犯行の最中、犯行後それぞれの精神状態において、意識の力と無意識の力が支配権をめぐって互いに交錯する微妙なあり方が際立っていた。だから私は、犯罪的な思考内容と行為の意識された部分を捉えようと努め、また、意識の隅に潜む移ろいやすい自己のかすかな輪郭を感じ取ろうと努め続けているのである（ランク，1971；リフトン，1986）。

　歴史的に見れば、司法臨床家たちと犯罪プロファイラーたちは、認知行動心理学のパラダイムを取り入れ、人間の行動は大部分が意識的かつ合理的であり、空想の素材は目的志向的で快楽的な視覚化の現れであるという前提に基づいて仕事をしてきた。他方で精神分析家たちは、行動の無意識的な諸動機に、そして、性的な空想はもちろん、白昼夢、夢、幻覚および強迫思考におけるイメージの生成と展開に現れるものを含め、欲求や欲望が表現される象徴的な様式に、もっぱら関心を向けてきた。

　犯罪的な暴力行為における空想の役割を理解するために、隔離されて遠ざけられていると思われているものを、きちんと明らかにすることの効用を、私は示したい。無意識であるということは、言わば、意識の海に浮かぶ、水漏れのするボートのようなものである。「人は自分が知っていると思っている*以上の*ことを知っている」という考え方は、人間の攻撃行動の分析に最もよく当てはまる（オグデン，1989, p.197, 強調は引用者による）。逆に言えば、性的対象と

倒錯的に結びついている者にとっては、無知のままであり続けることがとても重要である。なぜなら、ストーラー（1985）が述べているように、「洞察によって（性的）興奮は冷めてしまう」からである（p.34）。ここでストーラーが言っている洞察とは、彼が性愛的な敵意と呼ぶものが実際に目指しているのは、中核的なアイデンティティの発達を脅かす、屈辱的で苦痛な子どもの頃のトラウマを打ち消すことなのだと知ることである（ストーラー，1985, 1986）。

早期の養育者たちからの極度に破壊的な行動への反応として生じる倒錯的な性的空想や行為は、心理的および身体的な苦痛を喚起する諸側面に対する行動上の反応であるとともに（フロイト，1919）、不安や自我の解体を防ぐための防壁なのである（ソカリデス，1973）。最初期の空想、ならびにそれらが発展した成人期の空想は、性的であるとともに共生的でもある。暴力的で性的な白昼夢は、親密性のない抱擁であり、飲み込まれる危険と裏腹であり（これによって興奮が得られる）、恐怖を喚起し、報復的な暴力を正当化する。そうした刺激的な夢想の起源である経験の強烈な力を考えてみれば、最初の罪悪が行われた光景を象徴的に再現しようとする誘惑にあらがえない人々がいることは、何の不思議もないのではないだろうか。

キム・スタンダード殺害事件

　　（俺たちは）彼女を残酷な目に遭わせ、傷つけ、レイプし、ロープで絞め殺した。（彼女は）痙攣して失禁した。そして（俺たちは）彼女を生ゴミみたいに池に捨てた（アラン・プレソリイの供述より）。

　　俺は友達の家に呼ばれたんだ。あいつはナイフを女に突きつけた。そこから、何もかもがまずいことになった。俺たちは結局彼女を殺してしまった。こんな羽目になるとも知らず、俺たちはやってしまった。もう取り返しがつかない（デイヴ・ジャスタスの供述より）。

アラン・プレソリイは、被害者のキム・スタンダードと知り合いだった。彼らはその日、彼が時々立ち寄るバーでばったり会った。プレソリイによれば、彼は彼女を車に誘い、2人は彼が妻と暮らしている家に向かった。そのとき妻は仕事に出ていた。家に着くと、彼は親友のデイヴ・ジャスタスに電話をして、6缶入りパックのビールを持ってきてほしいと頼んだ（2人の男が知り合ったのは刑務所で、どちらも性犯罪で服役していた。彼らはその後、アランの目の

前で彼の妻とデイヴが性関係を持つようなつき合いになった)。3 人はかなりの時間飲酒し、会話を楽しんだ。アランは、グループ・セックスについて話していたのだと主張している。そのうちにアランは、妻が仕事から帰ってきて自分の家に見知らぬ女性がいるのを見たら機嫌を悪くするだろうと気がかりになってきた。デイヴもまた心配になってきていた。彼は自分の子どもを保育園に迎えに行く予定になっていたからである。

　プレソリイは後に、自分たちとセックスすることを拒んだので彼女を誘拐することにしたのだと語った。男たちは彼女を脅しておとなしくさせ、服を脱がせ、手足をロープで縛って粘着テープで口をふさぎ、ジャスタスの車のトランクに彼女を押し込んで出発した。彼女がどうにか自力で両手のロープを解いてトランクの蓋を開けると、彼らは彼女を拘束して、人気のない場所へ車を走らせた。プレソリイは、自分はその後ジャスタスが彼女をレイプして絞め殺すのを見ていたと話したが、自分の関与については、死体を捨てたこと以外は否定した。ジャスタスはレイプ殺人について、初めは否認したが、後に認めた。彼は、自分とプレソリイの 2 人が一緒に彼女をロープで絞め殺し、遺体を処理したと話した。

　この若くて離婚歴のある子持ちの女性は、プラスチック加工された粘着テープが首に巻きついた腐乱死体となって、近くの池で発見された。被害者の両手と片方の乳房には複数の傷跡が、下腹部には鋭利な刃物による複数の貫通痕があり、腹部からは内臓がはみ出していた。鈍器で殴られた跡が上半身に広がり、舌はずたずたに切り裂かれていた。被害者は身の毛もよだつような性的暴行を受けていたが、どちらの暴行者も彼女の膣にペニスを挿入していなかった。

　この 2 人の男たちは、自分たちが過去に経験したトラウマ的な性関係を、強迫的に再びエナクトしたのだろうか。アランの子どもの頃については、ほとんど何もわかっていない。しかしデイヴの友人や家族との面接からは、興味深い資料が得られている。かつてジャスタスの母親は友人の 1 人に、デイヴはいつも「皿をきれいになめる」と話したことがあった。これは彼の子どもの頃の食習慣の話ではなく、彼がクンニリングスを好むという話なのである。ジャスタスの父親は、息子の友達の恋人とセックスしようとすることが時々あった。家の中にはポルノグラフィがあふれ、両親は子どもたちの目の前で不適切な性行動をとっていた。そしてデイヴは、性行為として身体を縛る方法の手ほどきを、兄から受けたようだった。デイヴは、妻と別れた後に関係を持った人妻に、まだ陰毛が生える前の少女とセックスすることを含む自分の性的空想を書き送ったことがあった。彼の妻によれば、彼は荒っぽいセックスが好きで、一度は前

戯の最中に大型ナイフを彼女ののどの奥に押し入れたこともあったという。彼と性関係を持った者たちは、彼が度を超して残忍であり、愛想が尽きるほどふしだらであることを知るのだった。彼は合意の上で性交渉を持った多くの女性のヌード写真を撮っていた。

　リア（2000）は、こうした反復的な関係の持ち方について、それらを欲動に駆り立てられたもの（フロイト的な意味での）と見るよりも、ある出来事を「意味づけようとする試みが繰り返し失敗に終わる心理的な自己崩壊の劇的な例」（p.89）と見るべきだと述べている。このように、暴力的な性行動は、いつまでも繰り返し記憶に蘇るトラウマを消去、ないし制御しようとする試みであるばかりでなく（ハーマン，1992；シェンゴールド，1999）、他者を破壊することによって自分自身を見出す道筋を模索する試みでもあるのかもしれない。ジャスタスとプレソリイが、子どもの頃に性的暴行を受けていたかどうかは定かではない。しかし、次のような推測は可能である。少なくともジャスタスの場合には、家庭の中の性的な雰囲気は常軌を逸しており、幼い子どもであった彼はある面で脅かされていて、彼はそうした圧倒的で侵入的な性的刺激に進んで注意を向けることでそれに対処していたのだろう。

　彼らは国外へ逃げようとしていたところを逮捕された。取り調べの間、アランはほとんど情報を提供せず、話した内容のほとんどは犯行の状況を否認するものか正当化するものであった。デイヴは、明らかに動揺しつつ、犯行当日の出来事をかなり詳細に語った。事件についての両者の話は、非常に空疎な夢の中のような出来事として想起されたものであり、その話は時として事実であるというより想像により生み出されたもののように思われる。特に、デイヴ・ジャスタスと被害者との間のやりとりの解離的な性質は、驚くほど閉所恐怖的な共生状態を示している。アランが行う投影に、デイヴは癒着する。そして、アランが心理的に逃避する場所で、デイヴは実質的に存在を消すのである。

ジャスタスとプレソリイの語る物語

　ジャスタスの話では、彼がキムと雑談をしていたときに、アラン・プレソリイが台所から刃渡り30センチの肉切り包丁を手にして現れた。アランはナイフをキムののど元に押し当て、「レイプするぞ」と言った。ジャスタスによれば、彼女は笑ってアランの腕を押しのけた。2人の男たちの間には言葉のやりとりはなかったが、今にも何かが起きそうな感じがしたとジャスタスは言う。ふと、ジャスタスはどういうわけか自分が彼女の服を脱がせていることに「気

づいた」。「彼女はズボンを脱がせやすいように身体を持ち上げた。彼女は床に横になると、『レイプするつもりなら森へ行こうよ』と言った。それが彼女の好みなんだ。アランはロープと粘着テープを俺に投げてよこした。俺が両手を縛っても彼女は抵抗しなかったが、足首を縛るとロープが痛いと言ったので、俺は靴下を持ってきて彼女に履かせた」。彼女は両手両足を縛られて車のトランクに入れられた。「俺が『それでどうする？』と言うと、アランは『お前の所へ連れて行こう』と言ったんだ」。

癒 着

　ジャスタスのコミュニケーションは、まったく魔術的である。彼が被害者との間に空想した心の交流と、プレソリイの願望を言葉も交わさずに実行した彼の行動は、実は非常に行き当たりばったりだった犯行に、驚くほど滑らかにつながっている。彼の話では、被害者は笑っていたのであり（「そうさ、俺は戸惑ったんだ。俺たち2人とも」）、自分が暴行を受ける場所を指図さえしたのである。彼女は服を脱がせる手助けをし、足首を縛っているロープが痛むという的外れな抗議しかしない。そこで、ジャスタスはすぐに彼女の足の痛みを和らげてやったのだった。見かけ上、すべての行為は、成り行きを黙認している被害者と包丁を振り回しているプレソリイが協力してレイプのお膳立てをする、その手助けとして行われる。ジャスタスは被害者を縛った「だけ」であるが、彼のほうは抑制が緩み、すでに情緒的なコントロールが利かなくなっている。まるでジャスタスは、被害者と自分が同じような目的で動いていると考えていたかのようである。暴行の最中にも、彼女は協力的な、その上、ノリのよいパートナーであるかのように、何度も写真に撮られている。ジャスタスは彼女に靴下を履かせるという保護的な振る舞いによって魔術的な償いを行う。縛りを緩めることで心理的な打ち消しが行われ、緩く縛り直すことで、本気で縛っていたという経験は消えてしまう。その結果、そのようなサディスティックな行為は**実は本当ではなかったのだ**と経験される（グランド，2000）。こうしてジャスタスは、自分は被害者を襲っているのではなく助けているのだと、現実を書き改めるのだ。

　彼が子どもの頃に役立った、特定の部分のみに注意を向けるやり方が、ここでも豊富に用いられている。彼は自分の行動の一部について自分自身によるものだと認めず（ふと**気づくと**彼は友人の指示で誘拐に加担していた）、被害者の恐怖を否認して（彼女は肉切り包丁を見て**笑**っていた。彼女は**進んで**森の中でレイプされた）、被害者には何の落ち度もないとは言えないし、自分は罪を

犯していないのだから自分にはまったく責任がないと話すのである。

　この種の癒着状態（オグデン，1989；ミトラニ，1994）においては、他者とは区別された自己という感覚がまったく存在しないので、能動的な犯行であれ、能動的な抵抗であれ、それについて認識する主体は存在しない。その代わりにそこにあるのは、ジャスタスは快適さを求めるキムの気持ちを汲み、キムは自分の服を脱がせたがっているジャスタスの気持ちを汲むといったような、被害者との間に空想された親密さである。しかし親密さの喜びは、最終的には飲み込まれる恐怖に変質し（ソカリデス，1973；バック，1991）、殺人を引き起こしたのである。対象との分離が知覚され、自らの主体性が感じ取られていれば、対象は立体的に、そして有限な存在に見えるだろう（オグデン，1989）。それに比べて、この癒着状態で生じているのは、破滅不安を増大させる妄想的な転移と、それに反応して生じるサディスティックな報復を強化する全能感だけである（メロイ，1997a）。

　ジャスタスと被害者との間に見られたこのような偽りの同一化には、むさぼり食べて合体する欲求が反映している。それは、分離－個体化の最初期の段階に欲求を満たしてくれる対象が不在の場合に頻繁に生み出される、空想上の共生的な融合である（マーラー，1968；ソカリデス，1973；メルツァー，1975；ミトラニ，1994；メロイ，1997a）。そうした空想の非常に自閉的で共生的な諸側面が、実際にレイプ、殺人、死体損壊という形で恐ろしくも１つひとつ実現していくにつれて、ジャスタスは自分の空想が持つ恐るべき破壊的な魔力に直面するのである。

　ジャスタスは同時にまた、共犯者との間にも同じような同一化の過程を展開している。プレソリイとジャスタスの間のコミュニケーションは、言葉を交わすことなく滑らかに行われており、彼らの間に境界があるとは思えないくらいである。ジャスタスは、まるでテレパシーを受け取るように、被害者を縛り上げて猿ぐつわを噛ませるようにプレソリイから指示を受けたと感じて、この行き当たりばったりで空虚な歪んだドラマが進むのである。そこでは、オグデン（1989）が律動性と順列性と呼ぶものを通じて対象同士が相互に関わり合う、自閉的な交流が起きている。そこには、「自分と自分でないもの」、そして「内と外」の区別の経験が存在しないのである。

　ジャスタスの心の中では、プレソリイがジャスタスに行動を指示する。そして、プレソリイの子分でもあるジャスタスは、被害者をレイプして殺すのに必要な手配をするのである。彼ら自身はまったく気づいていないのだが、彼らの関係には同性愛的な要素が含まれていた（彼らの主な性生活は、２人の間で空

想を共有することと、彼ら2人と同時にセックスすることに同意する女性を見つけることで成り立っていたように思われる）。そこからうかがわれるのは、男性性の同一化の発達が損なわれていることである（ストーラー，1986）。おそらくその起源は、母親からの分離の失敗にあり、そこにエディプス期の去勢不安が後から加わったのだろう（ソカリデス，1973）。ジャスタスの生活史における両親の不適切な性行動に関する証言が事実であれば、親に由来する脅威が彼の発達全体に影響を及ぼしたことは、容易に理解できる。

　対象への癒着を目指すジャスタスのあり方は、彼の不確かな性別同一化と結びついて、とりわけプレソリイのような力強い男性的対象との共鳴を求めやすい状況を生む。性的攻撃性が展開する中で、ジャスタスはプレソリイの先導に従うのである。ビックが診ていた自閉的な患者たちについての解説でメルツァー（1975）が述べているように、このタイプの者は道徳性の基盤を、超自我の前駆となる取り入れられた対象にではなく、他者の模倣に置くのである。ある種の犯罪者たちにおいては、他者の振る舞い方を簡単に身につけて行動を自在に変えるという特性は、珍しいものではない。このように他者を容易に模倣できることは、ある種の「解離的な柔軟性」の存在を示唆しており（メロイ，1997a，p.143）、2人の暴力的傾向を秘めた精神病質者がぴったりと結びついた場合に、極めて有害に働くのである。

投　影

　被害者は従順で、その上、協力的だったというデイヴの説明とは異なって、アランの記憶では、リビングルームにいたときの被害者は乱暴でけんか腰であり、不愉快なくらいひどく騒々しかった。「彼女が騒ぐので、俺は頭が変になり始めた。彼女はレイプされるとわめき始めた。誰も指一本触れていないのに。俺たちはみんなきちんと服を着て座っていたのに。俺たちが彼女に、縛って頭から袋をかぶせるぞと言ったら、彼女は少しおとなしくなったんだ」。その間、彼とデイヴの間に会話はあったのだろうか。「目配せどころじゃすまなかった。だって俺たちは2人とも……俺たちの経歴からすれば、レイプされると騒がれるのは……かなりまずいからな」。彼女は縛られ、猿ぐつわをかまされた。危うく彼女に逃げられそうになったが、彼らは彼女をトランクに押し込んだ。そして彼らは、郊外の公園へ車を走らせた。

　プレソリイは被害者に対してジャスタスよりもはるかに強い敵意を感じていたようである。被害者は、空想の中の投影された危険ばかりでなく、現実的な危険の源でもあった。私の推測では、レイプするとプレソリイが脅したときの

彼女の最初の反応は（本当に彼女が「笑った」のだとしても）、耐え難いほど侮蔑的で気持ちを傷つけるものだったのだろう。彼女は、アランを刑務所に送り返す力を持った、強力な去勢的な魔女に、また、どんな犠牲を払っても破壊しなければならない脅威に見えたに違いない（刑務所へ戻ることに対する恐怖は、受刑者たちが屈従を強いられる、刑務所内で日常的に繰り返される暴力、レイプ、強奪、そして象徴的な去勢を考慮するなら（ギリガン，1996）、決して軽視することはできない）。この状況に反応して、プレソリイは被害者を、「思い通りになる操り人形」にしようとした（サールズ，1960, p.278）。それは、自分をばらばらに解体してしまうのではないかと彼が恐れた、危険で予測不能な早期の対象すべてを凝縮した象徴であり、また、自分を刑務所に送り込む証言をした過去の被害者の身代わりであった。

「倒錯者たちは、自分たちのパートナーを、あたかも現実の人間ではなく、倒錯行為が演じられる舞台上で操られる操り人形であるかのように扱う。倒錯行為においては、倒錯の発端となったトラウマ的な、あるいは欲求不満を起こさせる状況が果てしなく再現される。しかし現在では、そこから得られる結果は、恐ろしいものではなく、素晴らしいものである。なぜなら、もはや危険はないばかりか、最後には計り知れない官能的な満足が待っているからである。倒錯者たちが自らの苦痛な経験にぴったりと適合するよう精密に作り上げたストーリーの全体像は、倒錯行為をめぐる性的空想の中に隠されているが、それを探求することは可能である」（ストーラー，1976, p.105）。

融　合

　ジャスタスの説明によれば、被害者はビールとタバコを欲しがって車のトランクを抜け出してきた。彼女は、これから何が始まるのかを知りたがった。アランは彼女を再び縛り上げてトランクの中に連れ戻し、運転を続けた。2人の男は、自分たちがやっていることについて、一言も話をしなかった。新たな場所に着いたとき、彼らは被害者を車から下ろし、木々が鬱蒼と茂る場所へと連れて行った。デイヴによれば、被害者は何か敷物が欲しいと言った。そして、彼によれば、彼女は抱いてほしいと言った。「俺が彼女の横に座ると、彼女は頭を俺の肩に預けた。アランが車からフロア・マットを持ってきた。そして誰かが『それでどうする？』と言ったんだ」。このとき、デイヴによれば、アランは自分の握り拳を被害者の性器に挿入しようとした。「俺もやってみた。アランがそう望んだから。彼女は何も言わなかったし、叫び声も上げなかった」。それからアランは古い空き缶を見つけてきて、その一部を被害者の性器に押し

込んだ。ジャスタスはこれを見て変わったことをするなと思い、自分は彼女をうつ伏せにして肛門をレイプしようとしたがうまくいかなかった。非常に苦痛だったに違いない性的暴行を受けている間、被害者が叫びもせず、哀願もせず、泣き声も上げなかったということに、取調官が驚きを示すと、デイヴは驚くべきことに、「たぶん彼女は前にもやったことがあったんだろう」と言ってのけた。

「たぶん彼女は前にもやったことがあったんだろう」という発言は（握り拳や無機物を性器に入れること、そして肛門レイプについて）、これまで私が見てきた犯罪者たちの発言の中でも非常に唖然とさせられるものの1つである（ある中年男性が、4歳の継子が自分をどのように誘惑してきたかを私に語って聞かせたときのことが思い出される）。こうした言葉は、確かに認知的なレベルでは、レイプ犯たちは被害者のことを性的に経験豊富で、そうした行為を望んでおり、その上、時には積極的に挑発してくると見なしがちだという所見にぴったりと当てはまる（マーシャルとマーシャル，2000）。しかしながら、私には、そうした性的暴行も、それを自分に都合よく説明する語りも、空想の水準が性的であるよりも共生的であることを示唆しているように思われる。

連続レイプや性的殺人において、無機物を含む大きな物体を被害者の性器に押し込む行為は珍しくない。こうした行為については、ほとんどの場合、犯罪プロファイリングの文献において「拷問」の軸にコード化される様々な行動と関連の深い、サディスティックな側面から検討されてきた（ディーツとヘイゼルウッドとワレン，1990；ストーン，1998）。こうした行為には、子宮の内部が大きいことに対する子どものような、無邪気とすら言える、レイプ犯たちの強い興味関心が反映していることに、これまでほとんど誰も注目してこなかった。ただしメロイ（2000）は、性犯罪の、特に性器損傷の一面に（このキム・スタンダード殺害事件でも見られた）、「好奇心」が象徴的に働いている場合が多いことを指摘している。「子宮内の生活に戻ることを妨げるすべての障害物を除去したい」という願望は、子どもはもはや母親の胎内へ戻ることはできないという事実をかき消してしまう。苦労の多い性器的性活動の世界で途方に暮れる者たちに残された望みは、自分が相手にする対象を、その性感帯を別のものに置き換えて倒錯に引き込むことだけである（シャスゲ＝スミルゲル，1991）。

プレソリイは、女性の性器に物を詰め込んでいっぱいにするにはどれだけの量や数が必要なのかに特に強い関心があった（彼が前に受けた有罪判決は、瓶を使ってウェイトレスをレイプした行為に対するものだった）。ほぼ確実に、

プレソリイもジャスタスも自分のペニスでは女性を満たすことはできないと考えていたと思われる（彼らはどちらも、被害者の性器にペニスを挿入しようとしなかった）。それに加えて、そうした行為は、自分がどのように生まれてきたかという謎を説明する物語を見出そうとする、倒錯的な試みのように思われる。

子宮の内部を満たすことをめぐる犯罪者のそうした強迫観念は、どういうわけか子宮内に戻ることと同じ意味合いを持ち、共生的な融合の空想をエナクトするものである。こうしたコンテクストにおいては、レイプ犯たちが実にしばしば、被害者の性器と子宮をまるでゴミ箱のように扱って、様々な廃棄物で満たそうとすることは偶然ではない。彼らにとってそうした行為は、ゴミを入れればゴミが出てくる（garbage in, garbage out）▽訳注4という、古い格言の再現なのである。

理論的な想定では、「良い」母親は、わが子への贈り物として、その子の誕生にまつわる物語を語り聞かせるものである。母親はわが子に、彼がどうやってこの世に生まれてきたのかについて同じ話を繰り返し語り聞かせることで、彼の認識の渇望を満足させる（結局のところ、母親だけが誕生を目撃したのであり、子どもは自分の誕生について何も思い出すことができない）。そうした話を語りながら、母親はわが子の存在と、そこから得られる自分の喜びを確かめるのである。悪い母親ないしは母親が不在の場合には、その子どもの生そのものが、いかなる意味でも承認されない。虐待を行う母親や養育を放棄する母親の場合は、トラウマを押しつけることで、自分の誕生は**取り消されている**という子どもの感覚を、実際に助長するかもしれない。自我発達の諸段階についてサールズ（1960）が提唱した考えは、拾ってきた空き缶という無機物を自分自身の延長として用いたプレソリイの行為の理解に役立つ。

　　(a) 自分を生きたものと、したがって周囲の無生物とは別個のものと感じる。
　　(b) 自分がただ生きているというだけでなく人間であり、したがってノンヒューマンな環境の生物部門（すなわち動物と植物）とは別個のものと認識する。(c) 自分を生きた人間の一個人、すなわち母親を含めた他の人々とは別個のものと認識する（邦訳60頁）。

▽訳注4　誤ったデータを入力すれば、使い物にならない結果しか出力されないという意味の、初期のコンピュータ用語である。

自分の存在をめぐる強烈な不安を押しとどめるために、プレソリイとジャスタスは子宮の中へと戻らなければならない。しかし、そのとき彼らは、とてつもなく恐ろしく取り返しのつかない自己喪失という、「母親の胎内への退却から得られる成果」に対する代償を支払わなければならないのである（ソカリデス, 1973, p.434）。このような閉所恐怖症的な状況の中では、分離を取り戻して安定したバランスを回復するには、母性の象徴を破壊するしか方法がないのである。

解離的夢想

「たぶん彼女は前にもやったことがあったんだろう」。もちろん、「前にもやったことがあった」のは、デイヴ・ジャスタスとアラン・プレソリイのほうであった。アランはすでに、奇怪で残忍なレイプの罪で服役した経験があった。デイヴは友人たちとともに、思春期の少女を銃で脅して誘拐し、性的な暴行を加えたことがあった。彼の妻は、彼が幼い自分たちの子どもを性的に虐待したと告発した後、彼のもとを去っていた。

アランによれば、彼が車へマットを取りに戻ったのは、デイヴが「彼女とセックスしようとしていたし、俺は場を外したい」と思ったからだった。彼は「目をそらして何も見ないようにしていた」が、しばらくして目を向けると、デイヴは被害者のキムとセックスの最中で、彼女は腹ばいになっていた。「俺は心を空っぽにし続けた」。アランがようやく身も心も現場に戻ってくると、デイヴは被害者の傍らにひざまずいていた。彼女は死んでいるようだった。「（何を見たか）俺は言いたくない」。彼は遺体を車に運ぶのを手伝った。「俺はどこにも一滴たりとも血は見なかった。見てないんだ。誓って言うが血は見なかった」。

デイヴ・ジャスタスによる事件の説明では、レイプの後、彼女の頭を持ち上げてロープを首に巻きつけたのはアランであった。彼はロープの片方の端をデイヴに渡し、2人でロープを引っ張った。2人は一言も言葉を交わさなかった。

「彼女は声を出さなかった。動かなかった」
「どのぐらいの間そうしていたのですか？」
「わからない。永遠に続くかと思った」。彼女はもがかなかったが、やがて痙攣を起こした。
「何もかもが永遠に続くようにも思えたけど、それほど長い時間はかからなかった。彼女は痙攣して失禁したんだ」

デイヴは彼女の首を触って脈を探った。そして、アランは彼女の両手を縛っていたロープをほどいた。彼らは車でコンビニエンス・ストアに行き、ソーダとキャンディを買った。トランクには、キム・スタンダードの遺体が入っていた。結局、デイヴは自分の妻に電話をかけて、保育園に子どもを迎えに行けないと伝えた。

その後

ジャスタスとプレソリイは、遺体を処分するために川に向かったが、川岸の近くで車が動かなくなってしまい、ジャスタスは助けを呼びに行った。彼は町へ向かってかなりの距離を歩き、パトカーを呼び止めた。警官は彼が救援を呼ぶ手助けをしてくれた。

こんな具合に、逮捕される危険を冒す犯罪者は珍しくない。これは、自らに罠を仕掛ける、罪を感じた良心の仕業なのだろうか（フロイト，1916）。あるいはそれは単に、自分は絶対に安全だと思い込んでいる、うぬぼれた図々しい精神病質者に下される診断の根拠にすぎないのだろうか（ミロンら，1998）。おそらくジャスタスは、逮捕されるのではないかという現実的な恐怖をまったく感じることなく、警官に助けを求めることができたのだろう。なぜなら、殺人を犯した記憶は、首尾よくある種の非現実に、多くの暴力犯たちが「目覚めたまま見る夢」と表現する意識的な無意識に、姿を変えていたからである（スタイン，2003）。

「俺は歩き続けた。そのうち彼女が歩道を歩いて立ち去りはしないかとずっと期待していたんだ。馬鹿な話だろ？」。取調官はジャスタスに、被害者が自分の後をつけてくると思っていたのではないかと尋ねた。「俺は彼女を責めるつもりはなかった」と、彼は認めた。デイヴが川岸に戻ったときには、アラン・プレソリイはすでに遺体を処分していた。被害者の個人的な所持品のほとんどは捨てられたが、ジャスタスは被害者のランニングシューズと汚れのついた衣類の一部をとっておいた。自分の犯行を思い起こす手助けとなる記念品であったのかもしれないし、自分を脅かす対象を打ち倒したことを示す戦利品であったのかもしれない。

被害者の下腹部および腹部からは内臓がはみ出していたが、2人とも被害者の身体の傷については何も知らないと否認した。ジャスタスは、動かなくなった車の救援を自分が求めに行っていた間に、プレソリイが遺体を切り刻んだのではないかと推測していた。プレソリイは傷などまったく見ていないと主張した。「傷のことなんか俺は知らない。知らないから驚いているんだ。そんなこ

とはまったく記憶にない。想像したくもない。どこにも一滴の血も見た覚えはない。考えるのも気味が悪い。俺は……俺はデイヴが何かするなんて想像できない……想像したくない……」(この時点で、取調官はアランに、デイヴ・ジャスタスが別の恐ろしいことをやったのを見た経験がアランにはあることを思い出させる)。「知っていることは全部話した。誓って言うが、俺は一滴の血も見なかった。見なかったと俺にはわかっている」。

　プレソリイとジャスタスは、被害者の下腹部を傷つけたのは相手のほうだと互いに訴えており、法医学的な証拠からは、どちらに責任があるのか決着をつけることができない。興味深いことに、遺体損壊をめぐる議論においては、犯罪プロファイラーたちは性的トラウマの既往の重要性を認めている。彼らによれば、「秘密にされた未解決の早期の性的虐待は、遺体損壊者たちの下位分類の１つに特徴的な、奇妙で、性的で、サディスティックな行動を刺激する要因となり得る」(レスラーら, 1986)。

　その通りである。性的な遺体損壊の儀式的な要素はおそらく、発達早期に養育者たちから自分にもたらされた穢れを祓い清めることを求める悲痛な叫びなのである。

> 　穢れの除去は、全体的で直接的な行為の中に生じるのではない。それは常に、燃やす、取り去る、吐き出す、覆う、埋めるといった、部分的で、代用的で、省略された姿で示される。こうした行為はそれぞれに儀式的な空間を際立たせる。そこでは、そうした行為はどれも、直接的で言わば文字通りの効果を際限なく発揮する。そうした行為は、不可分の全体的な存在として捉えられた人物に向けられた全体的な行為を象徴しているのである。それゆえ、穢れは、それが儀式による除去の「対象」である限り、悪の象徴そのものなのである（リクール, 1967, p.35）。

討　論

　犯罪者たちの空想内容は、彼らの言動の分析を通して推測されてきた。私がプレソリイとジャスタスに一度も会ったことはないことを読者に確認しておきたい。もちろん、たとえ対象者の空想を直接会って査定できる場合であっても、得られた情報が真実である保証はほとんどない。奇妙であったり、まとまりがなかったり、精神病的であったりする供述は、自分の利益になると被告たちが認識していることを考えれば、逮捕後の犯罪者たちから得られた常軌を逸した空想は特に疑わしい。

司法臨床家たちは、ロールシャッハ・テストのような投映法を用いて空想の働きについて判断を下すことを依頼されることが多い。あるいは場合によっては、犯罪者たちの思考内容と性的興奮とのつながりを確かめるために、ペニスの体積変動記録のデータに頼らなければならない（メロイ，2000）。しかし、たとえ性犯罪者たちがいわゆる逸脱的な内容に興奮したり、「正常者たち」よりも著しく頻繁にそれを利用したりすることが明らかになったとしても（どちらの見方についても、決定的な証拠といえそうなものはいまだに存在していない）、なぜある男性あるいは女性は、同じような空想を持っている他の人々とは違って、彼らの内的な物語の非常に暴力的で邪悪な面を行動化してしまうのかについて、私たちには依然としてほとんど何もわかっていないのである。
　動機づけの面から暴力的な性行動を説明するモデルのほとんどは、積極的に行動する犯罪者たちは以下のような多くの条件を満たしていることが多いと仮定している。それらは例えば、劣悪な社会的境遇、精神病質パーソナリティ、自律神経失調、認知障害、被虐待歴、異常な性的興奮のパターンなどである。これらの中でも特に強調されてきたのが、意識的に形作られた性倒錯的な空想が果たす、性暴力犯罪の認知的なリハーサルとしての役割である。犯罪学の理論家たちの中でも最も著名な人物の1人は、次のように述べている。

　　　文献では通常、暴力行為の心理的な動因は、児童期早期のトラウマ、屈辱、過剰な刺激、これらのいずれかまたはすべてに起源を持つと考えられている。しかし私たちの考えは異なっている。こうした人々を殺人へと動機づけるのは彼らの思考様式であるというのが、私たちの仮説である（バージェスら，1986, p.257）。

　　　殺人者たちは、自分たちの生活において空想が中心的な役割を果たしていることと、自分たちが現実よりも空想のほうを好むことをはっきりと自覚している……こうした思考活動は、性的で攻撃的な暴力行為を維持する重要な要素となる（バージェスら，1986, p.258）。

　実際、長年の間に、一部の認知行動療法家の間では、ある種の簡便な技法が確立されてきた。彼らは逸脱した空想を独立変数と見なして取り扱い、嫌悪条件づけの技法を用いてそうした空想を変容させ、それに伴って従属変数である行動の変容を試みるのである。しかし、こうした介入の長期的な効果は、これまでのところはっきりと示されていない（ライテンバーグとヘニング，1995）。
　一方、多くの精神分析家たちは、倒錯的な空想を行為の原因と見るよりも結

果と見なしてきた。しかし一部には、空想を行動の派生物と決定因の両方として見る中間的な立場の者もいる（行動療法および精神分析の両方の文献のレビューとしては、アーベルとブランチャード（1974）が参考になる）。後者の立場のほうが、この問題について実り豊かな発見につながるように思われる。

ロバート・ストーラーの考えでは、すべての性的興奮の基盤には、相手を傷つけたいという願望がある。

> （性的）興奮の基盤にある筋書きの細部には、子どもの頃のトラウマと欲求不満による価値の切り下げを正確に再現し、修復する意味合いが含まれている。だから私たちは、その筋書きの中に隠された、その人物の心理的な生活史を見出すことを期待できるのである（ストーラー，1986, p.13）。

> 倒錯に含まれる敵意は、その倒錯行為を構成する諸行為の中に隠された復讐空想として姿を現し、子どもの頃のトラウマを成人した現在の征服感に変換することに役立つ（ストーラー，1985, p.8）。

誰もがトラウマを経験し、それを抑圧している（だから倒錯に向かう未処理の素材を持っている）とするフロイト派の視点を拡張して、ストーラー（1976）は次のような仮説を立てた。倒錯的な空想の特質の起源は、「**エディプス的な不安という普遍的な状態にではなく**」「**子どもの頃に、自分の性的活動が実際に脅かされた**」事実にあり、「このようなトラウマは非常に深刻で……それは非常に長期間続いたか、非常に唐突に襲ってきたか、**あるいは適切な防衛を用いることができないほど幼い頃に生じたのである**」（pp.118-119, 強調は引用者による）。

すべてのトラウマが同じように生み出されるわけではない。前エディプス的な絶滅の恐怖は、養育者からの残忍な虐待あるいは長期間のネグレクトのために、単なる想像の産物ではなく現実のものとなる。そうした恐怖は、解離的な適応様式の基礎を形作り、その結果、その後に続く様々な加工による破壊的な力が加速度的に高められるのである。私も同じ意見であるが、ストーラーの考えでは、倒錯的で復讐的な空想を活性化する経験にもともと潜在する力の中に（ならびにそれが発達早期に起きたということそのものの中に）、暴力的なエナクトメントの萌芽を見出すことができるのである。

実に高い割合の暴力犯罪者たちが養育者からの恐ろしい虐待を経験しており、臨床的な証拠が示唆するところでは、こうした早期のトラウマの多くは解離さ

れている（スタイン，2001, 2003；ルイスとバード，1991；ルイスら，1997；ルイス，1998；サックス，1997）。早期の前言語的な穢れの経験がどのように脚色されて内在化されているかに、司法臨床家たちは多大な関心を払うべきである。なぜなら、多くの場合そうした経験は、結局のところ、精神分析家のスー・グランド（2000）の目覚ましい表現を借りれば、生々しく再現される邪悪さとして姿を現すからである。

　私はあらゆる種類の犯罪者たちを相手に仕事をする中で、次のことがおおよそ真実であるとわかってきた。暴力的な思考や行為は何よりもまず、児童期早期から続く絶滅の恐怖を伴うトラウマを、それが主として性的なものであるか身体的なものであるかに関係なく、修復しようとする反応なのである（スタイン，2001, 2003）。多くの場合、犯行に現れているのは純粋に身体的な暴力であっても、そこには象徴的に性的な要素が含まれている（この領域における知見のレビューについては、シュレシンジャーとレヴィッチ（1997）が参考になる）。それはちょうど、性犯罪の多くには、直接的に性的な意味合いを持たない葛藤が含まれているのと同様である。シルヴァースタイン（1994）が述べているように、攻撃的な白昼夢とは本質的に、非常に圧迫あるいはサディスティックな両親との関係の中で、自分の力を改めて主張する方法の１つなのである。とりわけ、性的で攻撃的な空想には結合の意味合いが含まれており、そのためそこには、自分を圧迫する歪んだ関係を押しつける発達早期の対象からの分離の恐怖と、そうした対象に飲み込まれる恐怖の両方が表れている。そうした空想の基盤となる実際の相互作用が本当に恐ろしいものであればあるほど、恐怖をかき立てるような解決方法が試みられる可能性が高い。キム・スタンダードに対する誘拐とレイプには、共生的な融合を求める犯人たちの欲求が明らかに示されている。そして、彼女を殺害し、その遺体を損壊したことから伝わってくるのは、心に取りついて離れなくなった結びつきを切断する欲求である。

考　察

　多くの犯罪者の説明がそうなのだが、ところどころに解離性健忘が見られる場合、暴力犯罪の犯行の中身を再構成することは容易ではない。しかし、一般に犯罪者たちの空想と呼ばれるものについての綿密な分析からは、次のようなことが示唆される。それは、初めに解離されたトラウマ刺激を加工するに当たって、無力な子どもは、自分には強い力があるという孤立した夢想を生み出

す場合があり、その結果その子どもは傷つかずにいられるということである。カーライル（2000）は、連続殺人犯たちの内面生活について、次のようにコメントしている。

> ひどく苦痛な記憶、および深い空虚感は、強烈な経験を伴う空想を導き出す場合があり、そうした空想は、時間を経るごとにその現実味を増していく。空想にすっかり心を奪われると、人は自分の周りのすべてを解離する。
> 　時が経つにつれて、ストレスや抑うつや空虚さを感じると、そのような人はますますこうした偽りの現実に目を向けるようになる。その結果、二重のアイデンティティが生じる。1つは……現実に結びついたアイデンティティであり……そしてもう1つは、彼が自分の意のままに他者に及ぼす支配力を見せつけることのできる、隠れたアイデンティティである（p.109）。

　興味深いことに、「人が殺人を犯す理由は、その**考え方**にある」と強く主張するレスラーら（1992）でさえも（p.272, 強調は引用者による）、認知の中身が早期のトラウマによって形作られる可能性を認めている。彼らは、犯罪者たちがレイプや殺人を実行し、それを後で振り返って正当化するのは、主として空想に意識的に没頭するせいであると主張する（児童虐待や、ネグレクトや、トラウマのせいではなく）。ところが実際には、彼ら自身の主張に反して、彼らの論文は、被験者たちが発達早期に経験した恐ろしいトラウマの例に満ちている。それどころか、レスラーらは、サディスティックな空想を持っていた被験者たちの中で、子どもの頃にトラウマを受けていない被験者の例を、1つも挙げていない。彼らがそれ以上に注目する価値があると考えて繰り返し例に挙げるのは、特別に過剰で強烈な、しかも前青年期の白昼夢を、詳細に語る被験者たちの例なのである。
　こうして、空想の内容ばかりでなく、ストレスを感じると決まって深い夢想に入り込むこともまた、精神病理の、しかもおそらくは解離的な性質の精神病理の徴候であるように思われる。性的な空想の中では、主体性もアイデンティティもどちらも曖昧になり（マローン, 1996）、境界がいつも危うい人たちにとっては、解離的な空想が不可欠の避難所になる。プレソリイとジャスタスの事例においては、実行された犯罪、部分的に犯行の原動力となった空想、加工されて犯行に利用されたトラウマ、これらすべてが断続的に解離されていた。このように、レイプと殺人は確かに実行**される**のだが、それは司法臨床家や犯罪プロファイラーたちが言うように、論理的に、目的指向的に実行されるので

はない。「幸福計算」(ベンサム，1791)▽訳注5 という考え方は、犯罪行動の研究者たちの大部分が採用している認知行動パラダイムにはぴったりと適合するかもしれないが、ここで取り上げている種類の暴力的略奪行為にはまったく当てはまらない。以下は、サリヴァン（1956）からの引用である。

> 毎日サディスト的な空想に耽っている少年のように、呆れるような形の選択的非注意を以て人生を通過してゆく人に会うならば、こう仮定して間違いない。すなわち、その少年のサディスト的空想の完全な記録を毎日毎日入手できるならば、この記録の中に、何らかの続き物語があり、何らかの彫琢加工があり、その他何やかにやがあって、それらは少年のサディスト的空想の腕前が上達し細部が改良され、物語が洗練されていることを表しているだろう。無関係な第三者を傷つけたいという衝動は洗練度の向上と特性の増大（つまり、誰でもよくはなくなってくること）があるだろう。……したがって、解離のようなものも——まったく円滑に進行するが解離を呈している当人の個人的意識のまったく外にあるものだ——彫琢洗練されるとしなければならぬ。だから、解離された活動がはじめは相当ぎこちなくても、最後には驚くほどすぐれて洗練された営み——という意味は非常に大量の経験のあることをしめすということだが——になってもふしぎではない。当人は何とも後生楽にそのことに気づいていなくてもよい（邦訳82頁）。

犯罪プロファイラーたちが空想の使用について言っていることは、おおむね正しい。ただ、間違った言葉を強調しているのである。まず警鐘を鳴らすべきなのは、逸脱した空想に過剰に頼ることではなく、逸脱した空想に過剰に頼ることである。なぜなら、それは、親密さや怖れに生き生きと触れ合うことができないでいることの表れだからである。第2に、空想をすべて意図的に生み出された視覚化の産物と見なすよりも、私なら、想像される素材は、性と攻撃性ばかりでなく、恥と誇大性、暴力的な分離と共生的な融合の入り混じった、妄想との区別の曖昧な現象としても生じるのだと考える。第3に、そして最も大切なこととして、一般に、こうした解離的な夢想への依存は、その起源を驚くべき異常なトラウマへとたどることができるのであり、そうしたトラウマは、自らの魂を救うために加工されて繰り返しエナクトされ、取り返しのつかない恐ろしいやり方で他者が犠牲になるのである。

▽訳注5　ベンサム（1748-1832）は、イギリスの思想家で、「最大多数の最大幸福」という原理を掲げ、功利主義を唱えたことで知られる。行為の善悪は、その行為がもたらす快楽（＝幸福）の量によって決まると考え、その判断手続きである幸福計算という考え方を提案した。

暴力犯罪者の物語は虐待された子どもの物語に他ならないというケースがどれほど多いかということを、精神分析家たちは理解し始めたところである。このことは、実証的文献および臨床的文献の両方で立証されている（ウィダム，1989；ルイス，1992, 1998；ルイスら，1997；グランド，2000）。だから、非常に暴力的な者たちと関わる仕事をする人々は、悪性の解離についての精神分析的な理解を知らずにすますわけにはいかないのだ。そうした解離は、スー・グランド（2000）の説明では、そのおかげで深刻なトラウマの被害者が絶滅の孤独感を他者に押しつけて、それを比喩的に乗り越えられるようになる、そうした過程なのである。

　解離されたトラウマ経験によって、結合をめぐる空想が繰り返し呼び起こされるようになり（合意に基づくものも、そうでないものも）、トラウマの被害者である犯罪者の内面世界のまとまりが強められる。こうした非シンタクシス的な出来事の数々を加工することにより、個人の語りに形と意味が与えられ、多様なエナクトメントが誘発される。そして、そのごく一部のみが犯罪となる。抑うつ、自殺行動、強迫的な性行動、病的な虚言、そして性的パートナーを次々に取り換えていくことも、患者によっては、トラウマをめぐる物語の筋書きが自らを語るように展開したものだと理解することができる。多くの場合、精神分析家が行き詰まる最大の要因は、こうした性質のエナクトメントの扱いにくさにある。なぜなら、そうしたエナクトメントの基盤にある早期の経験は、分裂排除されていて接近が難しく思えるからである。ブロムバーグ（1998）によれば、「トラウマと解離は**あらゆる**人に、解釈を受け入れない、つながりを絶たれた現実を生み出す」可能性がある（p.259）。おそらく、解離された自己状態が最も固定化されやすいのは、トラウマが非常に早期のものであったり、特に異常なものであったり、あるいは純粋に苛酷なものであった場合である（スタイン，2000, 2001, 2003）。

　繰り返される空想や行動が問題になる場合、危険な人たちを解離の視点から研究することで得られる知見は多い。経験から学べないこと、どうしても破壊的な行動を繰り返してしまうこと、そして自責の念の表出が欠如していることといった、攻撃的な犯罪者たちを象徴する諸特徴は、精神病理の幅広いスペクトラム上に見られるものである。解離の枠組みで理解すれば、一定の行動パターンを変えられないということは、そうした行動に関する葛藤がないことの表れである（ブロムバーグ，1998）。そのような行為者たちは、自己システムの中のある特定の区画にはまり込んで抜け出せずにいるのである。そこでは、ある特定の物語が世界に関する彼らの経験と深く共鳴するあまり、それに競合

するその他の物語は、とりわけ悲しみや他者への気遣いをめぐる物語は、姿を現すことができないのである。そうした物語を決まりきった慣れ親しんだ形に歪曲することで、その結果として他の物語を語る声はかすんでしまうが、物語の筋道に一貫性が与えられる（スターン, 1997b）。このような物語の組み立てられ方は、犯行を繰り返す犯罪者たちの事例に、痛ましくもはっきりと認められる。彼らの犯行は、単調に延々と続く苦痛なうめきのようなものなのかもしれない。

　トラウマと解離のパラダイムを暴力の研究に適用すると、通常は「理解の範囲外」に追いやられる犯罪が、人と人との理解可能な相互作用の連続線上に位置づけられる。実際のところ、「犯罪者の狂気」や、「石のように冷たい精神病質者」や、その他の「悪の種子」についての研究は、他の比較的有害性の低い心性についての研究と不必要に区別されてきた。その一方で、例えばロバート・ジェイ・リフトン（1986）のような異なる領域の理論家たちが長年にわたって続けてきた議論は、かなり異質なものに見えるかもしれないが、途方もない脅威に向き合う人間の適応のあり方の幅広さについて、私たちに多くのことを教えてくれるのである。

第5章

目覚めている間に夢みること

　レイ・ブラッドベリ（1948）のある幻想的な短編小説の中で、チャールズという名の13歳の少年が熱病に襲われて、高熱による夢幻様状態に取りつかれるようになった。ひとり自分の部屋で病床に横たわった少年は、病気に感染した自分の手脚がどういうわけか自分のものではなくなり、新たに得体の知れない何かに変わっていくのを、恐ろしさのあまり声も出せないまま見つめていた。少年は何らかの日和見感染性▽訳注1の病気に徐々に命を蝕まれつつあったが、不思議なことに外見上は身体に変わりはなく、そのため彼が死に瀕していることを誰も知る由はなかった。少年の額の汗をぬぐってやっている母親は、それほど心配していなかったし、医師は彼のおびえを鎮めるために糖衣錠を与えただけだった。

　恐怖にうちひしがれる中で、チャールズの両手は、チャールズの意志とは無関係に、自分の首を締めようとした。医師は熱が下がるまで彼の両手を縛りつけておくよう勧めた。両親が寝静まっている間に、熱病はチャールズの存在を破壊し尽くした。恐怖におののきながら、少年は自分の身体が「熱病が生み出す自分にそっくりの別の存在に……置き換えられていく」（p.22）のを見つめていた。

　翌朝になり医師が訪ねてきた頃には、少なくとも安堵して少年を見つめる者たちには、少年はすっかり回復したように見えた。チャールズは両親を抱きしめてキスし（彼自身は自分の名前がわからなかったのだが）、元気よく手を振って医師と握手した。前夜のうちに、熱病のために、彼は全能で邪悪な、もともとの彼に見かけはそっくりな別の存在と化していたのだった。少年は、今

▽訳注1　健康時には問題を起こさない常在性の細菌等が、免疫力や抵抗力が低下したときに病原性を発揮して、宿主を発症させる病気である。

や自分の手が触れたものにはすべて、緩慢だが確実な死が訪れることを知っていた。以前と変わらない熱心さで、ペットのカナリアをかわいがるために2階に駆け上がった少年は、悪意のかたまりと化していた。

　次に示すのは、強盗で有罪となった後、精神医学的な査定のために病院に移送されたある男性と私が行った面接からの抜粋である。

　　ある日の放課後、母はぼくの部屋の中までついてきて、ぼくに馬乗りになった。ぼくは12歳だった、いやもっと幼かった。たぶん8歳だった。その後、ぼくは泣き叫んでいた。みじめな気分だった。そんなことはよくないことだった。

　　それはまるで、別の誰かが目覚めていて、ぼくは眠っているみたいなんだ。ぼくは窓を割って目を覚まさなければいけないんだけど、そうしたくない。ぼんやりした状態が数日間続くんだ。白昼夢が始まるんだ。ぼくの良心があの女性に何かをしろとぼくに告げるんだ。

　　女性たちが地下鉄を降りて帰宅する後を、ついて行ったことが5、6回あった。ぼくは決して彼女たちをレイプしてはいない。ドアを開けて服を脱いだのは彼女たちのほうなんだ。何だかぼんやりして、よくわからない。ある日警官たちがやってきて、ぼくはレイプの容疑で逮捕された。ぼくは彼女たちをレイプしていないと言った。そこで記憶が戻り、ぼくは自分が厄介な状況にいることに気づいた。そのときぼくは死んだんだ。

　　そして今、ぼくは戻ってきたんだ。

　　　　　　　　　　　　　　　　　　　　　　　　──マティ、36歳

疎外された自己

　ブラッドベリの作品ならびにマティとの面接の抜粋を読んだ読者の頭には、ハリー・スタック・サリヴァンが思い浮かばないだろうか。この両方から私に思い浮かぶのは、少年期の発達における「悪意的転換」[訳注2]というサリヴァン（1953b）の考えと、深刻な心的外傷を受けた子どもたちが追い求める、正義の報復についてである。そうした子どもたちは、「悪に染まらされた」子ども

▽訳注2　第2章の訳注3（32ページ）を参照のこと。

たちと呼ばれるべきではないだろうか。チャールズとマティと同様に、サリヴァンの仮説の中の青年は、身体的な苦痛に伴う不気味な感情に根ざした、自己の分裂に苦しむ。チャールズの場合、その発端は謎めいた熱病という器質性のものである。有罪判決を受けた重罪犯であるマティもまた、意識の変容に苦しんだ。彼の苦痛の発端は、母親からの性的虐待という外因性のものである。

　子どもが経験する苦痛の大部分は権威的人物たちによって科せられた身体的処罰の産物であると、サリヴァンは極めて明快に主張した。親の残忍な行為が行き当たりばったりで行われるように見える限り、先の事態を見通す子どもの能力は損なわれるだろうと、彼は示唆した。彼の推測では、恐怖と不安がその苦痛にたっぷりと伴うなら、因果関係についての思考が完全に破壊される恐れがあるのだ。「激しい不安は頭に一発ガツンとやられるのとほぼ等しい効果がある。だから、将来有効に使えるデータなど全然得られないも同然である。手を加えれば情報となり予見となるようなものはまったくないといいたい」（邦訳231頁）。

　サリヴァンは自分の神経学的なメタファーにどれほど先見の明があったか知らなかった。慢性的虐待による、社会生活を弱体化する後遺症には、心理学的な基盤と同様に、生理学的な基盤もあると現在では考えられている（ヴァン・デア・コーク，1996）。サリヴァンが記述した認知感情的データの欠如が、どのような要因の組み合わせから起こるかに関わりなく、児童虐待がその被害者の知覚能力を鈍らせ、行動のきっかけとなる環境刺激の手がかりが見落とされるか、あるいは誤って解釈されがちになることが、臨床的にも経験的にも確かめられてきている（フォナギーら，2002）。それはまるで、早期の不安が入り乱れて行き交う間に、誰かがそれらをかき消してしまうボタンを押して、直観的にわかったこと、実際に起きていること、恐れられていること、こうしたことを結びつけることを永久に不可能にしてしまったかのようである。

　虐待状況においては、子どもがどんな行動をとっても、親の反応にほとんど影響を及ぼさない。したがって、子どもにできることは、あてもなく探しまわって、苦痛と不安を和らげる行動に偶然にうまく行き当たるのを願うことだけである。多くの子どもたちは最終的に、うまくいくやり方をいくつか見つけ出すだろう。巧みに相手に媚びて処罰を免れるようになる子どももいれば、単に意識をぼんやりさせるだけという子どももいるだろう。成長するにつれて親を暴力的に威嚇する自分の力が増すことに気づく子どももいるだろう（私が話をした受刑者たちの多くは、とりわけ虐待者が母親もしくは女性の養育者であった場合、暴力で報復することができるようになったときに虐待が終息し

ことを語った)。要領の良さと工夫があれば、苦痛と不安はうまく避けられる。魅力的で、人を操る「空疎な言葉遣い」であれ(駆け出しの精神病質者)、自閉的な引きこもりであれ(トランス状態)、自己の擬人存在の一部となる錯綜した攻撃的な態度であれ(同一性障害の始まり)、そうしたもののおかげで養育者の残忍さが打ち負かされたり、被虐待児の心理的注意が他にそらされたりして、困難な状況が回避される。いずれの場合も、実際に起きていることとは別の何かに心が向けられるのであり、解離性の転換が起きているのである。

　サリヴァン(1953b)のモデルでは、経験だけではなく、その経験を所有する自己の一部分もまた解離される。ここで登場するのが、本物の間主体的交流に代わって絶えず巧みに行われるエナクトメントである「模倣演技」(dramatization)である。やがて、模倣演技はたいへん長持ちする、関係をつなぐための手段となる。このようなエナクトメントには、**必ずしも病理的な影響力があるわけではない**。しかしながら、青少年期の境遇が著しく苛酷であった場合には、持続的な反復によって「かのような」演技的振る舞いは強固に凝り固まり、その結果、模倣演技は、性格の表れの一部であるよりも、独立した性格としての地位を獲得するのである。

　　こうした模倣演技は、下位擬人存在と呼んで差し支えないものになっていく。(行動に移された)その役割演技はまとめ上げられて、ペルソナと呼ぶのが適切なものになる。多くの場合、それらは多重的であり、そのいずれもが後に、等しく私と呼ばれる資格を持つことが明らかになるだろう(p.209)。

　解離の堅固さと、その結果生じる擬人存在の力強さの程度は、親的な権威者が行うと想定される「侵害行為」から身を守るために、被虐待者がどれほど深くまた頻繁に欺瞞的であらねばならなかったかによって違ってくる(pp.208-209)。子どもたちが、実際にはとても良い行為であっても、自分の行為を隠さねばならないと思う程度と、そうした行為に対する親の反応の苛酷さとの間には、相関関係があると推定される。したがって、著しく虐待的な環境で育まれた擬人存在は、自律的で「かのような」性質を持った実体として出現する可能性が高いだろう。

▼原注1　親が押しつけてくる不安や苦痛から自己を保護するために子どもが身につける、ご機嫌取りや、合理化や、人を欺くための狡猾な言葉遣いを表すサリヴァン(1953b)の用語。
▽訳注3　サリヴァンの用語で、幼児期の子どもが、自分にとっての権威的人物の言動を、あたかも自分自身がその権威的人物であるかのように模倣して行動すること。

児童虐待がアイデンティティをそのように引き裂くのは、いったいどのような作用のためだろうか。ともに人格の構成要素である認知と感情の分断は、対人関係上の極度に厳しい試練のみから生じるのでもなければ（ヴァン・デア・コークとマクファーレンとワイセス，1996）、過去のトラウマの精神内界における加工や（フロイト，1905）、心をかき乱す出来事に対するその個人に特有の意味づけのみから生じるのでもない（シェンゴールド，1989）。確かに、トラウマの破壊性が比較的弱い場合に見られるように、こうした作用はそれぞれに心理面および行動面に現れるものに一定の影響を及ぼす。しかし、児童虐待は特殊な性質を持ったトラウマなのであり、まるで猛毒を持ったエイが毒のある触尾を巻きつけるように、被害者は津波のように押し寄せる正体のわからない恐怖に永遠に引きずり込まれるのである。再度サリヴァンの言葉を借りれば、こうした深刻な事例の大多数において、単純な解離ではうまくいかないと言えるだろう。単に注意を向けないことだけでは、それどころか、一般にトラウマによる解離の特徴である、強い眠気を伴う意識の離脱というもっと強力な方法でさえも、今にも自分が死にそうだという認識からその人物を十分には守りきれない。そこで頼りにされるのが、象徴形成能力はひどく未熟なままであるが、トラウマから注意をそらすこともトラウマに積極的に関わることもできる、自己の擬人存在である。むしろ、そうした擬人存在そのものが、異常で過酷な状況を経験したことの表れである。トラウマがどれもみな違っているように、それらの症候上の現れもまた多様なのである。

臨床例

　受刑者病棟に収容されているクルーは、重度のパラノイア傾向を持つ20歳の青年だった。ある日彼は、「彼女が自分に噛みつこうとしている」感じがして、病棟の看護師を殴った。クルーの話では、彼は子どもの頃から誰も信じたことがなく、子どもの頃には「テディベアのぬいぐるみが生きているように思えて、破壊せずにはいられなかった」ことさえあった。カルテによると、クルーは時々ほとんど緊張病のように固まってしまうことがあった。しかし、私が彼に家族のことを尋ねたときには、奇妙なくらいリラックスしているように見えた。彼の話は流暢で明快だった。

　　父さんは大きなベルトでぼくを殴った。父さんは、成績が悪いといった些細なことで、ぼくたちを殴った。殴られるのが嫌で、成績表を食べたこともある。そ

んなことが何度もあった。それは、あなたには想像できない、あなたが思いつくどんなものよりも、すごい痛みなんだ。ぼくたちは米粒の上に立たされ、おろし金の上にひざまずかなければならなかった。▽訳注4 父さんはぼくと兄弟を縛り上げた。

継父はぼくが7歳のときに、ぼくにそれをやり始めた。ぼくが喜んで尻から血を流して床に横たわると思う？　彼は写真を撮った。ポルノ写真さ。ぼくが12か13か14歳の頃だった。

銃で撃たれて傷を負った人々をぼくは夢に見た。ぼくは見るべきじゃないものを無理矢理見せられた小さな子どもだった。みんな堕落していくんだ。みんな立ち直れないんだ。義兄弟たちのことさ。彼らは嘘をつこうとして堕落していくんだ。

今では何が真実なのかわからない。ぼくは多くの時間を失った。時間だけじゃなく、多くの年月を。子ども時代のかなりの部分を。子ども時代のほとんどを。

彼は人間を育てているつもりだったけど、実はロボットを作っていたんだ。

　クルーはおびえると「ロボット」になった。彼は緊張病の徴候を示し、統合失調症と診断された。彼はまた、自分をしつこく苦しめるものをどうにかして解離していた。クルーの子どもの頃の大部分と、成人期の一部が失われていた。彼には自分が逮捕された理由も（薬物所持の容疑だった）、自分が病院にたどりついた経緯もわからなかった。しかし彼は、これらのことを質問されると、ためらうことなく作り話をして答えたのだった。そのために、調査が進んでそれが虚偽であるとわかるまで、彼は率直に話をしているものと思われていた。当然のように、統合失調症の診断に加えて、クルーはスタッフから常習的な嘘つきと見なされた。また、彼が自分と身体を共有している少年「ヴィニー」について話をすると、診断を下す医師によっては、それが統合失調症と詐病のさらなる証拠と受け取られたことも、無理のないことであった。

▽訳注4　原著者の教示によれば、特にヒスパニック系の文化的背景を持つ家庭において見られる体罰の例である。

トラウマとプレ・トラウマ

　研究が明らかにしたところでは、虐待歴のみがある場合に比べて、精神医学的および神経学的障害に虐待経験が結びついた場合のほうが、その累積効果によって解離が生じやすくなる。医療入院となっている受刑者たちを対象とした私の研究は（スタイン，2000）、病理的解離とパーソナリティの「基礎にある」精神医学的あるいは神経学的な脆弱性との間の関連を明らかにした。要約すれば、トラウマに対する反応は精神疾患によって形作られて増強されやすく、精神疾患はトラウマ経験によって悪化しやすく、あるいはその両方がともに起きるのである。神経学的な機能障害が虐待中に受けた頭部損傷の副産物である可能性を認めつつも、当時の私は主に、大部分の神経学的ならびに精神医学的問題は器質性のものであり、トラウマ以前から存在するものであって、どちらかといえば、虐待のきっかけとなる親の欲求不満と激しい怒りを生む触媒として働くと考えていた。その推測はおそらく正しいのだろう。しかし、近年の脳研究では、対人関係上の経験が心理的ならびに精神医学的障害の発現にも改善にも重要な役割を果たすことが示唆されている。どちらが先だったのか、私たちにいつもわかるとは限らないのである（ライサー，1984；パーデス，1986；グレイディ，1998；フリードマン，2002；ウェード，2005）。

　意識と無意識というコンテクストで見れば、子どもの頃のごく普通の対人関係上の出来事に伴って、最も基礎的な神経系の生来的基盤の働きによって（ダマシオ，1999）、注意の一時的な脱落や、限定的な解離や、反復強化されるエナクトメントが生じる。これらはすべて、言葉の最も広い意味でトラウマ的と呼ぶことができる、ありふれた脅威的な出来事にさらされたときに想定される通常の反応の範囲内の出来事である。その一方で、特に発達早期に破滅的状況に容赦なくさらされると、心的および神経的な状態に変容が起こり、それに関連する多くの経験が最終的に脱落していく空白が準備される。発達早期における継続的な虐待は、まさにこうしたタイプの発達不全の前兆となるのである。

　もし非常に深刻な虐待によって心的内容とともに心的構造も歪められれば、

▼原注2　ダマシオ（1999）は、心的イメージ群（これらは比較的原始的な感覚領域と大脳辺縁系の皮質の中にある）と「素質空間」を生み出すために、未加工の情報や潜在的内容を高次皮質に集約してイメージを生成する加工処理ができる、ある種の感覚神経領域を仮定している。
▼原注3　不適切な解離の使用について論じる中で、サリヴァン（1956）は次のように述べた。「本人にとって長期的結果という観点に立って見て、今行っていることが成功か失敗かを決定する事柄は、〈どうでもよいこと〉を排除し、〈どうでもよくない大切なこと〉を加入させるという意識の管制力の円滑性の程度である」（邦訳54頁）。

それぞれの領域に特有の心的作用が不能になる。長らく私は、児童虐待が重大な損傷を及ぼすのは、他の不利な条件の影響で特に傷つきやすくなった人の場合であると信じていた。しかし今では、極めて苛酷な虐待を受けた人は、神経システム内部にコード化される素材にも、発達中の神経システムそのものにも悪影響を及ぼす複合的な傷つきを受けるのであり、どちらが先ともはっきり言えない可能性にようやく思い至るようになった。したがって、以前は深刻な解離よりも先にあると考えていた脆弱性のかなりの部分は、実際にはトラウマ後に生じる現象かもしれないのである。

現実化する破滅

メラニー・クライン（1921）は、絶滅させられる恐怖は普遍的なものだと仮定した。乳児はまず、飢えや窒息や狂気、そして究極的には心理的解体から自らを守らねばならない。その後、幼児になると、身体の一部（男根の等価物）や、身体が生み出したもの（排泄物）、愛の対象（養育者たち）を喪失する脅威を感じながら、自分が傷つかないように努めることになる。クラインが気づかせてくれたことだが、こうした努力は、たいへん好ましい発達環境であっても生まれるのである。親からの見捨てられやサディズムにまつわる想像上の筋書きからではなく、養育者たちからの実際の迫害行為から児童期のトラウマが生じる場合には、いったい何が起こるのだろうか。

　　　父は母とぼくを殴った。父は母をアイロンのコードで、時にはフライパンで殴った。父は、ベルトのバックルや、平手、延長コードなど、あらゆるものでぼくを殴った。殴られている間、ぼくはひどく怖くて、ただそれが終わることだけを願った。

　　　父はよくぼくを縛り上げ、クー・クラックス・クランに引き渡してやると言って押入れに放置した。父はぼくに、お前はひどい黒人だと言った。

　　　父がのどを切り裂いた犬と一緒に、ぼくは押入れに3時間放置されたことがあった。父は「お前も同じ目にあわせてやるぞ」と言った。
　　　　　　　　　　　——マクリーン、30歳（武装強盗で有罪）

マクリーンのような事例では、蔓延した恐怖感のために、自己の基盤そのも

のに欠損が生じるのだろう（E・バリント，1963；M・バリント，1968）。虐待が起きる前でさえも、最終的にトラウマが組み込まれることになる関係そのものの全体に、成長促進的な作用があまりに不足していると、生存がひどく脅かされる可能性がある。ブロイアーとフロイト（1893-1895）は、いくつもの小さなトラウマから防衛システムに及んできたかもしれない、敏感な状態を前もって生み出す累積効果を説明するために、「部分外傷」という概念を提起した。クリスタル（1988）は、「自我の緊張」が生じると、急性のトラウマが生じた場合に、人がいっそう傷つきやすくなることに注目を促した。

　先ほど例に挙げたマクリーンの話によれば、「母はいつもぼくに嘘をついていた」ので、彼は幼い頃から空想と現実を区別することが難しかった。この落ち着きのない世界には、あちこちに地雷が敷設されていた。母親の嘘と否定によって、家族内で自分の身に起きたことに対する彼の否認が後押しされた。母親の不安定な現実体系が、彼自身の断片化のひな形となったのである。

　歪んだ現実感を親たちから譲り渡されるようなネグレクトとトラウマに数限りなくさらされて、マクリーンのような子どもたちは、おそらく危険の予感に敏感になり、言わば「悪性の」解離反応を起こしやすくなるのだろう。悪性の解離には、脅威となる刺激に対する選択的非注意だけでなく、トランス様状態になってしまい、後で作話を余儀なくされるような、ある種の自閉的な引きこもりが伴う。こうして敏感になった人にとっては、日常生活が「絶え間なくトラウマに満ちている」と感じられる（アトウッドとオレンジとストロロウ，2002）。現実の生活は拒絶され、否認され、変容した現実がそれに取って代わる。自己は安全な空間の中に、あるいは傷つきにくくなって、再生される。以下は、父親から殴られている最中の気持ちについて、マクリーンが述べたことである。

　　「ぼくは死んで横たわっているんだ」と考えるのが、ぼくの習慣だった。そうすれば幸せな気持ちになれた。目を閉じれば、向こう側に渡ることができたんだ。

　　ぼくは何も感じなかった。死んでいたんだ。ぼくはまともに考えることができなかった。とてもおびえていたので、恐怖心さえ止まった。

　　今でも向こう側に渡れる。自分自身をそう仕向ければいいんだ。

　シェンゴールド（1989）は、児童虐待において、過剰な刺激と情緒的剥奪が

長期間にわたってかわるがわる生じる状況のことを、「魂の殺人」という印象的な言葉で呼んだ。面接中に何度となく経験したことだが、犯罪者たちはまるで張りぼてのように見えて、言葉の文化人類学的な意味でも宗教的な意味でも、「魂がない」ように感じられた。受刑者たちの多くもそうだが、マクリーンは生きていると同時に死んでいるように見えた。彼の死んだふりは生き延びる上では有用だったのだろうが、それは危うく本物の破滅の一歩手前まで近づいたのだった。

> 意味をめぐる悪循環とは次のようなものである。様々な外的状況や内的イメージを命に関わる危険なものと認識すると、人は物事を感じるにまかせておくことができない。何かを感じることがさらなる脅威と見なされると、人はそれを避けるために、死んだふりと（転換症状を含む）、爆発的だが皮相な感情の噴出の両方を用いる。なぜなら、「じっとしている」こともまた、ひどく恐ろしいからである（リフトン，1983, pp.205-206）。

不幸なことに、マクリーンの場合、死に対抗するために彼が生み出した「感情の噴出」は、いつも皮相なものだったわけではない。私たちが面接したとき、彼には少なくとも26回の逮捕歴があった。彼の犯罪歴には、暴行、強盗、誘拐が含まれていた。彼は現在、武装強盗の罪で終身刑に服している。

主体の帰属

子どもの頃の想像上の友達であれ、宗教生活における強大な神的存在であれ、私たちの頭の中ではいつでも、外界に存在する主体が生み出される（ウェーグナー，2002）。精神分析においては、私たちは重要な対象を内在化するものだという考え方があるので、主体が第一人称以外の姿で現れることは自然なことに思える。とても素朴な内省の場合でさえも、多くの場合そこには、想像上の敵や味方というまったく異質な視点が含まれているだろう。心の中にこうした人々が生きているために、想像上の人物たちによって、架空の話し手たちの間に豊かな感情的含みを伴う対話的な関係が自然に呼び起こされるのである▼原注4

▼原注4　ハーマンス（1999）は、このような普通のありふれた多重性と病理的な形態の分裂とを、後者においては語り手同士の間の対話的な関係が相対的に少ない点に注目して区別している。ハーマンスの考えは、機能する解離には自己状態の間に交渉があるが、病理的な解離は自己保存を優先して歩み寄りを放棄するという、ブロムバーグ（1998）の考えに似ている。

第5章　目覚めている間に夢みること　　141

（ハーマンス，1999）。想像上の声の間の対立は、折り合いがつけられたり、まとめ上げられたり、あるいは対立が続くままにされたりするのである。

　私たちは、独自の主体を備えた実体が存在するさまを容易に空想することができるばかりでなく、そうした実体が私たち自身の行動をどのように認識して、どのような関わり方をするかということを含めて、様々な状況においてそれらが示す反応を直観的に知ることもできる。空想上の人物や状況は想像の産物であるという自覚が保たれている限り、何も問題はない。しかし、その境界が曖昧になる人たちもいる。文学作品の例として、カフカ（1912）の短編『判決』では、主人公は、実際にはひどく身体的に衰弱し、精神的にも異常をきたしていた父親の命令を、有無を言わさぬものと信じて自殺する。この物語は、罰の与え手が主人公の頭の中に懲罰的な超自我の姿で実際に存在する場合に、親に対する激しい怒りと、そうした怒りを向けた後で生じる罪悪感が、報復的な主体にどのように投影されるかを示す例として解釈できる。子どもの頃に虐待を受けた犯罪者たちを対象とした私の研究では、絶滅と大胆な行動によるその救済が組み合わさった非常に鮮烈な空想に対して、現実がどれほど容易に屈服するかを示すおびただしい例が記録されている。

　空想された出来事に深く没頭していると、現実的な刺激を処理する過程に支障が生じる場合がある。ウェーグナー（2002）が挙げるのは次の例である。私たちが眠っているとき夢の中に深く入り込んでいると、「すべてが現実に思える」ので（p.230）、目覚めたときに少なくとも一瞬の間、実際に起きたことと夢に見ただけのことの区別が曖昧になることがある。仮想上の主体もまた、それが現れるのが夜間の夢であれ、夢遊状態であれ、特にそれらに見覚えがありなじみが感じられる場合には、まったく現実的なものに思われる場合がある。想像上の主体が実在すると信じられるようになる第3の要因としてウェーグナーが挙げるのは、独立した主体は自分の思い通りにならないという信念の影響である。「だから、想像上の主体が私たちの思い通りに動かないという経験は、その主体が実在することを示すサインなのである。その上、それはまた、その主体が自分ではないことを示すサインでもある」（p.235）。

　ウェーグナーは、彼が「仮想の主体」あるいは「仮想の原因」と呼ぶものが生まれる過程を、私がこれまでの章で論じてきた一般によく見られる投影になぞらえて、彼らは自分たちの行為の原因を現実に自分の目の前にいる相手の意図に誤って帰属して判断するのだと説明している。犯罪者によく見られる投影の例としては、被害者から性的な嘲りを受けたり誘惑されたりしたと感じるレイプ犯や、自分が空想した妻の不貞に対して嫉妬に燃えた激しい怒りを向けて

暴力を振るう夫が挙げられる。

　ウェーグナーの図式においては、解離されたアイデンティティは一種の極端な投影の産物である。彼の図式をサリヴァンの心のモデルに当てはめれば、心的内容物は外界に投影される代わりに、自己システムの内部にとどめられたまま、他の「私」たちに「投影」されるのだと言えるだろう。そうした特殊な場合、自分が起こした行動ばかりでなく、そうした行動を起こした主体もまた、主観の中の解離された部分に誤って帰属される。そこで起きているのは、主体と経験の両方を失ってしまう一種の誤謬判断なのである。▼原注5

　自己システムの内部で主体を誤って帰属させる判断は、外界の出来事を心理的にほとんど無視することによって支えられている場合がある。その結果、そうした主体を実感することがいっそう容易になるのである。無意識的な解離もまた、現実を表面的に打ち消す意識的な行動によって支えられる。具体例として、自分の犯行の痕跡を自分の目から隠すために被害者の切り裂かれた首に被害者自身の長い髪を巻きつけた、ある殺人犯を挙げることができる。犯人の自供によると、そうすることで、彼は被害者とともに犯行現場にしばらく残り、テレビを観ることができたのだった。このエピソードから思い浮かぶのは、知っている状態から知らない状態への解離的な飛躍の問題にラカン派のスタイルで取り組んだ、ジョン・ミルズ（2003）の仕事である。この例には、多くの実際の暴力行為と同じように、次のような精神分析的なメタファーが驚くほど文字通りに実現されている。「パラノイア的な認識は、未知のものを恐れているばかりでなく、自分を震撼させるかもしれないある特定の真実を知ることをも恐れているのである」(p.41)。

　上の引用文は、構造的な攻撃性に関するミルズの議論を考慮に入れれば、とりわけしっくりくる。彼の考えでは、内在化された迫害的対象は断片化されて（自我の分裂を反映している▼原注6）、そして投影される。というのも、パラノイアの心の中では、そうした対象は自分の身の安全を損なおうと企んでいると思われるからである。半ば首を切り落とされた死体を一緒にテレビを見る相棒であるかのように偽装した男の例に示される、被害者と加害者の間の想像上の親近性

▼原注5　サリヴァン（1953b）は、統合失調症における幻覚経験の生成について、似たような過程を論じて次のように述べた。「排除されたもののほうは、不気味なまったくの外部性を帯びた観念群として意識に表象されるようになる」（邦訳405頁）。

▼原注6　ミルズ（2003）は自我という用語を、フロイト派の意味よりもラカン派の意味のほうで、つまり執行機関という意味よりも、社会的に構成された自己と同義の、錯覚された統制機能という意味で使っている（p.33)。けれども、ここで私が「自我」という用語を使う場合には、そのような区別はあまり重要ではないと思う。

から、この犯人の投影の反射的な性質が注目される。彼は被害者の首を切って被害者を「分割」するとすぐに、被害者を修復しようとした。つまり、彼は殺害によって被害者との関係を断ち切るとすぐに、被害者を生き返らせることで関係を復元しようとした。ミルズなら、この殺人者の解離された空想のすべては、被害者に対するものであるとともに殺人者自身に対するものでもある、あるいは融合と分離は両立しないわけではないと、述べるかもしれない。次のような考え方を受け入れるなら、融合と分離は両立しないわけではないという見方は、とりわけ的確である。それは、幼い子どもは自分に脅威を与える人物が自分とは別の存在であることも、独自の意図を持っていることも正しく認識できないので、早期のトラウマの、**したがってまたその再エナクトメント**の主体がどこにあるのか、確実な認識が持てないのだという考え方である（グロットスタイン，1997a）。そのために、原発期（autochthonous stage）▼原注7に虐待を受けた子どもは、自分を苦しめる暴力の主体が主観の中の解離された部分にあるものと認識し、それが後に暴力的なエナクトメントの中で呼び出されるのかもしれないのだ。

　スターン（1997a）が述べたように、被虐待児たちは、破滅的な経験を自分のものとは認めずにきたために、何もない無の中に、また無の中から、パーソナリティを組み立てざるを得ない。そうした状況では、経験は、そして言葉による経験の拡張や経験を説明する語りは、やせ細っており、自己は空っぽである。それでも生き延びるためには、最初のトラウマとそこから生まれた防衛操作に一定の筋の通った説明を与える何らかの物語が、意識的にも無意識的にも、語られねばならない。非常に病理的な適応状態では、解離を用いる者たちは、次々に移り変わる幻想に生気を吹き込んで自分の物語を語る。彼らは偽りの自己に没入することで、自分たちのアイデンティティを変容させるという相対的に小さな犠牲と引き換えに、重要な養育者への愛着を維持できるのである。

擬人存在と副次的な語り

　サリヴァン（1953b）は、自己システムを、不安を回避したり極力小さくし

▼原注7　原発性という用語は、原始的な発達段階にある自己を対象とした心理学で使われる用語である。早期の発達段階では、私たちは他者に自律的な行動能力があると認めるよりも、私たちの制御が及ぶ幻想上の対象として他者を創造するのだろう（フェアバーン，1940；グロットスタイン，1997a）。こうして、自分が受けたトラウマは自分自身で引き起こしたものだと人が感じたり信じたりする理由が仮説的に説明される。

たりするために生み出された、経験によって学習を積み重ねる心的組織として構想した。発生期の自己システムの基礎を成すのは、重要な他者を（たいていは母親であるが、それだけに限られない）、養育的な「良い」存在と接近を拒絶する「悪い」存在に変容した、「擬人存在」である。こうした「良い」養育者と「悪い」養育者という副次的な擬人存在によって、「良い自分」「悪い自分」「自分でないもの」という基本的な自己イメージの基盤が形作られる。「良い自分」は、釣り合いのとれた安定した母性と無条件の優しさから生まれ、健康的な自我理想の誕生を助ける。「悪い自分」は、不安の強さに応じて、つまり、自分の欲求は無視されるだろうとか、それどころか罰せられるかもしれないとか、欲求を満たそうとするどんな試みも挫かれるだろうといった感覚の強さに応じて形成される。「自分でないもの」は、他の擬人存在とは違い、自分の身の安全の感覚の発達とは無関係である。それどころか、「自分でないもの」は、それを受け入れるということは絶滅の危険を冒すことに他ならないような、とてつもない（実際の、あるいはそう感じられた）脅威にさらされる状況下で生まれるのである。健康な成人の場合、このように切り離された人格イメージのおかげで、身のすくむような恐怖を決して感じずにすんだり、凶暴な怒りが決して行動に表れずにすんだりしているのかもしれない。そうした人格イメージは、夢や、失錯行為や、時には破壊的な人生選択の中に姿を現す。ストレス状況では、それは小さな解離的エピソードを引き起こすかもしれない。

　大部分の人たちは、発達過程が進むにつれて「良い自分」と「悪い自分」が融合する。しかし、幼い子どもが、不安と恐怖を取り除くことも、無害化することも、無効化することも、あるいは別のやり方で対処することもできない場合（これには、身体的あるいは性的虐待が継続している事例が当てはまるだろう）、それは「無視される」しかない。したがって、継続的な恐怖にさらされた場合に、特に有力な適応様式となるのは、畏怖、強い恐怖、戦慄、そして嫌悪といった、サリヴァン（1953b）が言うところの「不気味な感じ」を刺激する恐れのある経験を解離することである。自分が耐え忍ぶ恐怖ならびに自分の行動が引き起こす恐怖に直面しているとき、解離のある人が何も感じていないように見えるのは（虐待を受けた子どもの、その場にそぐわない感情や、暴力犯の自責の念の欠如としてしばしば言及される）、実はサリヴァンが「傾眠性の無関心」と呼んだものの一形態なのである（p.55）。この無関心さは、まったくの無力感から生じる。無力感が長期にわたる場合、そうした選択的非注意は、ほんのわずかな不安の兆しに対しても作動する場合がある。夢遊病者は、大部分の時間、文字通り彼自身ではないのである。

このように、解離のプロセスの基礎である「自分でないもの」は、原始的な性質を持ち、恐怖に満ちており、実体を持ち得ない。「自分でないもの」は、強烈で絶え間ない不安に満ちた経験を通して現実に触れる。そうした恐ろしい状況では的確な学習が起こり得ないので（かつてある男性が自分の経験として私に話したことだが、頭に銃を突きつけられた状況で九九の学習をすることを想像してみてほしい）、現実についての認識は、空想的で非現実的なものとなる。その上、虐待的な罰はまったく気まぐれに加えられるので、「自分でないもの」の基礎である養育者の擬人存在は、それ自体一貫性がなく筋が通っていない。それゆえ、「自分でないもの」の人格イメージの行為は、因果的理解に基づいていない。解離された自己に見られるのは、せいぜい夢見る人の「合理性」でしかなく、「自分でないもの」は自分だけに通じる言葉で話し、象徴等価的に行動するのである。私たちの大部分にとっては、このような解離された自己は、悪夢の中にしか現れないか、レイ・ブラッドベリの小説の中でしか出会わない。不運にも少数の人たちにとっては、「自分でないもの」は、歩き回って話をする、もう１人の自分なのである。 ▽訳注5

　メロイ（1997a）によれば、犯罪者たちは多くの場合、解離による切り離しを促進するようなやり方で、犯行の状況やそこでのやりとりを操作する。例えば、メロイの所見では、性犯罪者たちはアイコンタクトと会話を減らすことで、被害者からも残忍な犯行の筋書きからも、たやすく現実感を消すことができる。犯罪者たちは被害者たちのことを、「２次元的で、知覚的に薄っぺらな、ありふれた対象」と感じ続けることができる（p.154）。意識的に促進されたこのような解離は後に、すべては夢の中の出来事だという犯人の主張を支持することに利用される（本章の冒頭で見たマティの語りのように）。このように、犯人の実際の解離傾向によって、出来事に空想的な加工を施すことが強化され、実質的に犯人の責任能力が無効になるのである。

複数の状態

　サリヴァン（1953b）が解離を「覚醒しつつ夢を見ている状態が長引いていること」（邦訳362頁）と呼んだとき、彼はトラウマに直面したときに起こる組織的な機能停止のことを直観的に理解していた。解離は、自分が身の安全や心の平安に対する大規模な攻撃に立ち向かえない無力な存在であることを認識

▽訳注5　象徴とその象徴が指し示しているものとを混同すること。

するのを回避するために、自己が編み出した究極の手段である。泣いても空腹や寒さや不快さから解放されないときに、乳児がすぐに眠りに落ちるのと同じように、恐怖を喚起する環境に対して選択的非注意によって恐怖や不安をうまく解消することを身につけた子どももまた、眠りに落ちることに安らぎを覚えるのである。

　父はぼくを懸垂棒に縛りつけた。ぼくは小さなバックルがついた革のベルトでむち打たれた。みみず腫れができて、傷跡が残った。ぼくは下着しか着ていなかった。ぼくはまるで小さなペンギンみたいだった。7歳から10歳くらいまでの間のことだ。父はぼくを殴りたかったわけじゃないんだ。そのおかけでぼくは立派な大人の男になれたんだ。

　ぼくは本当に小さいから、自分の心臓を止めることができるんだ。ほら、聴診器を当ててみてよ。ぼくを浴槽の中に入れて、しっかりと沈めてみてよ。ぼくは自分が死なないほうに賭けるね。手榴弾を3つぼくのベッドの下に仕掛けてみたらいい。ベッドは吹き飛ぶだろうけど、ぼくは吹き飛ばされないよ。

　ほら、ぼくは今も眠ったままなんだ。でもあなたの話は聞いているよ。
　　　　　　　　　　　　　──コーツ、36歳（警官襲撃により有罪）

　解離を生じる人の「眠り」は（それは自己催眠と見なされることもある）、静かにしている状態とはかけ離れたものであり、実際は警戒を怠ることのない活発な過程である。例えば、シェンゴールド（1989）は、子どもの頃に虐待を受けたある患者が、知覚と感情を締め出しておきながら、その間、外界の現実にぴったりと調子を合わせ続けていた例を紹介している。その患者の解離的な眠りは、多くの目的にかなうものであった。第1に、野生動物が時折「死んだふり」をして自分を狙う敵の裏をかくのに似て、自己催眠は生き延びることを心理的に助ける働きをする（レイン，1959；ベッカー，1973；リフトン，1983）。第2に、トラウマ経験を「無視する」ことにより、苦痛な素材を意識的な気づきから自動的に「消去」できる方法が手に入る。第3に、こうした見せかけの不活発さに含まれるまったくの受け身性によって、攻撃を「誘発した」責任を回避できる。以下の語りの中に、その例を見ることができる。

　兄がぼくを屋根裏に閉じ込めた（そしてぼくたちは喧嘩をした）。母は兄を彼

の部屋に行かせ、兄を革ひもでむち打った。母は兄のペニスを血が出るまでむち打った。でも、母がぼくをむち打ったとき、痛い目にあったのは「ジョニー」のようだった（ジョニーはこの男性の想像上の仲間である）。
　　　　　　　　　　　　　　――ウェスリー、25歳（詐欺により有罪）

　第4に、解離的な眠りによって、虐待者の正体に目を閉ざしたままでいられるのであり、なくてはならない養育者が加害者である場合に特に好都合である。

　　母の記憶がない。母の名前も思い出せない。覚えていないんだ（この男性は12歳まで母親と暮らしたが、その後、母親は家族を捨てた）。
　　　　　　　　　　　　　　――ステッドマン、37歳（重窃盗により起訴）

　　そう思うけど、覚えていない（性的虐待について）。イースト・サイドの建物だった。たぶんぼくが5、6歳の頃だったと思う。相手は家族の中の誰かだった。誰だかわからない。
　　　　　　　　　　　　　　――フレド、29歳（2件の殺人を自白）

　最後に、自己催眠によって、シェンゴールド（1989）が自己促進と呼んだ、最初のトラウマをその誘惑的な面においても恐ろしい面においても反復する強迫衝動に身を任せる機会が得られる。過去に被虐待経験のあるクライエントの援助をする臨床家にとって重要なのは、次のことに注意することである。それは、このような見通しのない強迫的な再エナクトメントは、ブロムバーグ（1998）が「永遠に続く、トラウマの過去」と呼ぶものの明白な痕跡であり、そこでは解離を起こす者は被害者の役割ではなく加害者の役割を演じる場合があるということである（ヴァン・デア・コークとマクファーレンとワイセス, 1996）。被害者であれ加害者であれ、どちらの役割を演じる場合でも、ドラマが展開するのは本人が眠っている間であり、しかも鮮明に夢を見ている間である。ある犯罪者は、多数の少年を刃物で何度も傷つけたことについて次のように述べた。

　　まるで取り扱い手引書か何かの指示に従って行動しているみたいだった。目が覚めて、何が起きたのかわかったけれども、それが本当に起きたことなのか、自分が想像したものなのかはわからなかった。

被害者の喉を切り裂いて冷静に現場を立ち去った別の男性は、過去に少なくとも2度、**自発的**に精神病院に入院した経歴があった。彼はまもなく逮捕されたが、警察に対して「生活していけないんだ。刑務所で暮らしたいんだ」と打ち明けた。彼には矯正システムが課せられた。

彼は自分の暴力行為を次のように経験していた。

> それをテレビで見たんだ。自分が彼女とドライブしているのを見たんだ。自分が彼女に手を伸ばして、彼女を突き刺し、彼女の目をくりぬくのを見たんだ。

別の例を挙げよう。際立って残忍な3件の誘拐殺人により有罪となったジェイクは、被害者たちはみな「穏やかな」「苦しまない」「安らかな」死を迎えたと主張した。彼は自ら犯行を認め、殺人をさらに重ねる「恐れがあった」から刑務所に入れられて自分はうれしいと話す一方で、自分は人を傷つけようとしたことなど一度もないと言い張るのだった。トラウマに関わる認識の領域では、「良い自分」と性格の一貫性をめぐる幻想を維持する目的で、解離の働きにより、ある一定のストーリーを優先して、それとは異なるストーリーを脇に置いておくことができるようである。数多くの**自白した**レイプ犯や子どもに対する性虐待者や殺人犯が、自分には虫一匹も殺せないと自ら言い張ることは、こうした矛盾した認識の究極の表れである。

好ましからざる人物たち

前に取り上げた、武装強盗で有罪になったマクリーンは、「自分の身体の中に住んでいる人」がいて、その人が厄介な状況や危険な状況を自分が切り抜けるのを助けてくれるのだと私に話した。彼の父親が精神病的な激しい怒りを表出しがちだったことからすれば、子どもの頃にそのような恐ろしい思いをした機会が数多くあったに違いない。マクリーンの暴力的なエナクトメントは、子どもの頃から始まったのだった。

> （ぼくはよく）父のことを考えては、腹を立て、椅子を放り投げた。私は（人々を）彼らがまるで父であるかのように殴ったものだった。でも自分ではそれがわかっていなかった。

15歳のとき、マクリーンはある喧嘩に加わり、その結果、相手の少年は命

を落とした。自分が負った傷も、自分が少年を殺したことも、彼には覚えがないのだった。

　　彼はぼくの腕を刺した。ナイフが自分の腕に刺さったことには気づかなかった。ぼくは相手を見ていたが、それはまるで夢を見ているようだった。

　マクリーンは、彼に代わって様々な状況に対処する、それぞれ異なる数人の想像上の人物たちについて説明を続けた。

　　ぼくは自分の中にいる人と話ができる。ぼくは大男になることができる。大きくて強い奴はいい奴だ。悪い奴はひどく気が短い。最初がフレイムで、それからロビンソン、マニー、フェンス、そしてイーグルだ。それにローリーはぼくを5歳の頃の気持ちにしてくれる。

　私が面接した人たちの一部は、彼らの交代人格が自分には感じられない感情を持っていたり、自分にはできない課題を実行したりすることを認めた。彼らが話すのは、現実のあるいは想像上の危害から自分を守ってくれる、冷酷で、手に負えない、心の中で創造された人格イメージのことである。

　　ショーナは動物に火をつけて生け贄にすることができる。でも、暴力的なのはバルカだ。ぼくが自分自身を守らなければならなくなるとバルカがやってくる。彼のほうが強いから、ぼくは引っ込まなくちゃならない。
　　　　　　　　　　　　　　——アンドリュー、25歳（放火により有罪）

　アンドリューは自分の中にいる者たちに名前をつけていた。アンドリューは彼らを、自分の身体の中にいるそれぞれに力強い個体として経験していた。これに対して、酔うと暴力を振るう父親がいたニックは、自分の激しい怒りを、それに名前をつけることなく、隔離された場所に納めていた。「野太い声をしたぼくのほんの一部だけが、人々を破壊したいと思っているんだ」というのが彼の説明だった。アンドリューにとってのバルカと同様に、ニックの実体のない復讐者は、常に抑制しておけるわけではなかった。ニックは、ブロンクスの通りを歩き回って無差別に自動小銃を発砲していたところを逮捕された。自分の行動について尋問された彼は、自分の幼い娘を病気で亡くした直後で「感情が高ぶっていた」だけだと述べた。「本当にそんなつもりじゃなかった。ぼく

はその直前まで泣いていたんだ。誰かの肩に寄りかかりたかったんだ」。病院で病棟看護師に殴りかかったり、ガールフレンドを窓から突き落として殺そうとしたり（「防護柵のおかげで彼女は助かったんだ」）、数多くの暴力事件を起こしていたにもかかわらず、彼は自分のことを「生まれつきおとなしい」と言った。このような性格描写は、的外れで、とても想像できないものに思われたのだった。そんなある日、極度に自殺願望の強い受刑者で、密かに"気象予報士"というあだ名がついていたフランクが（解離状態にあるとき、気象に関するちょっと変わった専門知識を披露したことがあったのだ）、自分の「セラピスト」のところに連れて行ってほしいと懇願する出来事があったが、それはニックのことだとわかった。フランク"気象予報士"が会いたがっていると知らされたニックが、通話中の電話を急いで切って再び電話口に戻るまで、10分近くの間、穏やかに愛情を込めて、希望を捨てないようにとフランク"気象予報士"に助言する様子を私は目撃した。ニックはその日、その出来事の前に、「急にカッとなるんだ。ぶっ放せ！ってね。人を殺すのはどんな気分なのか知りたくなるんだ」と私に打ち明けていた。どちらが「本物の」ニックなのかを見分けるのは難しかった。実は、どちらも本物だったのだ。ニックに過去からの連続性を備えた個別的な「人格たち」が宿っているようには見えなかったが、つまり解離性同一性障害の診断基準を満たしていなかったのだが、彼は子どもの頃に虐待を受けた大人にしばしば見られる、極端で互いに相容れない多重的自己の典型例であった。

　興味深いことに、こうした解離を生じる犯罪者たちに、彼らが受け入れていない側面をどの程度自分自身の一部と認識しているかと私が尋ねると、彼らはたいてい、それは決して自分の一側面などではなく、自分とは別の自律的な存在だと、頑として言い張った。極度の解離を生じる人たちは、そうした彼らにとっての「他者」の部分は異性であると述べたり、自分とは異なる人種や文化や民族に属すると述べたりした。しかし、ニックのように中程度にしか解離を生じない人たちでさえも、自分の暴力的な面やおとなしい面、宗教的な面は、単一の精神の多様な現れなのだという考えをなかなか受け入れられなかった。

　「父に殴られてぼくが泣くと、父は血が出るまで余計に強く殴るから、ぼくは声を殺して泣くんだ」と言うハーミーは、自分のことを「棒でできたたくさんの小人たち」と説明する。彼は武装強盗の罪で収監されていたが、犯行の記憶には多くの欠落があった。彼は時折、自分は被害者を殺してしまったのではないかと想像するのだった（実際には発砲はなかった）。彼と面接を始める前に同意書にサインを求めると、彼は1通目にはホアン・バエズとサインしたの

で、私はもう1通の同意書にハーミーのサインをもらわねばならなくなった。しかし、彼は自分の行動を思い出せず、「ぼくは絶対にホアン・バエズなんてサインはしていない」と言い張ったのだった。面接中に私が推測したところでは、ハーミーは時々意識を失ってホアンになるのだが、どうやらホアンは誰か他の人が泣いたときに限ってハーミーの暴力的な人格イメージの中から現れ出るようだった。

　　ぼくは意識が飛んで、ガールフレンドを殴り始めた。彼女は泣き始めた。それを見てぼくは「何てことだ」と言ったんだ。どうしてぼくが彼女を殴ったのかわからない。あるとき、弟がそばを歩いていて、ぼくは鉛筆で弟を刺した。気がつくと、弟は泣いていた。なぜ自分がそんなことをしたのか、覚えていないんだ。

　自分自身の行動に関して疑う余地のない証拠を突きつけられても、ハーミーは「ぼくは決して人を傷つけてもいいと思うような人間じゃない」と、自分がそうした行動をした可能性さえも断じて認めようとしなかった。彼は頑固に言い分を変えなかった。私は彼の主張の頑なさから、彼の心の分裂の深さを思い知ったのだった。

　　ホアンはぼくじゃないよ。違う、違う、全然違うよ。

　短期間のセラピー的な対話では、それほどまでに分裂したものを統合することはできそうにないことが、私にはわかったのだった。

身体をコントロールすること

　レイン（1959）は、自分の患者たちの多くは「存在論的に不安定」で、彼らの主な関心は、自己実現よりもむしろ自己保全にあると述べた。虐待を受けた子どもたちとの面接からわかるように、彼らは身体的および性的虐待を受けた影響で、生き延びることに意識が集中して、「何ものかになること」（becoming）よりも「存在すること」（being）についての気がかりで心がいっぱいになるのである。近親姦の被害者たちとの臨床を経験してきたバーバラ・マーカス（1989）は、そうした場合に、個体化と自我機能の成熟を促進する正常な発達の継起が妨げられることを指摘した。彼女によれば、分離－個体化のプロセスにまず初めに必要なのは、自分が養育者をコントロールしているという幻想を

子どもがしっかりと持てることである。その次に必要なのは、親が、(a) 子どもの身体をコントロールすることを断念できることと、(b) 身体的にも心理的にも子どもの自律性を促進できることである。虐待的な関係においては、これらの必要条件が著しく不足する。子どものニーズよりも親の欲望が優先されるので（子どもに対する性的支配や身体的支配、あるいはその両方の欲望）、そうした養育者の振る舞いの内在化に比べて、自己に対する支配は決して獲得されないのである。

　　レイプよりもいっそうひどいのは、レイプ後に、父がぼくにシャワーを使わせなかったことだ。
　　　　　　　　　　　　　——フレド、29歳（2件の殺人を自白）

　　母はぼくをクローゼットに閉じ込めた。母は「おしっこをしたいんじゃない？」と言った。「違うよ、ママ。違うよ、ママ」と、ぼくは叫んだ。そうすれば、おしっこを漏らさずにすむんじゃないかと思ったんだ。ぼくはそれが罰だとは思わなかった。
　　　　　　　　　　　　　——アラン、44歳（薬物所持により起訴）

　　ママは、今でもぼくの身体を洗うんだ。ぼくはここを隠すんだけど（彼は自分の性器に手をあてがう）、ママは洗うんだ。ママはぼくを赤ん坊みたいに扱いたがるんだ。
　　　　　　　　　　　　——シェーン、23歳（住居侵入窃盗により起訴）

　明らかに、子どもたちが絶滅不安と戦うために無理なく用いることのできる防御手段の多くは、親からのこうした支配を受けると無効になる。ハーミーやアランのような子どもたちは、いっそうひどい罰を招くことを恐れて、悲鳴を上げたり、叫び声を上げたり、おしっこを漏らしたりして不安を解消することができない。前に取り上げた、時々緊張病のような状態に陥るクルーのように、身体を動かして緊張の解消を図ることがまったくできないほど、身体的に抑制されてしまう子どもたちもいるだろう。もし虐待が暗黙の承認のうちに、さらには複数の家族成員が加担して行われる場合には、虐待者とは別の、移行対象として振る舞う優しい大人はどこにもいないことになる。最後の点は、私が面接した被虐待経験のある受刑者たちのほぼ全員に当てはまっていた。ほとんどの場合、虐待は複数の家族成員によって行われていて、子どもたちには嵐を避

ける避難港がなかったのである。

　性的な性質を持つ虐待の場合には、不安は複合的であるため強くなる。特に近親姦的な関係においては、通常はエディプス的な苦闘が解消していくにつれて弱まる不安が、かえって強くなる。生物学上の親と性交することによって、見かけ上は大人のパートナーに代わって養育者の愛情を獲得することとなり、子どもはある種の勝利を手にする（ダイアモンド，1989）。こうして、人は決して自分の親を性的に所有することはできないと認識するようになる代わりに、正反対の結果に達することになり、混乱と罪悪感の両方が強まるのである。

　どんなタイプの性的暴行でも、意識的な判断では不適切に思える出来事を身体が快感として経験し、心理的な防衛が混乱に陥る恐れがある。この苦痛に満ちた心と身体の背信の中では、身体自体の反射的興奮さえもが絶滅恐怖を引き起こす。養育者と結合する性的空想は、抑圧されるのではなく、実行され、恥と自己非難を後に残す（ダイアモンド，1989）。ついには、その人の身体は、大量の刺激の襲来に対して防護障壁を築くよりも、トラウマに屈するようになり、さらにはトラウマを進んで迎え入れようとするかもしれない。トラウマの光景は、最初の加害者やその代役との間で繰り返しエナクトされるかもしれない（ハーマン，1992）。身体さえ信じられない。身体的な自己は締め出されねばならないのである。

　　　母はぼくをベビーベッドから抱き上げては、性的な感覚を得ていたようだ。母はよくぼくを彼女のお腹の上に乗せたが、それがオーガズムみたいだった。

　　　みんなはぼくが壁をがんがん叩いたと言うんだ。ぼくはそんなことをしたんだろうか？　いったいどこで？　ぼくの記憶はくもの巣のようだ。悪夢の中で目覚めたみたいだ。記憶をさかのぼることができないんだ。
　　　　　　　　　　　　　――レニー、35歳（母親殺害未遂により有罪）

　精神分析の訓練を受けた精神科医で、触法精神障害者を収容する重警備の病院であるブリッジウォーター州立病院の院長であるジェームズ・ギリガン（1996）は、恥を、多くの場合それは早期の虐待に由来しており、「あらゆる暴力の主要な、あるいは究極的な原因」であると見なしている。ギリガンの所見では、「暴力の目的は、恥の苦痛を弱め、できる限りその反対物であるプライドに置き換えることにある……人が他者を殺すのは、もっぱら、その人の経験では、自分自身を、そして自分自身の自己を守るために戦っている場合であり

……もし自分が暴力を振るわなければ『自己の死』を経験する危機に瀕していると感じている場合である」（pp.100-102）。ギリガンの臨床的な観察所見は、私自身の所見、すなわち、犯罪者の混乱した論法では、暴力は救済行為であると同時に贖罪行為であると感じられているという所見と、確かに一致する。

> ぼくは9歳だった。彼女（ベビーシッター）は、ぼくにおいしいご褒美があると言った。それは半年ほど続いた。彼女はぼくを虐待したけど、ぼくはそれが好きだった。ぼくは彼女と一緒にオーガズムに似た感覚を持った。苦痛は感じなかった。
>
> ——ローレンス、50歳（薬物所持により起訴）

　早期のトラウマが、すでにできあがった組織化の図式に適合しないために否認されねばならないのと同じように（スターン，1997a）、加害行為は、「良い自分」を保護するために、自分とは関係ないと否認されて書き改められる。サディスティックな擬人存在は（「自分でないもの」）、被害者に投影される（メロイ，1997b）。その上で、その脅威が無力化されねばならない。このような死の舞踏においては、被害者を破壊し尽くすことで初めて理想自己が再構築される。グランド（2000）の考えでは、敵意だけでなく空虚感もまた被害者に投影されるのであり、その結果、犯人はようやく、孤立したトラウマ的な瞬間を他者と分かち合って経験できるのである。

　このように、長期にわたる虐待に対する反応として、初めに精神と身体の分裂が生じ、子どもの自己と被害を受けている身体が切り離される。そうすることで、身体は傷つけられ、あるいはその上破壊される一方で、自己組織の中核（ユングら，1964）を表すためにM・L・フォン・フランツ（1964）が適切にも名づけた「心理的中核」に対する脅威を弱めることができるのである。一例として挙げられるのは、自分が危険な状況にいるのをその上方に浮かんで見下ろしながら、まるで映画を見ているかのように自分への身体的暴力を目撃しており、何の感情もわかず何も感じないでいるという、比較的よくある解離的経験である。一部の人々にとっては、こうした経験は短時間の解離であり、一過性の混乱である。しかし別の人々にとっては、特に対象と自己の恒常性が発達する以前に虐待を経験した人の場合には、それは深淵に断絶が潜んでいることを予告する分裂であるかもしれない。同一性、全体性、時間の中での連続性の

▽訳注6　一般に体外離脱体験として知られている。

感覚をもたらす源泉は身体なのだから、身体とのつながりを断つことは死を迎えることに等しい。レイン（1959）が見事に語ったように、「身体を持たない（no body）ということは、何者でもない（nobody）ことと同じ」（p.111）なのである。

　　奇妙な感じがするんだ。「自分が自分の中にいるのがわかる」とよく言っていたんだ。ぼくには、自分が自分の体の中にいて外を見ているのが見えるんだ。
　　　　　　　　　　　　——セイバー、35歳（軽窃盗罪により起訴）

アダムの3つの顔

　クリス・コスナー・サイズモアは、シグペンとクレックレイによる多重人格の古典的な事例研究で「イブ」と呼ばれた女性である（サイズモアとピティロ，1977を参照）。彼女自身の告白によれば、彼女には20以上のまとまりある個別的な語り手がいたそうだが、医師たちはそれらをその本質に基づいて、「良い自分」（イブ・ホワイト）、「悪い自分」（イブ・ブラック）、「自分でないもの」（ジェイン）という3つの性質にまとめるのが適当だと考えたのだった。同様に、私が面接した犯罪者たちの語りは、いくつかの典型的な型に分かれる傾向にあった。それらの多くは、文学や映画に見られる筋書きを忠実に反映した、ある種の「典型例」が誇張されて現れたものだった。このことは、強度の解離を示す人々との臨床に携わっている人たちの間では、よく知られた知見である（デルとアイゼンハワー，1990；バレット，1994）。最もよく見られる語り手たち、および彼らが語る物語展開は次の3つである。（1）麻痺した子ども。オルブライト（1994）を引用すれば、彼らにとって未来とは、「過去と同じであり、絶え間なく続く健忘状態にすぎない」（p.23）。（2）「保護者」の人格。自分の行為の被害者である対象と融合する態度と、そうした対象との関係を暴力的に断ち切る態度とがめまぐるしく入れ替わる。（3）宗教家ないしは賢者。他の語り手たちの行き過ぎた破滅的な行為を修復しようとする（スタイン，2000）。

石化：失われた語り

　トラウマへの反応としての静止状態、あるいは身動きできない状態は、危険な環境で死んだふりをすることに似ている。そうすることで、被害を受けた子どもは虐待的な出来事への順応を試みて、心理的な麻痺状態が促進されるのだ

が、それが身体的な脅威の経験を心理的に無視する1つの方法なのである（リフトン，1983）。レイン（1959）の所見では、ごく一般的な離人化のプロセスでは心の平安を守るのに不十分であることが明らかになった状況では、完全に「自律性を捨てるということは、それをひそかに自衛する手段となる」のである。彼はこの状況を石化と名づけ、「自ら石になることは、他の誰かによって石に変えられないようにする手段となる」と述べた（邦訳65-66頁）。

　前に取り上げた、警官に対する暴行で有罪となったコーツは、虐待を受けている間「自分の心臓を止める」ことができたと言い張った。私の研究対象者たちの多くは、虐待されている間「姿を消していた」という経験を共通して持っていた。放火犯のアンドリューは、4歳半の頃に祖父に犯されている間、ただ「心がそこにいなかった」と言う。

　経験から目が背けられるのだから、石化から生まれる結果の1つとして、何が起きたかについての健忘が生じるだろう。その上、虐待された人の子どもらしい一面が、虐待が始まった発達時点で止まったままになっている場合があるだろう。例えば、アンドリューは、彼が受けた虐待を証言する5歳の語り手を持ち続けている。面接当時は詐欺罪で収監されていたが、残虐な複数の暴力犯罪の前歴を持つウェスリーは、頭の左側に、10歳のジェイミーという人格を持ち続けていた。

　　（ジェイミーは）字を書かない。彼はもっぱら歌と詩を作るんだ。父がぼくの頭をぶん殴ると、彼はぼくを笑わせてくれたんだ。

大変興味深いことに、ウェスリーは監房の中でよく自分の頭を激しく振っていた。彼によるとそれは、父親を頭から追い払うためだった。
　前に取り上げた、攻撃的な薬物濫用者でパラノイアのクルーは、幼い語り手を登場させて、彼の自己システムの力動性を教えてくれた。

　　ぼくたちは同じ身体を分け合っている。ぼくたちは同じ経験をする。（虐待をされている間）ぼくは彼を助けてあげるんだ。

いつもとても尊大に振る舞う別の暴力犯罪者は、次のように打ち明けた。

　　ぼくは36歳だけど、それは身体に限った話だ。（今は）赤ん坊が出てこようとしているようだ。ぼくは彼をポケットに入れて連れ歩いているんだ。

殺人犯のエズラは、彼の父親が首を締め上げて彼を殺そうとしたときの様子を、あたかも自分が今その現場にいるかのように話した。私の推測では、ここで彼が三人称で語っているのは、彼自身のことである。

　　　ああ、やはり**男の子**がそこにいた。彼は死んでしまった。

　ルートヴィヒ（1983）の考えでは、このような「偽装された死」には、種の保存にとって大きな価値がある。トラウマの経験を隔離することには、生理的および心理的な潜在力を保護する働きがあり、そうなることで、子どもたちは将来の侵害行為をよりよく防御することができるのである。

腐敗：復讐の語り
　気遣いと敬意を持って他者に接するためには、共感的な対応ができなければならない。共感には他者への同一視が必要であるが、虐待された子どもたちは自己中心的な視点を持ち続ける傾向があったり（バラールとウォーターマンとマーティン，1981）、攻撃者への同一化のみに偏りがちであったりする（ウィルバー，1985）。もちろん、被虐待児たちの養育者たちは、彼ら自身が自己中心的で、非共感的で、一貫性に欠け、自分たちの子どもが苦痛を感じていることを示す手がかりに反応することができず、しばしばあからさまに敵意を示す（ストレイカーとジェイコブソン，1981）。したがって、被虐待児たちが他者の感情を示す手がかりの解釈を苦手とすることは驚くに当たらない（バラールら，1981）。それどころか、他者が示す苦痛に対する彼らの反応は、非常に奇妙な場合がある。例えば、メインとジョージ（1985）は、虐待を受けた幼児たちは、泣いたりパニックに襲われたりしている同年配の子どもを目の前にすると、恐怖、怒り、おびえ、あるいは身体的な攻撃といった反応を示すことを見出した。被験者であった虐待を受けた幼児たちの中で、泣いたりおびえたりしている仲間に対して気遣いや援助的な行動を示した者は１人もいなかった。ハウズとエスピノザ（1985）は、自由遊び場面および構造化された場面の両方で子どもたちの観察を行い、やはり虐待された子どもたちは困っている遊び仲間に攻撃的に反応することを見出した。その上、彼らは相手を傷つける行動をとった後に、自責の念を示す様子がまったく見られなかった。彼らの反応は、大人の虐待者たちと非常によく似ているのである。
　石化には、死を装った麻痺が示されている。これに対して腐敗には、虐待が残した「死の刻印」（リフトン，1983）、つまり石化した自己が自分を守るため

に忘却してしまっている傷つきを、トラウマを受けたその人がどれほど記憶にとどめ、思いめぐらし続けているかが示されている。このような攻撃的な語り手こそが、トラウマに復讐すべく生き延びるのである。

　例えば、ある自責の念を示さないレイプ犯は、私との面接中にたばこを要求した。そして、自分は痛みを感じないこと、自分は誰からも決して傷つけられないことの証拠として、自分の手首にタバコの火を押しつけて消して見せたのだった。その次のセッションで、この男性は、面接中に自分を抑えられなくなって私に襲いかかるといけないので、自分を椅子に縛りつけて鎮静剤を投与してほしいと強く主張した（彼はこのセッション中に、父親から頻繁に身体的暴行を受ける間、自分は木に縛りつけられていたと話した）。彼は縛られることを求めることで、自分が受けた虐待に伴う麻痺の効果を改めてエナクトしたのだった。彼は自らやけどを負いながらも痛みを感じないことで、罰を進んで受け入れるとともに拒否するのである。痛みを求める彼のその部分はまた、ためらいなく痛みを押しつける。こうした無傷の人格イメージが現れているときにだけ、この男性は自分が行ったレイプについて得意げに話すのである。このようにして、子どもの頃の虐待、クライン派の言うところの「死の等価物」は、サディスティックな行動を通じて具現化され再びエナクトされるのである。

　復讐心に満ちた副次的語りは、自分に力強さを与える。死をもたらす者たちを欺き、死の脅威に打ち勝ち、児童虐待が残した死の刻印を消し去ることができる。恐ろしい子ども時代は、力強く制圧されるのである。そうした苦しみを自分が加害者となって再びエナクトすることで、親殺しをただ空想していたときよりもはるかに明瞭に、かつての自分の破滅が魔術的に取り消されるのである。おそらく、行為がより暴力的であるほど、役割の逆転は確かなものになるのだろう。

浄化：贖罪の語り

　悪名高きBTK（「拘束し、拷問し、殺す」の意）として、地方の法律執行代理人を務めながら数年間にわたって巧みに逮捕を逃れてきた連続殺人犯として、デニス・レイダーが逮捕されたとき、彼を議長に選出したばかりだった教会のメンバーたちは心底驚いた。性的大量殺人者であるジョン・ウェイン・ゲイシーは、仕事の合間を縫って、恵まれない子どもたちのためにピエロを演じていた。前にも述べたように、テッド・バンディは、女子学生をレイプして傷つけることを頻繁に繰り返しているとき以外は、シアトルの救命クリニックでボランティアをしていた。医師免許を隠れ蓑にして、自分が密かに毒を盛ったり

生命維持装置のプラグを抜いたりした患者たちを繰り返し蘇生させる、「慈悲の天使」の仮面をかぶった殺人者のことが、数年ごとに新聞で報じられる。私が面接した途方もなく攻撃的なある受刑者は、"神の集会"教会で癒しを施す聖職者を務めていた頃、ホワイトマン▽訳注7という名前を使っていた。常習的な暴力犯罪者でレイプ犯の別のある男は、「あらゆる人を愛することだけ」を望む「癒し人」としての一面を私に語った（確かに、彼の前科記録からわかるように、被害者たちは望むと望まざるとにかかわらず、彼に「愛された」のだ）。

　多くの人々は良い自己と悪い自己が統合されているので、それらの「間に位置する」ことができ、それらが互いに反対の性質であることから生じる葛藤を認識することができるのだが、深刻なトラウマを受けた人々は、こうした折り合いをつけることが難しい（ブロムバーグ，1998）。シェンゴールド（1989）の見解では、児童虐待において生じる意識の垂直分割は、親を救済者と見なす非現実的な信念を持つことから始まる。良い親を求める絶対的なニードは、最初は単なる空想イメージとして区分けされている。一般に、ほどよい愛情を受けて育った子どもたちは、1人の親が自分を世話することもあれば拒絶することもあることを受け入れるようになるが、虐待を受けて育った子どもは、虐待的な親の矛盾した側面を互いに分離したままにしておく傾向がある。虐待を受けた子どもたちにとって、後に自己の擬人存在の基盤となる、これらの空想された部分対象は、包括的な自己システムからのかなり病理的な離脱を先取りしているのである。

　攻撃的な人々において、人格の養育的な側面が、破壊的な側面と同じくらい強力に現れる場合がある。私は次のように主張する多くの犯罪者たちと話をしてきたし、同様の主張をする犯罪者たちについての多くの記録を読んできた。彼らは、自分たちは平和を愛し、決して暴力を振るわず、神を愛し、法を遵守していると言い張るのだが、その姿は、虐待を加えたり容認したりする（実は同一の）「悪い」親から自分たちを守ってくれると想像されている、理想化された「良い」親とほぼ同じなのである。想像上の愛情深い養育者は、復讐心に満ちた語り手をなだめていく。自己のこうした側面は、善行を積むことによって、あるいは他者に苦痛を与えようとする自己の側面を監視することによって、身体的虐待や性的虐待によって傷つけられた子どもを浄化しようと努めるのである。

　ベッカー（1973）によれば、英雄的行為の本質は、死すべき運命を受け入れ

▽訳注7　清廉潔白な人を意味する。

ないことである。英雄的行為には、死に向き合うことだけでなく、死の危機を脱して帰還することも含まれる。このように見れば、「癒し人」人格を作り出すことは、耐え忍ばれた、あるいはエナクトされた暴力に対する、とりわけ強力な対抗策であることが理解できるだろう。

　例えば、暴力的で解離的なある受刑者は、自分は年老いた盲目の聖職者だと話すことがあった（興味深いことに、解離がある人の多くは、フロイトが出会ったヒステリー盲患者たちを連想させる「盲目」の人格イメージを持っている）。彼の職務には、自分の中の「赤ん坊」の面倒を見ることと、他の受刑者たちに聖職者としてカウンセリングを提供することが含まれていた。彼は両手を触れることで身体的な病気を癒すことができると言い張った。この儀式を行うことには、彼が被害者として強いられてきた恥と、加害者として背負ってきた罪とを打ち消す意味があるように思われた。それは、臨床家ならよく出会うような、わかりやすくてありふれた筋書きだったが、まぎれもなく確かな迫力を持ってトラウマを具象的に表現する筋書きであった。

　リフトン（1983）は、死のイメージ（分離、崩壊、静止）は、相補的な生のイメージ（結合、統合、活動）と、常に結びついていると主張する。虐待の筋書きの中にさえも、私たちは両方の性質のイメージが同時に現れるのに出会う。虐待の中で、保護者であり養育者である存在を喪失することと、性的な一体化を通じて親を結合により所有することの両方が生じる（あからさまに性的ではない虐待的な関わりでさえも、例えば殴打のような攻撃的な、身体を介した濃密な関係に伴う強烈な生理的興奮のために、強い性的意味を帯びる可能性がある）。実際に性的暴行において、子どもは同じ身体部位を責められるとともに刺激され、感覚麻痺とオーガズムが同時に生じ、オーガズムは生理的レベルの裏切りと生に対する力強い肯定の両方を象徴するのかもしれない。▽訳注8

筋書きのある即興と暴力的な決着

　法廷における弁論と演劇における雄弁の間の関連について考察する中で、エンダース（1999）は、「真実」は（少なくとも劇場と法廷における真実は）、演技的に作り出されると述べた。彼女が続けて述べるところでは、記憶とは、こうして作り出されたものを、その作り出された幻想がおおよそ現実に近いと言

▽訳注8　死のイメージと生のイメージの間には強力な結びつきがあるという観点から、性的暴行の被害に遭うという状況でもオーガズムを感じる場合があることを理解する1つの見方である。

える程度にまで、見分けられるように磨き上げたものにすぎない。効果を狙った山場において（法廷の最終弁論や演劇の終幕）、そうして具現化したものが、エナクトメントによって見せ場を作り、記憶が記録にとどめられ、保存されるのである。

> 真実についての幻想は言葉で表現され、その後、事実として記憶に送り戻され、こうして論理的な悪循環が生じる……言葉で表現されることによって、新しい作り話を生み出す素材が提供され、それが記憶イメージを生成し、そしてそれが真実らしい表現を生み出し、こうして暴力の解釈学的循環が果てしなく続くのである（p.117）。

これによく似た、しかしそれほど急進的ではない、虚偽記憶^{▽訳注9}とエナクトメントに関する考え方が、自伝や自分についての語りに対する社会構成主義者たち^{▽訳注10}の立場の支えとなっている。彼らは、そうした場での自己提示を、倫理的な不確かさを表現技巧により解消する試みだと考えるのである（サービン，1989）。そのような見方からすれば、語りとは、記憶を重ね合わせ記憶に染み渡っているメタファーを、具体的に表現したものである。「自己が発達してきた道筋について、うまく説明して語れる1つの『仮説』を一度用い始めると、私たちは自己の歴史の一瞬限りの断片さえも、それに調和するように形作るようになる」（ブルーナー，1994, p.46）。

語りの成り立ちと力動性についてのこうした理解を反映する現代的な精神分析の考え方では、たいていの場合、記憶は個人が独自に確立するよりも、推論を基に他者と共同して構築されるものと理解されている（シェーファー，1980；スターン，1997a）。言語が記憶を整理してまとめ、記憶が主観性の構成要素である限りは、自己は基本的に、たとえ言葉以外のものが語彙として用いられる場合であっても、対話的な性質を持つと思われる。例えばスターン（1997a）は、そもそも言語によって理解できないのであれば、そのような現象は「経験という状態に達する」ことさえ不可能だと主張する（p.14）。だから、非シンタクシス的^{▽訳注11}に意味づけられたトラウマを含め、畏怖、強い恐怖、戦慄、

▽訳注9　実際は起きていない出来事を、自分が経験した出来事として記憶していること。
▽訳注10　社会構成主義、あるいは社会構築主義には様々な異なる立場があるが、共通しているのは、私たちの認識は社会的文脈を離れた客観的な真実を捉えようとするものではなく、対人関係や社会的相互作用、文化的意味づけの中で枠づけられ形作られているという前提である。
▽訳注11　シンタクシスは、サリヴァンによって3種類に区別された体験様式あるいは意味の水準の1つで、対人関係の中で合意により確認された水準を表わす。

そして嫌悪に彩られた「不気味な」出来事さえも（サリヴァン，1953b)、結局は「すでにある程度の言語的構造を持つ経験と関連づけて」認識される（そして表現される）のである（ゼディアス，2002, p.11)。おそらくトラウマそのものに、意味を固定化し、そうすることで経験が細部まで明確に語られることを妨げ、語りによる表現を紋切り型に押し込める効果があるのだろう（スターン，1997b，p.134)。

　記憶は、記憶をコンテクストの中に位置づける説明的な語りと統合されなければ成立しない。自己の主要な努めは、葛藤する諸側面を1つの意味ある（そして合意により確認された）布置にまとめることである（マカダムス，2003)。また、私たちが自己を理解する際には、必ず意図の帰属が伴っている。したがって、自分が被害を受けた理由と他者を傷つけることを選ぶ理由を説明するためには、そうした行為の主体が創作されなくてはならない。恐れ、怒り、恥、そして罪意識が納められた、こうした語りによる創作物は、今度は、強迫的に厳密に筋書き通りに振る舞う、自己に内在する部分として経験される。エンダース（1999）が中世の演劇作品の表現技法の伝統の中に見たように、創作行為が行動を呼び起こし、記憶を具体化して表現して、暴力に結びつく残酷さと代償作用の雄弁な表現を生み出すのである。

　ロバート・ノックス・デンタン（1995）は、マレーシアの人々がブルヌル・ビブと呼ぶある種の解離状態で殺人を犯したセマイ族の男性たちの語りについて詳しく述べる中で、次のように書いた。

　　その物語の数々は、感情を欠いた淡々としたものに聞こえた。私はそこに秘められた感情を何一つ探り当てることができなかった。自責も、ユーモアも、皮肉も、してやったりという満足感も、自己弁護も、謝罪も、何一つなかった。語り手は、自分とは遠く隔たったものについてじっと考えているかと思われる様子で、宙を見つめたり、床に目を落としたりするのだった。語り手が一人称複数形を使っていなければ、彼が自分の話をしているとはわからなかっただろう。
　　こうした表現法は、皮肉とは異なり、語り手たちを彼らが感じた感情から保護するものではない。そうではなく、それは彼らの感情の空虚さをエナクトしているのである（pp.225-226)。

時は待つ

　自分が味わった経験が、容赦のない流れに押し流された結果であるように思わ

れるときに、無意味さの本質が顔をのぞかせる（マッティングリイ，1998, p.47）。

　マルティン・ハイデガー（1927）は、時間の現象学を人間の経験の基盤と見なした。本書でその行為が詳しく述べられている人々は、この点において人間性が欠けているように思われる。時間からの断絶は、つまり有益なやり方で時間を感知して順序立てることのできなさは、解離とエナクトメントを誘発する「象徴化の行き詰まり」を助長する（ブッチ，1997）、神経系および関係性の障害が次々に生じていく出発点なのである。

　ハイデガー（1927）は、「時間の忘我的な統一」について論じている。そこで論じられているのは、私たちの自己の連続性は、時間の3つの次元に同時に位置を占めて、現在の経験に歴史的意味と未来への意図を浸透させる能力に左右されるという考えである。彼の分析が示唆するのは、アイデンティティが私たちに本物と感じられるのは、それが時間と深くつながりを持ち、知覚、意味、欲望、そして期待を現在の中に折り込んでいて、その結果そうした想像の産物によって豊かになっている場合に限られるということである。過去、現在、未来のなめらかで無意識的な結合によって、人々は現在のアイデンティティの中に「実存的現在」を創造するのである（リクール，1980）。

　継続的な虐待が引き金となって多様な防衛が駆使されることに加えて、児童虐待によって、時間の諸次元を織り合わせて意味の豊かな世界を生み出す、正確な時系列の記憶が損なわれる恐れがある。ネヴァーランドの幼い少年たちと同じように、虐待を受けた子どもたちは、成長が止まったままであることを特徴としている。子どもの頃のアイデンティティが未完成であるのなら、大人のアイデンティティを考えることはできない。

　　（自己が出現し得るのはただ）時間との結びつきがある場合である。トラウマの経験は、そのような結びつきを完全に破壊する。被害を受けた子どもの自己は、はぎ取ることも、作り直すことも、成長させることもできない。なぜなら、時間の概念がなくては、こうした働きかけはどれ一つとして不可能だからである。ここで問題なのは、トラウマとなっている出来事だけではなく、不可欠な要素としての時間が失われていることなのである（スーザン・ワゴナー，私信による，2003）。

　フェニケル（1945）は、健全な心の働きと統制感の支えとなる時間の安定化作用について、感動的に述べている。結局、現在進行中の経験が時間に根ざし

ていないなら、今現在の現実が依って立つ確かな準拠枠は何もない。時間が止まれば、現実は夢のようである。それはちょうど、緩やかに非現実的に展開する犯罪の語りに耳を傾けるのと同じである。時間が止まれば、主体性が失われる。法律を破るのは、自分ではなく、自分の肉体を離れた自分の複製物なのである。時間が止まれば、対人的関わりは、報復的な攻撃を誘発する、ぼんやりとして捉え難い早期の傷つきの果てしない反復となる。だから、暴力的なエナクトメントの間に不安が侵入してきて、過去、現在、未来の結びつきがほどけるとともに、ハイデガー（1927）が思い描いた完璧な時間の融合ではなく、引き裂かれて生じた断絶が、そこに現れるのである。エナクトメントの間、それぞれの時間の次元は、それぞれの間を互いに行き来して他の次元を象徴的に眺めることができる視点であるよりも、互いに行き来のできない閉じたシステムになっているのである。

　ある駐車場で起きた突発的な襲撃事件について考えてみたい。捜査資料によれば、その銃撃犯は、コーカサス系の男性、前科なし、現在も母親と同居中という、際立った特徴のないタイプの加害者である。被害者と彼は、彼が顧客たちとの不適切な関係を理由に解雇されるまで、同じ会社で働いていた。彼は初め警察に対して、自分のことを「とてもリベラル」で「フェミニスト」であると語った。もしかすると被害者は自分に恋愛感情を持っていたのかもしれないと、彼は思っていた。彼は、自分の犯行動機は憎悪であると「推測した」。「ぼくは刃物を振り回すような性格じゃないし、人を絞め殺したりもしない。**ぼくには人間のことはよくわからないんだ**」（このような主張を彼は何度も繰り返した）。自分は14歳のときに死んだんだと、彼は言い張った。

　後になって、被害者は生きて元気にしており、すべては架空の演じられた出来事だったのだと、彼は信じるようになった。「彼女はスーパーマンか何かのように（銃弾を）吸収したんだ」。こうして彼は、あの犯行場面は仕組まれたものであって、被害者は死んだふりをしていただけなのだと主張するようになった。思い出してみれば、結局のところ、彼は14歳のときに死んだのであって、主観の中の銃撃者は実在しなかったのだ。だから、それはすべて、死体が歩き死者が物語を語る、熱にうなされた夢だったのだ。

　このような犯罪者たちは通常、妄想型統合失調症と診断される。この犯罪者が抱いていたような、シゾイドおよび統合失調症様状態における虚無妄想[訳注12]に関

▽訳注12　否定妄想とも呼ばれ、世界や、自分の身体、自分の存在そのものなど、その実在性を否定する妄想である。

する議論において、レイン（1959）は、時間的自己の不連続性を死の不安に関係づけた。「自己は生きた実在的なものとなることをおそれる。なぜなら、そうすることによって、絶滅の危険がただちに生じてくるからである」（邦訳149頁）。

存在論的な否認は、結局は裏目に出て他者を殺す欲求を誘発し、それをレインは死のループと見なした。このようなブーメラン効果は、本書で述べた他の多くの犯罪者たちにも同様に当てはまるのだが、何とかして被害者を生き返らせようとする先ほどの犯人の欲求の説明になるだろう。特にこの殺人犯は、被害者の死は偽装されたものだと誰よりも頑固に主張したが、私の経験では、被害者は「本当に」死んだのかという疑いを加害者たちが持つことは珍しいことではない。このような疑いの気持ちが、犯罪プロファイラーたちが「過剰な殺人」と呼ぶエピソードにつながることがある。一般的には、過剰な殺害行為は激しい怒りの暴走のせいとされるが、私にはそれは、多くの事例において、過剰な絶滅不安によって引き起こされているように思われる。それは、数多くの低予算ホラー映画で見られるような、自分が受けた襲撃に報復するために被害者が復讐心を燃やして起き上がってくるかもしれないという恐怖なのである。

　他者の独自の人間的特質を無価値にすることによって自己の自律性とアイデンティティとを守ろうと試みれば試みるほど、一層そうすることが必要だと感じられてくる。なぜなら他人の存在論的地位を否定するたびに自己の存在論的安定が減少し、他者から自己への脅威は増大する一方であり、そのためますます絶望的に他者が否認されねばならなくなるからである（レイン，1959，邦訳66頁）。

レインの記述は、過剰な殺害行為を説明する見方の1つとして、私がこれまで見てきた中で最も適切なものである。

無から生まれる意味

　（語りの継起には）分身や、影や、原因が必ず伴う（カーモード，1980, p.83）。

シェーファー（1980）は、自分の人生について一定不変の見方しか持たない者はいないと述べた。質問、内省、そして組み立て直しを通じて、多様な語りはまとめ上げられ、ついには人生の全体像をつかみ取り、さらにはその本質を抽出する。しかし、人生についての語りは、もちろん始めからそのように進む

わけではない。誰にとっても、しかも虐待を受けた子どもにとっては強い痛みを伴うのだが、自分の身に起きた数々の不合理な出来事に、筋を通さなければならない。これを最もうまくやり遂げることができるのは、そうした出来事を冷静に語る語り手である。そのような語り手は、経験に前後のつながりと意味を加えることができるとともに、自己と物語の聞き手との間に対人空間を作り出し、物語の聞き手は、もともとの虐待的な養育者たちと同様に、偽りの自己を合意により確認するのである。物語る自己が生み出すのは、「自分が積み重ねてきた行動の核にあると思われるものにぴったりと合う役割のエナクトメント」であり、それは大まかに、行為の意思決定の妥当性確認に好都合な、紋切り型の性格タイプや典型的な筋書きに基づいているのである（サービン，1989, p.194）。

　想像上の行為主体を生み出して解離されたトラウマを表現する人々は、単に物語を提供しているだけではなく、以前は説明のつかなかった数々の出来事に前後関係と意味を与えてもいるのである。本人自身のトラウマの歴史には、合理的な筋書き、はっきりとわかる悪者、時間の流れとのつながりが欠けているのに、解離により生み出された副次的語り手は、物語に「筋を通し」、意味と説得力を提供し、因果関係の錯覚をもたらす時間的序列を与える（サービン，1989）。事実をねじ曲げ、圧縮し、ねつ造することで、物語には普遍的で警告的な性質が備わり、トラウマという本来の性質の限界を越え出た過剰な意味を獲得するのである。

　マッティングリイ（1998）によれば、語りが生まれるのは、何が起きたかを伝えるためだけではなく、「過去の出来事について価値判断する視点」を提供するコンテクストの中に、出来事を位置づけるためでもある（p.29）。このような理解がとりわけぴったりと当てはまるのは、自分を虐待した者と自分自身の傷ついた自己の両方を屈辱から守らなければならないと感じる、かつて被害者であった加害者たちである。それぞれの語り、ならびに想像上の人格イメージは、発端と結末のつながりを、つまり虐待と暴力犯罪のつながりを説明して正当化する主張となり論拠となるのである。

　マッティングリイが述べるように、現実の語り手たちは、文学作品の中の語り手たちと同様に、物語を高みから見下ろし、特権的な視点を提供し、その結末が不可避だったかのように回顧的に語るのである。

　　　語り手は、多かれ少なかれ始まりから物語を語ろうとするが、自分なりに物語をまとめ終えてから始めるのであり、それはバルトが「時系列の錯覚」と呼ぶも

のを生み出す……物語に構造があるのは、語り手がどこから始めるべきか、何を取り入れ何を排除すべきか、自分が物語っている様々な出来事をどのように強調し、評価し、結びつけるべきかを知っているからであり、結局はどこで話を止めるつもりであるかを知っているからである（p.38）。

巧妙で防衛的な語り直しの中で、時系列の解体によって、つまりトラウマの影響で過去、現在、未来が切り離されたことによって、語りは並べ替えられて、そこに新たな因果関係が感じ取られる。「ぼくは人を殺した」という結末から、「母はぼくが悪いことをしたときにしかぼくを殴らなかった」という発端へと進む語りもあれば、「ぼくは誰も傷つけたことはない」という発言から、虐待についての健忘へと回顧的にさかのぼる語りもある、といった具合である。サリヴァン（1956）が解離の過程について述べたように、間違った説明を補強する偽物の記憶がいとも易々と姿を現すことは、驚くに当たらない（p.174）。説明のための物語と、その構成要素である役割のエナクトメントは、絹のように滑らかになるまで、子どもの頃から、対人関係を舞台に繰り返される。習うより慣れよ、なのだ。

リクール（1980）の所見では、反復することの本質は、振り出しに戻ることで、今度はうまくやれるだろう、未来が変わるだろう、新しい結末にたどり着いて過去を書き換えることができるだろうといったように、想像によって自分の可能性をしっかりと見通すことにある。「行動化は想起の一形態である」が（シェーファー，1980, p.38）、解離のある人々に当てはまるように、エナクトメントを物語として提示することは、幸福な結末ではなく、苛酷な経験という結末に結びつく歪曲を生むのである。

考　察

犯罪者たちにしばしば解離が見られることに注目してきた司法臨床家たちがいる一方で（メロイ，1997a；ルイスとバード，1991；ルイスら，1997；スタインバーグとシュナル，2000）、犯罪者たちを相手に仕事をする人々の中には、解離の診断の信頼性に疑いを持つ人たちもいる。例えば、シュレシンジャー（2000）は次のように述べている。

> 「別の人格に乗っ取られた」というこの犯罪者の説明は、多重人格や解離の徴候ではない。この連続犯罪者は、自分がしていることの中身をしっかりとわかっ

ている。彼は自分の行動のほとんどを統制できるのに、自分が置かれている緊張状態から解放されたいがために、そうしないことを自分で選んでいるのだ（p.13）。

　こうした仮説が幅広く通用するとは私は思わないが、シュレシンジャーのコメントは、解離の意識的な促進という問題を鋭く指摘している。つまり、犯罪者たちが、その瞬間の絶滅不安を回避する手段として、また犯行後に問われる自分の責任能力を無効にする手段として、意図的にトランス状態を利用して脅威を回避する可能性である。解離過程に頼る習慣は、自己と他者の境界を曖昧にすることで進むが（メロイ，1997a）、このことが、実際に健忘があるか否か、明瞭な人格の変化を経験しているか否かに関係なく、暴力犯罪者たちの実質的な特徴なのである。

　解離のある患者たちとのセラピーからフェレンツィ（1927）が推測したように、解離した擬人存在の種子は、裏表のある偽善的な虐待者たちとの同一化という土壌にまかれる。演技的な人格イメージは、継続的な、多くの場合かなり意識的な欺瞞を通じて育まれる。無意識的な要因と意識的な要因のこのような混合が理由の一部となって、被告側が犯行についての健忘を簡潔に主張するのではなく、解離された複数のアイデンティティの存在を主張する場合に、刑法で有罪の決め手とする上でほぼ欠かせない被告の意図性を棄却することが、刑事司法制度では非常に難しいのである。結局は、**誰か**が凶器を手に入れ、犯行の機会を捉え、警察の目を逃れているのである。そうしたことから、19世紀のある時期から、責任能力についての法律的公式見解は、「無意識」状態（例えば、健忘、夢中歩行）と「二重意識」状態を区別し始めたが、意識の障害から人格の障害への法医学上の呼称の変化は、1970年代に入るまで起きなかった（アイゲン，2003）。ロンドン中央刑事裁判所の裁判記録を資料とした「心理的不在」の犯罪事例についての優れた報告の中で、アイゲンは法律の修正が持つ重大な意味について次のように述べている。「これは決して無意味な哲学上の問題などではない。もし第2の状態が単なる無意識の状態であるなら、人格に関する法律解釈は、つまり、意図を持つ者とは行動することを選択する者であるという解釈は、深刻な異議申し立てを受けることになる」（p.22）。

　換言すれば、意識が統合されていない状態を承認することは、意識の多重性という主張を根拠に被告たちが免責される可能性を**低下**させてきたのである。なぜなら、「意識を失って」自動的に行動する人たちの場合はそうは考えられないが、たとえ第2の（あるいは第3の、第4の）自己であっても、この公式見解では意図を持った行為主体と考えることができるからである。

解離性同一性障害とその前身である多重性人格障害は、とりわけ刑事司法の世界では、解明されるどころか不幸にも混迷を深めてきた診断名称である。全般的に、解離のある人が持つ人格イメージを具現化させる臨床的風潮が、解離をめぐる理性的な議論を妨げてきた。このことはとりわけ、二重人格を減刑措置の基準とする司法的評価について言える。解離性同一性障害を、自ら課した飢餓状態に衰え苦しむ患者が鏡に映る自己像は太っていると言い張る拒食症とそれほど違わないものと見なすナンシー・マクウィリアムズ（1994）の考え方に、私は常に好感を持ってきた。世間は（臨床家たちも含めて）、そのような拒食症患者の自己認識を、彼らの症状が実は同じ身体感覚の一部の現れであるかもしれないのに、私たちが解離性同一性障害の患者たちの多重的な意識を扱うときと同じ意味では、独立した「本物」とは決して考えないのである。

　私は次のことを強く感じている。現在の精神医学の分類法は、臨床家たちに解離のある患者たちが想像によって作り出したものを具現化させるように促しているが、そのやり方は、適切な治療も信頼できる理論も生み出していない。DSMの解離の診断基準は、別々の意識を持った別々のアイデンティティの存在を診断のために要求しているが、これは非常に比喩的な意味でしか満たすことができないのである。

　私が面接した受刑者たちの場合、意識的な素材と無意識的な素材を、そして語りの声を互いに区別する境界線は、主観的な認識では互いにしっかりと区別されている場合でさえも、あちこちに穴があいていた。感情と経験は、縦にも横にも漏れ出ていた。そうした理由で、意識と無意識にまたがり極度のストレス下では抑制がなくなることのある対立的な自己、あるいは影の自己に注目するリフトン（1986）の二重化理論に、私は興味を引かれる。

　二重化理論が主に扱うのは、「自己の全体としての機能」（p.420）であり、心理的に混沌としたものを整然としたものに、また部分を全体に置き換えようとする人間の基本的なニードである。これは、分裂についての（ブロイアーとフロイト，1893-1895；クライン，1921）、ならびに解離についての（エレンベルガー，1970）、古典的な精神分析的定式化に対する重要な補足である。おそらくそうした古典的な定式化は、暴力の急激な高まりを促進する解離的な防衛の役割の説明よりも、最初のトラウマの機会に起きることの説明のほうに適している。

　彼らの心の状態が満ち足りたものではないことを考えれば、私が面接した犯罪者たちがよりまとまりのある自分の物語を生み出そうと努めたことは、まったく当然のことである。ただ実際には、彼らの偽りの自己は、いくつかの点で、

深い広がりと複雑さを備えた本物の人格の構成物との共通点よりも、誰もが自分自身について再編集して作り直す物語との共通点のほうが多かった。その一方で、多くの犯罪の物語が生まれ続けている悲惨な状況のことを思えば、その筋書きが破壊的な道をたどることは、当然とは言えないとしても、予測できるのである。

第6章

結論：自覚と責任能力と制御

　福音主義の伝道師と犯罪プロファイラーは、著しくよく似た姿の怪物や悪魔を描き出すものである（レスラーとシャットマン，1992）。医師たちは、「恒常的で残虐な暴力の（基礎にある）遺伝子を分離することが可能になり」、未来の殺人者たちを予防的に識別するために脳画像技術が活用できる時代の到来を夢見ている（モリソンとゴールドバーグ，2004）。ニューヨークタイムズ（ケアリー，2005）は科学欄のトップに、「人々を心底驚かせる」殺人を犯す犯罪者たちを判別する指標として「邪悪さ」を用いる方法についての記事を掲げている（この尺度の作成者は心理学者のマイケル・ストーンである）。こうした現実離れした考えに暗に含まれているのは、犯罪とは「生身の人間によるよりも（むしろ）霊的な力により」遂行される魔術的な行為であると信じられていた時代に、私たちを連れ戻すような考え方である（ライク，1945）。犯罪的暴力を異常なものの現れとして、さらには非人間的なものの現れとして扱う姿勢が、一般に科学的だと見なされている領域において、ますます受け入れられるようになっている。実際には、暴力とは非常に人間的な振る舞いの極端な現れであるのに。

　邪悪さの段階尺度と名づけられたストーンの22項目のチェックリストは、「非人間性の程度が高くなっていく」と尺度作成者が考える順に項目が並べられている。この尺度のもとになっているのは、ミロンら（1998）がまとめた278人の殺人犯たちの伝記から、ストーンが引き出した見解である。明らかに、それは攻撃的な人々のグループを代表する典型的なサンプルとは言えないが、それでもたいへん興味深いサンプルである。ストーンが妥当だと考えている暴力行為の分類法は私の考えとは合わないが、それでも、次のような主張で論文を締めくくっている点は、彼の見識を示している。それは、非常に暴力的で邪悪な人々の多くに児童虐待の既往歴がごく普通に見られ（彼は75％という数

字を挙げている)、そのような邪悪な行為は、虐待が起きている家庭への早期介入と、これから親になる人たちを対象とした子育てについての教育によって、最も効果的に抑制できるだろうという主張である (p.354)。これこそが、まさに私が主張してきたことである。しかし残念なことに、「邪悪さ」を診断カテゴリーとして提案することで、ストーンは尊敬を集めている多くの司法関係者たちと (そして、子どもの頃に虐待を受けて育った大人たちと)、同じ轍を踏んでしまっているのである。つまり、彼らは問題の源泉を正しく認めるのだが、その後で直ちにそれを別のものにすり替えてしまうのである。

攻撃性の闇

　犯罪について学ぶ学生の多くは、社会への順応と逸脱とを区別する境界線をどこに引けばよいかに強い関心を払うものである。しかし私は、様々な行動は1つの連続体を成しており、そういった境界線によって分けられるものではないと強く感じてきた。法を犯す行為は、飲酒運転やデイトレイプのような明らかに法に触れる行為ばかりでなく、まったく合法的なごまかしや堕落行為や危険な行動をも含む、1つの連続体の中の一部であるように、私には思える。私の実践の場に当てはめれば、精神病理についてのサリヴァン (1953a) の次のような意見は、非常に恐ろしい暴力にも例外なく当てはまる。「その対人的過程……は、われわれが一日二十四時間のどのあたりかで現わす対人的過程と厳密に同一の材料からつくられている」(邦訳25-26頁)。様々な攻撃的な行為の間の違いは、本質の違いにではなく、程度の違いにある。ある人やある状況においては生き延びることを助ける安全保障操作も、人や状況が異なればうまく働かないのかもしれないのだ。

　例えば自爆テロのような、非常に過激で恐ろしい行為でさえも、その実行者がもっと普通の、あるいは社会に受け入れられる方法ではどうしても伝えることができなかった痛み、怒り、そして孤独をめぐるどこにでも見られる人間的な苦闘を増幅したものなのである。本書で詳しく述べられた数々の犯罪者の語りと同様に、自爆テロの志願者や未遂者たちとのインタビューでは、絶滅と見捨てられの恐怖による心身の麻痺状態 (ラッカー, 2002)、不安定な内面 (ヴォルカン, 2002)、そして混乱したアイデンティティのパターンといったことが示されてきた (ヴォルカン, 2002)。ロイド・デマウス (2002) の考えでは、多くの国に蔓延する残虐行為、性的虐待、そして子どもたちへの傷害行為は、いかがわしい指導者たちによる搾取の絶好の餌食となってしまう人々を生み出

してきた。そうした指導者たちは、虐待の被害者たちの解離された怒りを導いて政治的な目的に利用するのである。そうだとすれば、政治の問題はまぎれもなく個人の問題なのである。

手段と目的

　犯罪プロファイラーたちは、「手段としての」暴力と「表現としての」暴力とを対比して語ることが多い。こうした分類によって、特定の快楽追求を目的に暴力を振るう人々と、衝動や精神異常に駆られて暴力を振るうと見なされる人々とを区別しようとするのである。しかし、これもまた間違った二分法なのだ。そこで重要な前提になっているのは、大多数の犯罪者たちは行為の結果起こり得る事態を考慮して、理性的で意識的な選択に基づいて行動するものだという見方である。その背景には、人は常に可能な限り最小のコストで最大の満足を得ようとするものだという、幸福計算の考え方がある（ベンサム，1791）。ギリガン（1996）が述べているように、犯罪を説明する「合理的利己主義」理論が抱える唯一の問題は、**それがまったくの間違いだということである**（p.84, 強調は引用者による）。犯行状況と犯罪者の語りについて私が行った綿密な検討から、大多数の犯罪者は、たとえ彼ら自身の身の安全や自由がかかっている場合でも、たいていは、自分の行為の結果の善悪をほとんど気にかけずに、反復強迫と解離的エナクトメントの間のどこかの水準で行動することが明らかになった。暴力はいつも生々しく未処理のままに出現するのであり、計算された行動にはほど遠い。しかも多くの場合、とても幼い頃に置かれていたのと同じ苦境に陥ると出現するのである。そのために、捜査官たちが特徴的な手口と呼ぶものが犯行に表れるのだ。それは、深く刻み込まれた非常に幼い頃の苦痛な経験を取り除くために編み出された、防衛的な儀式なのである。大部分の犯罪は、儀式の現れなのであって、思考活動の産物ではない。

解離からエナクトメントへ、そして再び解離へ

　上に述べたことは、大部分の暴力が無原則に、あるいは無目的に振るわれるという意味ではない。たいていの非身体的攻撃も同様であるが、すべての暴力には、暴力を振るっている者が感じている脅威を緩和するという非常に明瞭な目的がある（ギリガン，1996；ハイアット＝ウィリアムズ，1998）。そうした脅威には、正当防衛による殺人の場合のように、極めて現実的な脅威もあれば

（ウルフガング，1958）、薬物使用により促進される暴力や、路上強盗（ルジューン，1977）、動機の見当たらない殺人の場合のように（サッテンら，1960；ホルコムとダニエル，1988；ストーン，1993）、程度は様々であるが、想像上の脅威もあるのだ。

　感じられた脅威に対する反応は、次のように展開する。漠然と危険な感じがして、人はその危険がどこからくるのかを見つけ出そうとする。脅威は外界に投影されて、特定の対象の中に具現化する。そうなると、快不快に関わるいかなる思いよりも、自分が破壊し尽くされてしまうのではないかという恐れのほうが重要になる。このレベルの強い恐怖が心の中にとどまると、深刻な抑うつや精神病、あるいは自殺という結果を招く恐れがある。このように感じられた切迫した危険を外在化することに成功したときにのみ、そうした恐れを効果的に封じ込め、いつか根絶やしにする可能性が生まれるのである。

　様々な攻撃方法が出番を待つ中で、侵入的思考、夢幻様状態、強迫思考、ストーキング、あるいは犠牲者を求めて探し回ることといった、攻撃を実行に移す前の心理作用を通じて、心の中での抑制が行われる。こうした解離的であったり、妄想的であったり、強迫的であったりする行動への抵抗こそが、しばしばプロファイラーたちによって、意識的で意図的な空想だと誤解されるのである。確かに、中には行動を誘発する未熟な空想も見られるだろうが、それらは破壊的であるより、むしろ建設的な可能性を秘めているのである。現実的な空想によって、人は起こり得る様々な結末とじっくりと向き合うようになる。特にそうした空想がカタルシスをもたらすほど豊かであれば、将来犯罪者になるかもしれない者は、**それらの中から自分の行動を選択することができる**のである。それとは反対に、解離した夢想は、苦痛に満ちた、思考以前のものにすぎない。ほとんどの場合、解離されたものは、それについて考えることが可能にならない限り、エナクトメントを生む定めにある。

　将来犯罪者になるかもしれない者の防衛的な麻痺状態が非常に強くて、犯罪計画を実行に移すことができない場合、実際に暴力が行使される前の潜伏活動

▼原注1　路上強盗犯たちとの興味深い一連のインタビューにおいて、強盗たちが自分の狙う被害者たちをどれほど怖がっているかが報告されている（ルジューン，1977）。
▽訳注1　自分の意識的な意思とは無関係に、例えば性に関することや、死に関することといった、多くの場合、不快であったり、自分を脅かしたりする考えが頭に浮かぶこと。
▼原注2　私がここで使っている思考以前のものという用語は、知られているものではあるが、トラウマの影響により象徴的表象のレベルで心理的に処理されていないものという意味である。ボラス（1987）は、この用語を言語習得前の子どもの基本的な感覚受容の性質を示すために定義したが、それとは意味が異なる。

が数年間に及ぶことがある。BTK（「拘束し、拷問し、殺す」の意）として知られた連続殺人犯デニス・レイダーの場合も、そのような麻痺状態のために、殺人行為に没頭する時期と時期の間に長い中断があったようである。彼は強迫的であったために、自分の「計画」の細部を完全に仕上げるまで、殺人を実行せずにいたのである。理想的な犠牲者、場所、方法を探し求める彼の綿密な調査は、彼が非常に熱意を注いだ、自分が居住する小さなコミュニティにおける「管理者」としての活動と好都合に重なっていた。例えば彼は、コミュニティ内の家屋所有者たちが地方条例を守っているかどうかを確認するため、芝生の長さを時々調べて回ったほどである。彼の事例のような場合には、強迫性と妄想的な警戒心が、衝動的に暴力を振るうことを一定期間食い止める働きをしたのだろう。しかし一方で、それらは未来に起きることを密かに心の中で試行することにもつながる。これは、プロファイリングの文献で論じられる意識的なリハーサルとは別物である（バージェスら，1986）。サディズムに駆られてあることに夢中になった結果として、大部分意識されずに行われるにもかかわらず、最終的に結実した行動が非常に巧妙なものに見えるのである（サリヴァン，1956）。

　残念なことに、たいていの場合、攻撃の自制は長続きしない。エナクトメントの瀬戸際にいる人々にとって、敵意をかき立てる対人関係上のきっかけには事欠かない。遅かれ早かれ、その環境の中の誰か、あるいは何かが脅威に感じられ、反撃あるいは筋違いの攻撃が引き起こされる。残忍な行為によってその脅威が消失するとたちまち、加害者の内面の恐怖は静まり、無傷の状態のアイデンティティが再び姿を現すことができる。そして、暴力を働いたことそのものが、まったく忘れ去られてしまうのである。こうしたことは、犯罪者たちばかりでなく、兵士たちや警察官たちにも当てはまるだろう（バーク，1999；リバードら，2002；ヘンリー，2004）。

　すべての暴力行為が完全に忘れ去られるのだろうか。もちろんそうではない。ほとんどの犯罪者たちは、自分の言いつけ通りに犯罪を実行する独立した交代人格を発達させるほど、病理的な解離があるわけではない。早期のトラウマの記憶の多くもそうであるように、大部分の攻撃者たちは、敵対的行動の少なくとも一部は意識している。しかし、極端な病理が存在しないからといって、残虐行為において解離とエナクトメントが果たす役割に関する議論を怠るべきではない。

　自分の身に起きた災厄に対する反応としての解離は、自身を破壊する恐れのあるプログラムを自動的に終了させるコンピューターシステムに似た、生来的

に備わった安全装置であるとともに、入ってくる情報を巧みに処理する経験的に身についた技術でもある。例えば、一部の殺人犯たちは多くの労力を費やして、自分と被害者が離人化を起こすように、犯行前ならびに犯行後の筋書きを実行する。その際に、かつて被害者であった加害者は、幼い頃に数々のトラウマを受ける中で研ぎすまされ、目覚ましい効果を発揮するようになった、解離を行う生まれつきの資質を、たいていは意図的に利用する。筋書きの実行者は、首尾よく攻撃行動を促進するトランス状態や、自動症や、認識と感情との分裂を誘発するのに最適の力動的状況を経験的によく知っており、それらを利用するのである。

　虐待に満ちた家庭で生じがちであるが、とりわけ言葉にできない無力さを中核としてアイデンティティが発達してきた場合には、そのようなシステムの初めに戻り直して力強いアイデンティティを再建しようとする動きが、どうしようもなく起きてくる。時には、しばしば過大な自己価値感を伴って、はっきりと意識されないままにそうしたエナクトメントを組み込んだ、「別の自己」が形成される。私が理解する限り、サリヴァン（1953a）によれば、別の自己は、人格の解離した部分の中に、すなわち自己力動態勢の領域外にある。見下される恐れに絶えずさらされている人々にとっては、自己の外部にあるそのような部分は、しばしば価値や地位の高いものに感じられる。このような部分はエナクトメントの中に姿を現すのだが、対人世界において重要な他者から承認されることで意識できるようになる。次のような場合に、暴力に対してそのような承認が与えられることが多い。それらは、暴力が一定のグループ内で容認される場合、暴力が権力の印と見なされる場合、暴力によって自分のジェンダーや地位が一定の社会集団の中で保証されているといった場合である。暴力が合意に基づいて承認され、その結果自分でも認められるようになると、暴力行為は忘れられることが少なくなる（それどころか、それはたいていあり得ないほど克明に思い出される）。しかし、正確に思い出されてはいても、そこで経験されたことのあらましだけでなく、その意味を伝えるはずの感情的なコンテクストは、そこには失われているのである。

　日々の雑事を何とか切り抜けている多くの人たちでさえも、意識されない攻撃的行為の中に、何がしかの脅威を感じていることがうかがわれる。内心の緊張から競争相手を言い負かしたり、路上で若い女性をひやかしたりすることは、

▼原注3　これは、かつて被害者であった加害者ばかりでなく、私たち全員にとって生まれつきの資質である。

心的まとまりを維持するための攻撃のありふれた例である。こうした日常の出来事には、健忘こそ伴わないものの、ある程度の否認が見られるものである。よくあるのは、攻撃の原因は相手にあるとか、相手は密かにそれを楽しんでいたとか言い張ったり、さらにはその攻撃が相手を傷つけたことをまったく否定したりする例である。

　離人化ならびに現実感喪失という手段は、攻撃的な行動を生み出すという点で、エナクトメントを容易にする無意識的な触媒であり意識的な戦略である（例えば、私の経験では、酒を飲み過ぎたために人を殺してしまったという事例よりも、自分が意識的あるいは無意識に実行したいと望む殺人から解離により距離を置くことが容易になるように酒を飲んだという事例のほうが多い。酒場に男が1人で来て、自分を怖じ気づかせる女性に声をかける場合にも、おそらく同じことが当てはまるだろう。「酒の勢い」というのは、解離されたエナクトメントと同義語なのである）。そうした行為が部分的に自分のものであることで、やましさに伴う満足感が得られ、部分的に解離されることで、そうした行為の思慮に欠ける反復が事実上促進されるのである。

　自分の行為についての意識の揺らぎを、リフトン（1986）は二重化と名づけた。彼はこの概念を用いて、全体主義やカルト崇拝や集団虐殺へと道を開く人間性喪失という機械化された行動様式を、人が身につける過程を説明する。二重化という用語が注意を向けるのは、意識の分割とは対照的な、意識の複数性であり、人や出来事に単に注意が向けられない状態とは対照的な、積極的にそれらから目がそらされる状態である。リフトンが論じる筋書きでは、起きた出来事についての知識と記憶は存在しているのだから、自分が行為主体であることは完全に否定されるわけではなく、常にひどく歪曲されるのである。これが、犯罪者たちを積極的に封じ込めて矯正することを目指す刑事司法組織で働く多くの人々の考え方とも共通する、一般的な犯罪者像なのである。

共感から自制へ、そして再び共感へ

　愛着や共感といった、暴力を抑制する内面的な調整の働きは、人間においてはもろく崩れやすい。このことは、私たちの社会的相互作用全般に非常によく見られる無作法な振る舞いによって、十分に立証されている。しかしそれは、犯罪者の冷酷な態度を際立たせて説明する必要に迫られると、しばしば無視されるのだ。犯罪者について書かれた文献では、愛着と共感をめぐる考察を必ず目にする。なぜ彼らがそうであるのかという理由については多様な意見がある

のだが、犯罪者たちは愛着と共感を持ち合わせていないか、あるいはそれらをまったく欲しないという点には、誰もが確信を持っているようだ。

　私たちは共感を、他者の恐怖、痛み、悲しみ、あるいはまた喜びに共鳴し、自分たちの反応をそれに合わせる能力と考えている。共感は情緒的なコミュニケーションの基盤なのである。サリヴァン（1953a）は、ほどよい共鳴関係を保っている養育者と乳児の2人組における情緒的感応を示す言葉として、共感という語を用いた。共感は、養育者が乳児の最も基本的な欲求をどのように判断して満足させるかに関係する。その過程で、養育者は乳児のばらばらの感覚をまとめ上げて、それに名前を与えて、その表出の仕方の文化的規範を伝える。こうした共感的認識こそが、子どもに、そして成長した後の大人に、大切な養育者が不在でも慰めを与えてくれる、移行対象や移行経験の原型を形作るのである。言い換えれば、自らを落ち着かせることのほうが、自らを律することよりも先なのである。通常の環境においては、移行経験によって、外界にあるものによって慰められる状態から自己統制ができる状態へと発達が円滑に進み、内的現実と外的現実が平和に共存できる空間が生まれるのである（ウィニコット，1965）。

　育児放棄や虐待によって親子の身体的な相互依存関係が損なわれると、生理的領域から感情領域への変換が生じなくなる。子どもの身体内の感覚は、それに随伴する現象としての心理的広がりを一切持たなくなる。身体的な現象が感情的な言葉で解釈されることなく（例えば、血が煮えたぎるが、腹が立つということになり、木の葉のように身体が震えるが、恐ろしいということになる）、そうしたことにまったく注意が向けられなくなる。身体感覚が強まっても弱まっても、それに対応する感情とは結びつかない。トラウマが続発するうちに、強力な情動は他者から発しているものとして受け止められるようになり、その結果、そうした他者が自分の内なる苦痛を引き起こすのだと感じられる。リチャーズ（1998）が述べたように、「こうした乳幼児たちや子どもたちは、親や他者に対する自分の感情と評価に向き合うことができない（もちろん受け入れることもできない）。彼らの人生のほぼ最初から、それは無理矢理に、また無慈悲に自分たちに押しつけられていると感じられるのである」（p.75）。そうなると結局、自分の内的状態を調節するには、こうした想像上の不法侵入者を媒介する以外に方法がない（クリスタル，1988, p.319）。ラクマン（2000）は、発達過程に重大なトラウマが刻まれると、他者を犠牲にすることが調整的かつ補償的な意味を持つ行為になる可能性を指摘している。つまり、攻撃性を解放することで、かつてのトラウマ的な状況下では起きなかった緊張状態をある種

の満足感に導く変換が起こるのである（p.141）。自分の意思を強引に他者に押しつけることに執着することは、控えめに言っても、人や事物を移行現象として活用することを妨げて、他者の無防備さを直観的に見抜く「邪悪な共感」と呼ばれるものは別として、共感的態度の発達を阻害するのである（p.11）。

　移行対象であったテディベアにひどく脅かされるようになり、ついにはそれを破壊してしまわなければならなくなった犯罪者の事例を思い出してほしい。この事例のように、一部の子どもたちにとっては、その子ども自身の自己の分裂排除された部分である想像上の仲間たちが、唯一の移行対象なのである。こうした想像上の仲間たちは、邪悪な意思や高潔な意思を抱いて本人の代わりに行動する親友となることもあれば、自分および他者を破壊せよと迫害的に命じる声にもなり得るのである。ウィニコット（1965）が説明した発達促進的な環境とは異なり、このような苛酷な状況では、対象と多様な関わり方をすることや、現実を多様に評価することは容易ではない。非常に極端な場合には、複数の自己状態の間で建設的な行動や想像を見通す視点を互いに行き来することができずに、どの自己状態もそれぞれに、変えることができないように思える迫害的な世界観にはまり込んでしまう。こうして、解離のためのある種の条件が整えられる。そこでは、過剰な刺激も、刺激の欠乏も回避できるが、その代償として、その両極の中間にあるものすべてが犠牲になるのである。慢性的なトラウマ状態においては、主観から最も疎遠な部分が、最も活発かつ継続的に作動する。それはストレスを受けると姿を現し、標的を探し求め、そして破壊するのである。

代理的な実行者：見えざる手

　　世の中には目に見える世界と見えない世界がある。だから人々は傷つくんだ。
　　　　　　——自分の犯行を私に説明したある受刑者の言葉

　数知れないかつて被害者であった犯罪者たちが、暴力を行使する見えざる何者かの仕業によって、自分の本当の自己が見えなくなってしまうという矛盾した感覚を抱えて生きている。このことは、主観の中の「自分でないもの」が、どれほど強く自分の行動を支配していると感じられているかを表している。「自分でないもの」という擬人存在は、対人的経験の中の純粋な不安から生じ、その後、似たような「純粋な緊張」を呼び起こす状況で再び現れる（サリヴァン，1953b，p.45）。しかしながら、犯罪をめぐる議論においては、自分の行動

を支配する代理的な実行者が生まれる関係的コンテクストが、著しく軽視されがちである。

　他の点では進歩的な考えを持つ人たちの多くも、児童虐待や犯罪にまつわる一般受けする言い回しを支持して、心的外傷後ストレスと解離を現代の「流行の言い訳」と呼んできた（ラドウィン，1991）。例えば、有名な刑事弁護士、アラン・ダーショウィッツ（1995）は扇動的な書名の本を著し[原注4]、児童期の虐待または成人期のトラウマがあれば法廷において刑罰を軽減するべきであるという考えに異議を申し立てた。マーガレット・ヘイガン（1997）は、彼女が「法廷で無節操に振る舞う者たち」と呼ぶ法廷弁護士たちに、解離を含む虐待の心的外傷後の症状を根拠に被告の責任能力に異議を唱える法廷戦術を提供したとして、ハーバード大学の研究者であるベッセル・ヴァン・デア・コークとジュディス・ハーマンを激しく非難した。

　青少年のための精神科病棟で若者たちを査定して数年間を過ごす中で私が見てきたのは、誰もが虐待を受けた子どものことを気の毒に思うのだが、ただしそれはその子どもが誰かを傷つけるまでの話だということである。そうしたことが起こると、突如として彼らはその子が大人と同じ法廷で裁かれることを望む。世間でそれまで同情を集めていた人を、蔑みの対象に転落させる誘惑は強力なのである。

　こうした法律上の論争は、不当なものである。意識と意思が伴っていることという必要条件が、解離によって満たされなくなるのだから、犯意は成立しないという考え方は、現代の法廷ではほぼ否定されてきた（オハイオ州 対 グリムスリー裁判，1982；カークランド 対 州裁判，1983）。記憶喪失そのものは、責任能力の認定に対して何ら妨げにならない（州 対 バジャー裁判，1988）。解離性同一性障害（DID）の診断を確定する十分な証拠を法廷が認めた場合でさえも、被告人の責任能力や精神の健全性は必ずしも疑いを差し挟まれない（州 対 ダーネル裁判，1980；州 対 ロドリゲス裁判，1984）。解離性の病理を理由にレイプの累犯を免責された悪名高いビリー・ミリガンとは異なり（キース，1981）、同様の主張を行った被告人たちで、その主張を認められた者はほとんどいない。言うまでもなく、おそらく同様の主張をすることが可能な多くの被告人たちは、決して弁護のためにDIDを申し立てないし、ましてや、犯した暴力に対する量刑酌量のために児童虐待を受けた証拠を提出することは決

▼原注4　『虐待という言い訳：言い逃れ、お涙ちょうだいの物語、その他の責任回避』というのが、その書名である。

してない。それどころか、多くの犯罪者たちは、自分が受けた養育に関する真実を明るみに出したり、自分の精神的不安定さを人目にさらしたりするよりも、刑務所や処刑室に行くことを望むのである（ルイス，1998）。

児童虐待と病理的解離は、「刑務所を出て自由になれるカード」を提供するどころか、そのほとんどが見過ごされている。思い出してほしい。ストーン（1998）は彼が調査した殺人事件の75％以上に、極めて深刻な児童虐待が見られたと述べていた。私が最初に行った調査面接でも、64人の男性の大多数が虐待を経験していた。少なくとも14人には深刻な解離があり、多くの者はかなりそれに類似した状態であったが、誰一人として解離性障害と診断された経験がなかった。

暴力犯罪における児童虐待と防御的解離の重要性を認めることは、司法の世界の法的分野、医学的分野、心理学的分野のそれぞれにとって、大きな問題をはらんでいる。第1に、個人と社会との相互取り決めを積極的に守っていくためには、私たちはその取り決めを免除する対象をできるだけ少数の人々に抑えなければならない。したがって、司法システムは弁明を正当と認める基準についての解釈を、可能な限り狭くしておかねばならないのである。率直に言って、もし児童虐待の証拠を暴力犯の被告の記録として取り扱うことを認めると、4分の3以上のケースで減刑の問題が持ち上がり、法廷が何とか回避しようと努めている道徳的崩壊が生じる可能性がある。第2に、精神科医たちにとって、児童虐待が成人後の暴力に大きな影響を及ぼすことを認めることは、研究面においては生物学的決定論に対して、セラピー面おいては薬理学的介入により期待される効能に対して、重大な疑義を呈することになる。最後に、心理学の領域においては、研究者たちならびに臨床家たちは、ゴールドスミスとバローとフライド（2004）が警告しているように、トラウマの調査とセラピーに必要となる新たな探求と分析の道が開かれることを恐れるかもしれない。トラウマの意義を認めることは、攻撃性が生み出されて維持される過程における対人関係の役割の意義を認めることを意味し、そうした関係の中でセラピストと犯罪者の2人組にユング派が影と呼ぶものの影響が及ぶことを認めることを意味するのである（マルナとマトラバースとキング，2004）。

臨床家よ、自分自身を癒せ

犯罪を繰り返す者たちは、一般市民、彼らの支持を受けた政治家たち、そして（おそらく特に）彼らを査定して適切な処置を進言する責務にある人々にさ

えも、ある種の絶望感を引き起こす。

　犯罪者たちに対して生じる強い反応には、次のものが含まれる。それらは、犯罪者たちが投げ込んできた攻撃性を排出することを強いられ、そのために男らしさの攻撃的な誇示を犯罪者と張り合わねばならなくなり（男性の臨床家の場合）、脅威に動じないふりを装い（女性の臨床家の場合）、さらに、攻撃的な犯罪者によって自分の中にかき立てられた攻撃的衝動と性的衝動を超自我により統制しようと努める、といったことなどである（ハイアット＝ウィリアムズ, 1998, p.259）。担当件数が過大になりがちな矯正環境の中では、適切なスーパーヴィジョンを欠くために、多くの臨床家たちは自分の逆転移的な羨望、怒り、そして性的興奮を十分に認識することができないでいる。このことは、行動修正を目標として設定されたセラピー環境に特に当てはまる。そのような環境では、スーパーヴァイザーたち自身が、受刑者とセラピー提供者の間の無意識的な力動関係についての議論を避けたり、早期虐待の影響を頭から否認したりする可能性がある。

　こうした強力な情動を解離することで、またそうした情動を切り離しやすい尊大な態度をとることで、司法領域に身を置く臨床家たちに、警察官、検察官、そして矯正官たちとの過剰な同一視が生じる場合がある。実際、自分が査定した受刑者たちについて、人間味の感じられる、心に響く、胸を衝かれるような大切な思い出を私に打ち明けてくれた臨床家は、まれにしかいない。▼原注5 反対に、私が仕事をともにしてきた多くの司法実務家たちの最も大切にしている記念の品々は、様々な受刑者たちを査定してきた過程で収集した、刑務所の旗、野球帽、そして刑務所スタッフと握手している写真といったものである。こうした同一視は、倫理的に何ら責められるものではないし、ましてや理解できないものでもない。敬意を集めている人々に協力することや、彼らの道徳的権威や物質的権威を自分に取り入れることは、安心感と大きな満足感を与えてくれるのである。他方で、1人の人間として犯罪者に関わることは、自分が丸ごと汚濁にまみれる危険性を伴う。書物の中で、犯罪者たちはたいてい、くず、ごみ、排泄物にたとえられ、彼らの遊びでさえも、卑劣扱いされる（ダンカン, 1994）。あなたなら、どちらの側に立つだろうか。

　実務家はまず初めに、捜査記録や法廷記録に記された行為に目を通して、その犯罪者の妄想、激しい怒り、憎しみ、そしてサディズムについて知る。しか

▼原注5　私の最初の指導者ドロシー・ルイス博士と、その親しい同僚キャサリン・A・イエーガーは、顕著な例外であった。

し、そうした記録には、語りによるその他のあらゆる報告と同じようにバイアスが含まれているのだから、懐疑的な態度で扱うのが最善の方法である。いずれにしても、それらの記録は犯罪者たちが自分の行為をどのように見ているかについては、ほとんど何も教えてくれない。例えば、私はある非常に攻撃的な受刑者に会う前に記録を読み、彼には大量の銃器所持による逮捕歴があることを知っていた（複数のライフル、ショットガン、自動拳銃と、アメリカ軍の軍用拳銃であるベレッタ、32口径のリボルバーを各1丁所持していた）。しかし、私に会ったとき、彼は、妻の両目の周りに黒いあざをこしらえたことは別として、「ぼくは落ち着いた性格なんだ。暴力を振るったりしない」と言い張った（私や本書の読者にとっては、もはや耳慣れた話である）。そして、彼の父親も暴力的ではなかったという。「父には父なりのルールがあっただけだ。父はサディスティックじゃなかった」。彼の父親は、刃物研ぎに使う革ひもと板で彼を殴った「だけ」だという。私はそうした話を聞いて、彼の父親の行為は「本気ではなかった」という考えに、危うく同意しそうになった。このことは、私たちがどれほど簡単にひどく不快な話に防衛的に慣れてしまうかを示しており、それは、性的虐待に関する文献で議論されてきた逆転移の問題に通じている（デイヴィスとフロウリイ，1994）。かつて被害者であり犯罪者に転じたこの男性は、子どもの頃に起きたことの責任は自分にあると自らを責める。「ぼくはサディスティックだった。（両親の離婚後）ぼくは機会あるたびに、継母たちと腹違いの弟たちを殴った」。しかしその後、彼は前言を翻して、「どれも本気じゃなかったんだ」と主張した。「結局、ぼくは彼らを溺死させようとはしなかったんだから」。

　この男性は、彼自身のサディズムや、父親の激しい怒りに気づくことに耐えられなかった。彼の説明では、暴力行為を実行した主体は、時には父親であり、時には彼自身でありと、行ったり来たりする。彼の怒りの投影は、彼の大量の銃器保有が示す途方もない不信を正当化する。いつ彼の銃器類が使用されて破局が訪れても、不思議ではなかったと思われる。私が彼の話を取り上げるのは、現在の生活において、司法臨床家たちとのものも含めて、新しい人間関係の中で、この受刑者の投影がどのように行われて、どのような反応が返ってきたかを説明するためである。彼の怒りの投影は、職員たちの復讐心に満ちた怒りに火をつけ、もちろんそれが、そもそもの投影の正しさを立証したのであった。

　攻撃的な人々に対する介入は、彼らが刑務所の中にいるか、地域で実施される強制的なセラピープログラムに参加しているか、あるいは個人開業のクライエントであるかに関わりなく、ある特別な性質の対人的な力動関係の影響を受

ける。攻撃的な人々が、挑発的な態度をとり、支配的に振る舞い、そして自らの感情を隠している場合、彼らは相手に激しい怒りの感情をかき立て、何が彼らの攻撃的なエナクトメントのそもそものきっかけであったかを相手に忘れさせてしまうことがある。虐待された子どもたちを相手に働いている人で、彼らを傷つけたいという気持ちがまったく起きない人や、レイプ犯や殺人犯を相手に働いている人で、彼らを殺してやりたい気持ちにまったくならない人は、いないのではないだろうか。犯罪物語は犯人の人生の物語の全体から注意をそらす強力な魅力を持ち得るし、攻撃的な態度が示されることでセラピー的対話がひどく損なわれる場合がある。そのため臨床家たちは、犯罪者たちとの関わりの中で起きてくる心のざわめきが、虐待された子どもたちや、子どもの頃に虐待された非暴力的な大人たちを相手にするときにかき立てられるものと同じであることを認識し損なうことがあるのだ。

　逆転移感情を単に犯罪者の攻撃性の指標としてではなく、犯罪者の内面的な性格傾向を見定める手がかりとして使えば使うほど、臨床家たちはパラタクシス的な歪曲の修正や、解離された経験の統合の促進に近づくことができる。そうするためには、犯罪者たちのものとともに、臨床家自身の「不適切なパターン」をも吟味する必要がある（サリヴァン，1949, p.5, 12）。

　おそらく犯罪者たちにとって、彼らの激しい怒りを解離することは、攻撃を実行するために欠かせない手段なのだろう。例えばメロイ（1997a）によれば、暴力的な性的襲撃を実行することで、攻撃者は生理的に興奮して、襲撃に駆り立てる強力な情動が姿を現すことはあっても、多くの場合、攻撃者は意識の上では怒りをまったく経験しない（p.89）。セラピストが抱えさせられるのは、まさにこのような怒りなのである。それは、汚物がいっぱいに詰まった容器を抱えさせられる状況にたとえることができるだろう。臨床家たちは、こうした中身の危険性を否認したり、自分が感じる嫌悪感から目を背けたりするかもしれない。

　ロバート・ウィナー（2001）の考えでは、セラピストたちがそのような患者たちに共感することが困難なのは、自分自身の破壊性を吟味することを拒否しているからである。犯罪者が自分の憎悪を、得体の知れない感覚としてではなく感情として経験し、おそらくその上、ある面でそこから満足を得ていることを認める機会を得るのは、セラピーにおいてであり、転移を通じてなのである。

▼原注6　カーンバーグ（1992）は憎悪を、「怒りを通して欲求不満を解消することができないことから生まれ、対象を抹殺する欲求の執拗さの点で怒りを凌駕する」と定義した。

このような働きかけによって、解離された激しい怒りは、恐ろしさが和らぎ、断片化が弱まり、エナクトされにくくなる。しかし、そのような進展が生じるためには、臨床家はたいへん困難な思いをしながら自らの攻撃性を吟味しなければならないのである。

　例えば、私は時々、相手が子どもの頃の出来事を話すことに耐えられるように質問を組み立てる必要のある不慣れな状況に陥ることがあった（例えば、私の調査計画では、自分がいかに「悪い」子どもだったかという犯罪者の話を聞いた後には、私は次のように言うことになっていた。「まるであなたが本当に問題児だったように聞こえますね。あなたの両親は、冷静さを失って自分たちが思う以上にやりすぎてしまうことはなかったのですか？」）。そういうときには、私は自分があらかじめ用意した質問を忘れてしまい、そもそも誰が何を誰に対してしたのか、あるいは悪いのは誰なのかといった疑問に絡めとられてしまうことがあった。ほどなく私は、自分が虐待者の側に立っていることに気づくことができたが、まさにこのことが、かつて被害者であった加害者の投影性同一視によって引き起こされる定めにあるのである。経験の浅い研究者や査定者の場合、執拗に誘いかけられて、自分自身の生き残りを図る力動が支配的になると、このようなことは最初のセッションにおいてさえも起こり得る。あなたが自分自身の解離にはまり込んでいる限り、相手の犯罪者はあなたの怒りや恐れをこっそり盗み取り、いっそうその有害性を強めてそれをあなたに投げ返し続ける。これが、今では成人した、かつて虐待を受けた子どもたちにとって、慣れ親しんだ活動の舞台なのであり、とりわけそこでは、際限のない激しい怒りが支配的なエナクトメントであり続けてきたのである。

　一方で、面接者の逆転移感情にすぎないものと、今まさに患者から発せられている実際の脅威とを区別することは、困難である（ストラスバーガー，1986）。しかし言うまでもなく、攻撃的な人々に関しては、そうした脅威は、たとえ実行に移されることがなくても、敵意に満ちたある特定の関係というコンテクストの中で、またセラピーの枠組み全体の中で、査定されて取り扱われなければならない。

　罪を犯した人々に対して心理療法的な介入の適用が計画されるとすれば、怒りをめぐる転移の諸問題が主要な関心事になるだろう。なぜなら、関係機関が関心を持つ唯一の効果測定基準は、攻撃行動が停止することだからである（それは、再犯率の低下につながる）。犯罪者の個人的な幸福感や洞察についての判定ではなく、このことこそが、セラピープログラムへの予算配分を継続するかどうかの、また、地域社会の中へ犯罪者たち送り返すことを試みるかどうか

の判断基準とされることだろう。

セラピーは効果があるのか？

　攻撃的な人々や犯罪者たちは、自ら進んでセラピーを受けはしないという考えが一般に流布している。確かに、彼らは洞察指向的なセラピーにあつらえ向きの人々ではない。なぜなら、彼らは解釈のために自らの内面世界を差し出すことに、大きな困難を抱えているからである。彼らの話の空虚さ、刺々しい物腰の表面的で無目的な行動、自分と異なる多様なものの見方をまったく理解できないこと、こうしたことをまとめ合わせると、彼らに心理療法を提供しようと臨床家たちが列をなす光景はまず期待できない。そういう臨床家たちがいるとすれば、彼らがその仕事に心惹かれる理由は、力へののぞき見趣味的なあこがれであったり、自分がその危険人物から信頼される人間であり、破壊しようともしないし破壊することもできない対象であることに満足を覚えることであったりする。一番ありそうなのは、なりたての司法心理学者たちの中から、セラピーの提供者が選ばれるというケースである。近年、犯罪プロファイラーたちと犯罪者たちに向けられるメディアの関心が急増したために、司法心理学の志願者数は膨れ上がっているのだ。犯罪科学の大学院教育は、心理学者たちに対する訓練として、法廷で証言すること、統計的研究を行うこと、そして受刑者たち対する行動修正プログラムを設定し、監督し、評価することに重きを置く傾向にある。精神分析の理論や技法を重視する犯罪科学教育を行うアメリカの大学院を、私は１つも知らない。

　ほとんどの犯罪科学教育プログラムにおいて、暴力犯罪者たちについてまず初めに教えるのは、全般的な悲観主義であり、さらには運命論的な諦観である。その一方で、私がいつも勇気づけられるのは、経験豊かな司法臨床家たちは、破壊的な人々に関わることは確かに油断ならない困難な仕事ではあるが、それでも、彼らの多くには認知行動的ではないセラピーも十分に有効だと信じていることである（ライオンとバック＝イ＝リタ，1970；ライオンとリーフ，1973；ストラスバーガー，1986；メロイ，1997a；ゴールドバーグ，2000）。私たちが社会の中の攻撃行動の全般的な発生率を下げたいと望むなら、何らかの予防的な取り組みに着手しなければならない。それとともに、刑事司法システムの内外において、実用的なセラピーの方法について考えることが、私たちには必要である。そのためには、多様な考え方を取り入れなければならない。

　私は、深刻な心の病を抱えた人々との取り組みを論じたサリヴァンの著作の

数々を強く支持しているので、犯罪者たちを相手に仕事をする上で、入院環境におけるグループセラピーについてのサリヴァンのモデルが役立つとわかってうれしく思っている。事実、ヨーロッパで成果を上げているプログラムの多くは、それらの発想の源として名前を挙げているか否かに関わらず、サリヴァンの諸技法を取り入れているのである。

最大限の安全保障

　大部分の犯罪者たちにとって、暴力は彼らの対人関係世界の中の背景雑音にすぎない。それは危機に直面したときにのみ姿を現すのである。だから、覚えておかねばならない最も重要なことは、妄想体系が入院している統合失調症患者たちのすべてを表しているわけではないのと同じように、前科記録は犯罪者たちのすべてを表しているわけではないということである。それらが同じでないことは言うまでもないことのように思えるが、刑務所内の規律と統制の維持、ならびに出所後の攻撃行動の防止が制度上の最優先課題であるような状況では、それらは容易に混同されるのである。

　犯罪者が特定の反社会的行為に対して抱いている価値評価を変化させようと試みるセラピストは、サリヴァン（1949）が「評価システム」と呼んだもの全体を相手にする必要がある。そうした「評価システム」には、人が自分自身に対する評価を上げ下げするやり方や、また、ここで問題にしているのは暴力行動であるが、人が緊急の必要に迫られたときに特定の行動をとることを正当化するやり方などが含まれている。同じく困難な取り組みになるだろうが、早期のトラウマにも取り組まなければならない。それは、早期のトラウマが犯罪者の自制心の欠如に及ぼす影響や、途方もない犠牲を払ってでも個人的な承認を手に入れようと犯罪者を行動に駆り立てる早期のトラウマの影響といった問題である。つまり、特に拘留されている人々の場合、防衛システムは非常にゆっくりとしたペースで解除されなければならないのである。なぜなら、刑務所こそ、そこに収容されている者が原始的な防衛を最も必要とする場所だからである。刑務所には彼らの子どもの頃の牢獄が再現されている。そこでは、パラノイアと暴力が、未熟な子どもにとってそうであったのと同様に、今では大人となった受刑者にとっても、適応のための手段なのである。

　セラピー的環境が変化を促進できるのは、そこでクライエントの不安が管理されて対人関係における安全感が守られる場合に限られるという考えが、サリヴァン（1962）の環境セラピーのためのプログラムデザインには含まれていた。

それは、最善の環境下でも難しいことであるが、想像できる限り最悪の環境下に現に拘束されている人々のセラピーにおいてそれを実現することは、不可能にも思われる。刑務所における日常生活のように、ある人の人生が実際に危険にさらされている場合、いったいどうすればその人の不安を小さくすることができるだろうか。厳重な監視下にあるパラノイア的な人の気持ちを、いったいどうすれば和らげることができるのだろうか。

　細心の注意深さがあれば、小さなことが大きな意味を持つ。サリヴァン（1970）は、入院中の統合失調症患者たちと会うときには、面接室の椅子を彼らが落ち着かなくなるまっすぐなアイコンタクトを強制しないように配置していた。広く受け入れられている知恵に反して、暴力犯罪者たちと同席するときの席の配置に関してなすべき最善の処置は（常に自分が素早く逃げ出せるようにせよというのが伝統的な教えであったが）、彼らが確実に面接室を出て行くことができるようにすることだということを、私は早い時期に学んだ。そうすることで、彼らが追いつめられていると感じて、暴力を振るわなければならなくなる可能性が低くなるのである。結局のところ、人はその状況から抜け出る方法が他にないと感じると、攻撃行動をとるのである。それが犯罪者の人生に他ならない。臨床家の仕事は、最初は具体的に（例えば座席の配置のように）、しかしその後は抽象性を高めながら、刺激を受けやすい状況から抜け出すには別の有効なやり方があることを示してみせることである。

　共感的に関わることで、攻撃的な行為について対話できるくらいに、犯罪者の意識の境目付近に近づけるようになる。サリヴァン（1953a）が彼のスタッフに気づかせることを好んだことであるが、劇的な経験が語られるとき、感情的接触が本物なら、衝撃的な内容に対して自分は動じないことを示そうとする反応よりも、中立性をかなぐり捨てる反応が生じるだろう。私見では、犯罪者を相手に、あるいは施設に閉じ込められていない「社会病質者」を相手に仕事をすることについて書かれた数々の教科書には、相手から「敬意」を手に入れるために、自分が力強く、感情を顔に表さず、相手以上に賢い策謀家であることを相手に見せつけるやり方の説明が、不必要に多く書かれていると思う。思慮深い臨床的慎み深さを発揮する能力や、ある種の受容的な落ち着きを示して見せる能力はなくてはならないものである。しかし、私たちが矯正を望んでいるまさにその対象である、犯罪者の人間的感情の乏しさという機能不全を真似ることが、いったいどうしてセラピーに役立つ協力関係を促進することになるのか、私にはわからない。私たちは結局、相手の上に立つことやいじめることに代わって、対話することが新しく対人関係の交流手段となることを望んでい

るのである。キングは暴力的な少年たちを相手にする仕事について、次のように書いた。「暴力的な人々に対する自分の反応の率直な説明は、自発的に行われるなら、彼らが……全能性の幻想から離脱し、現実の鏡に映った自分の姿を見ることを助ける顕著なセラピー効果を及ぼす」（ストラスバーガー，1986, p.19 における引用）。

　最少の労力で最も簡単に実行できる介入に頼る現状の背景にあるのは、矯正システムの経済的および物理空間的な限界である。しかし、犯罪者たちの場合、良好なセラピー関係が内在化できるようになるまでに、非常に多くの陰性転移がワークスルーされなければならない。だから、ブリーフセラピーは、暴力に駆り立てるトラウマを隠蔽している解離の構造を解体する十分な機会にはならない可能性がある（パーカー，2003）。この点に関しては、否定されたり、抑圧されたり、解離されたりしてきたトラウマに関連した情報を引き出す効果が証明されているアートセラピーや日記セラピーは、重要な補助手段になり得る。女性犯罪者たちを対象にアートプログラムを行っているベス・ミリアム（1998）によれば、自分の経験を言葉にする能力がほとんどない受刑者たちにとって、創造活動の場は、自分が脅かされることなく、扱い難い素材を共有し、記憶内容を現実化し、破壊的な感情の受け皿を用意する方法を提供するのである。

　近年、犯罪者たちを対象とした主要なセラピー的な取り組みとして、認知的アプローチが行動的アプローチと結びつけられている。しかしながら、嫌悪感を用いる行動修正のように、特定の犯罪行為についての個別の認知の修正のみを目指す技法には、まるで通常は問題ないのだが部分的に異常のある情報処理システムのように、「暴力的な人たちを思考に欠陥のある人たちと捉えてしまう恐れがある」（ギャド，2004, p.187）。そうした介入によって、攻撃的な犯罪者たちの倒錯や憎しみという有害な影響を発する源泉に、セラピストは近づかずにすむかもしれない。しかし、そうした介入の効用は長続きするとは思われない。情動システムならびに力動システムが無視されれば、認知的技法が有効に働くのは、罪を犯す恐れのある人自身が何とかやり過ごせそうだと感じる脅威の範囲内に限られる。例えば、幼児性愛者にわき起こる犯行前の性的緊張は、10 まで数える、まったく関係ないことを考える、緊急電話相談を利用する、セラピストが教えた通りに心理的な「防火壁」を設置するなどのやり方で抑止できるかもしれない。しかし、こうした技法の有効性には限界があり、何らかの偶然の出会いから強いレベルの不安が喚起されると、幼児性愛者はそれを解離しなければならなくなり、その解離された状態で、再び罪を犯すのである。だから、解離された記憶と感情の統合がセラピーの主要な目標でなければなら

ない。時を経て、不安が弱まるにつれて、行為について心の中で考えることができるようになり、認知行動的再訓練による制限にも従えるようになるだろう。これが、犯罪者たちが受け入れそうな唯一の種類の長期的介入である。

効果的なプログラム

グレンドン刑務所：セラピー的コミュニティ

　イギリスにあるグレンドン刑務所は、非常に興味深いセラピー的コミュニティの1つである。グレンドンのプログラムの基盤にあるのは、大部分の犯罪者たちは有意義な関係を維持することが困難で、関係が葛藤的になると反社会的な方法でその解決を図る傾向にあるという考えである（カレン，1997）。グレンドンにおける「セラピー」では、現在の対人関係における行動と、発達早期の力動的関係と、攻撃行動との間の対応が探求される。例えば、看守との相互作用は、受刑者の父親や教師との青年期における相互作用と、また彼を解雇した上司、彼の最後の暴行の被害者との相互作用と、どのような点が似ているだろうか。彼が女性スタッフと交わす会話から、彼が結婚した相手やレイプした相手といった、彼の人生における他の女性たちに対する彼の期待、空想、要求や恐れについて、何がわかるだろうか。さらに視野を広げて、刑務所という社会集団の中で身につけられる社会的役割には（それは、社会の縮図である刑務所内のセラピーグループにおける彼の相互作用によって示される）、刑務所の外での対人関係の相互作用がどのように反映しているのだろうか。

　ここでは、小集団でのセラピーが、刑務所内でよく見られる階層的な文化に取って代わる機能を果たすことが期待されている。グループ内の相互作用は、受刑者同士や受刑者たちとスタッフたちとの間の絆を強める可能性がある。それによって、「語り」の意味は、従順なふりをすることや、筋書き通りに繰り返すことや、弱さを表すことといったものから、関わりの持ち方の1つへと変化する。多くの刑務所のセラピー的コミュニティの場合と同様に、統計的に非常に有意な変化が認められており、収容期間が長くなるほど、よりよい結果が得られている。[原注7]事実、グレンドンは、安全性に関して見ると、イギリスにおける同じタイプの刑務所の中で（そこでは非常に暴力的な犯罪者たちを収容して

▼原注7　今は解散したスコットランドのそうしたコミュニティの1つは、刑務所内での騒動が、いくつかの人質騒ぎを含む176件の非常に暴力的なエピソードから、そのほとんどが囚人たちによる自分の監房内での立てこもりであるわずか11件の行動的争議にまで縮小したことを誇っていた。より詳細な説明は、クック（1997）を見るとよい。

第 6 章 結論：自覚と責任能力と制御　191

いるのだが）、所内での犯罪発生率が最も低い。また、グレンドンは 34 年間で脱獄は 1 件のみという、国内で最良の記録を持っている。

　もちろん、ほとんどの人々の関心は、刑務所という人工的環境の中の状況よりも、犯罪の常習性に対してセラピーが及ぼす効果のほうにあるだろう。まだ見通しははっきりしないが、前向きな見込みがある。グレンドンでの長期収容者たちは（18 カ月以上）、比較対照群と比べて、とりわけ、受刑者が最終的に服役を終える前提条件として一般の刑務所に戻される場合よりも、監視下に置かれながら地域社会の中に直接戻る場合のほうが、低い再犯率を示している。予期せぬ副産物だが、実はグレンドン刑務所の運営経費は、伝統的な刑務所よりも低いのである。

PREP：家族システムセラピー

　対人関係の力動をコンテクストとした個人的内省と、行動変化を目指す認知モデルを組み合わせた別の好例が、PREP プログラムである。PREP（予防と関係強化プログラム）は、薬物依存者のためのリハビリセンター、高校の講堂、陸軍基地、教会の信者席といった、人々が自発的に参加する多様な環境で始められた、スキル獲得を重視したカリキュラムである。そこでは、力関係の力動を丁寧に見ていくこと、およびコミュニケーションスキルを高めることが、関係の親密性の問題に取り組むすべての人に役立つと期待されている（フリードマンら，2002）。オクラホマ州での PREP プログラムでは、将来刑務所を出て配偶者や同棲相手と家庭を持つ見込みがまったくない人々にも、家族力動について、特に見捨てられる恐怖や抑えられない激しい怒りの引き金になる相互作用について、丁寧に見ていくことが役に立ち得るという考えのもとに、受刑者たちを対象としたカップルカウンセリングが提供されている。

暴力防止プロジェクト：宿泊セラピープログラム

　暴力防止プロジェクトは、暴力犯罪の増加傾向を食い止める試みとして、1987 年にニュージーランドで始まった（ポラシェクとディクソン，2001）。モンゴメリーハウスは、このプログラムから派生した宿泊セラピーの試みとして、社会的学習の原理を通じて暴力に取り組むという明確な構想のもとに設計されている（ベリー，2003）。それは、グループコミュニケーション、非暴力による仲間との対決、家族力動といった特定の問題にそれぞれ焦点を当てた、6 つの学習単位から成る集中的なプログラムである。各参加者は、週 47 時間、10 週間にわたる、ロールプレイ、自己開示、講義による授業、ロールモデリング

を組み込んだグループ活動に参加することを求められる。

　このプログラムの非常に興味深い点は、高度に訓練されたプログラムスタッフと、プログラム参加者である犯罪者たちの民族的背景を同じにする試みにある。先に挙げた著作が書かれた時点では、プログラム参加者のほとんどがマオリ族であった。心理学者たちと専門家でないファシリテーターたちは（マオリ族もヨーロッパ系も）、マオリ族の言語、神話、伝統について教育を受けており、このことが、スタッフとプログラム参加者たちとの間の深い信頼と理解を育む助けとなった。

　プログラムの最初の評価報告によれば（ベリー，2003）、このプログラムに参加した犯罪者たちは、プログラム後の16カ月間の評価期間において、比較対照群よりも再犯が35％少なく、再犯の内容も相対的に軽度である傾向がみられた。もっとも、モンゴメリーのプログラムの企画者たちと評価者たちは、多方面での継続的なケアがなければ、このプログラムが追求している暴力の大幅な減少という結果を生むことはできないと力説している。

最終考察

　メルツァー（1992）は、自らの心の中に閉じ込もり、いかなる情緒的つながりも持たず、自分自身の欺瞞を信じ込み、自らその筋書きを書き、繰り返された嘘と見え透いた言い訳でしかコミュニケーションしない男性について書いている。この男性は感情の動きに脅かされると、それはそこに伴う生理的変化によってのみ感知されるのだが、「考えることを妨げるために、作り話を組み立てる」のだった（p.120）。語りとは表現であり、文化を媒介として提示され、創造的で個人的に意味深いものを言い表すために用いられる象徴である。サリヴァン（1953a）は、「乗り越え難い人生の困難」を抱えてきた人々についてのコメントの中で、彼らの行動を、「光り輝く実在の人物である主役が1人いて、影のような人物たちによって、影のような観客のために」語られる夢にたとえている（p.54）。そうした筋書きには、苦難や幸福をめぐる典型的な話が組み込まれており、そこには人格に悪影響を及ぼす軽蔑すべき人物たちが登場する（時には蔑む側の人物たちも）。こうしたものは、反社会的な人物の社交用の装いなのであり、クレックレイ（1941）はそれを「仮面」と呼んだ。もちろんそれは、大部分の人々が心理的境界を保持するために場面に応じて身にまとう装いと大きく異なるわけではない。ただ、仮面のほうがより硬く、より捉え難く、より不気味な何ものかをその下に隠しているのである。

第 6 章　結論：自覚と責任能力と制御　　193

　主観の中の様々な影の部分が、アイデンティティに同化されたり、されなかったりするあり方は多様である。また、そうした影の部分の表現方法として文化が適切と認めるあり方も多様である。インターネット上で別名を名乗る人々は、気がつくと後戻りができないほど、その別名の人物に「なりきっている」ことがある。秘密の放蕩生活を送る教会の指導者たちもいれば、医者や弁護士や電車の乗務員になりすます学校中退者たちもいる。ほとんどの場合、そこでは他者に対する欺きだけでなく自己欺瞞が起きている。解離が生んだ袋小路の中で、そうした人物は自分のアイデンティティの特定の一部分を拒絶しているのである（たぶん、拒絶（reject）と言うより、転送（transject）と言うほうが適切だろう）。
　　　　　　　　▽訳注2

　欺瞞的人格についての研究で知られるヘレーネ・ドイチュ（1955）の考えでは、人生物語の病的なねつ造が行われるのは、その人に過去と縁を切りたい強力な欲求があって、架空の立派な経歴を持ち出す場合であり、それは繰り返し演じられることで、本物の経験であるかのような性質を帯びるのである。ボラス（1987）の所見では、虚言者たちは「解離された自己の経験を現実化するために」嘘をつく（p.175）。別の言い方をすれば、常習的な虚言は、欺瞞的人格や解離されたアイデンティティに似ているが、しばしばもっと意識的な、エナクトメントの一種なのである。一部の思索家たち、中でもリフトン（1983, 1986）とランク（1971）は、多元的アイデンティティは、そもそも死の恐怖に対する防衛的反応であり、極めて恐ろしい状況下で不死性を保証するためのものであると考えている。多元性の起源であるトラウマと、それを維持したり蘇らせたりする現在の対人関係状況に目を向ければ、確かにそうだと思える。

　奇想天外とも言える1つの好例が、クリスチャン・ロンゴの例である。彼は、薄っぺらな欺瞞からなる自分の生活が崩れ始めると、妻と3人の幼い子どもを殺し、捜査当局から逃げている間、何食わぬ顔でニューヨークタイムズの記者になりすましたのだった。極度に信心深い両親によって学問への野心を押しつぶされたロンゴは、ジャーナリズムの世界で身を立てても手に入らないような知名度を自分にもたらす罪を犯した後でさえも、他者からの承認と敬意を死に物狂いで求めたように思われる。しかしながら、事実は小説よりも奇なりとも言うべき展開を見せて、ロンゴの詐欺行為が彼の名を不朽のものにする結果になったのは、名前を騙られた当のタイムズの記者、マイケル・フィンクル

▽訳注2「transject」は、著者の造語で、著者からの教示によれば、「子どもの頃に内在化されたものが、何ら心の中で加工処理されることなく、大人になってエナクトされる過程」を意味している。

(2003)のおかげであった。彼はロンゴの人生を本にまとめ、それが好評を得たことで、彼自身の傷ついた信用と落ち目の経歴を回復させたのだった（彼はそれ以前に記事のねつ造により新聞社を解雇されていたのだった）。フィンクルのジャーナリストとしての欺瞞を、ロンゴの病的な欺き、殺人、詐欺行為の物語と並べてみれば、偽りの自己は純粋な犯罪の中だけでなく、どこにでも見られるということについて、その心理を深く考えさせられる。

　常習的な虚言者も、本物の詐欺師も（とりわけ、クレックレイの「いわゆる精神病質者」も）、現実の不快さを、それに取って代わる魔術的で全能のたくらみを通じて管理し、巧みに操る。この巧みに作り上げられた快い仮想現実は、現在の対象関係すべてに行き渡る。詐欺行為や一連の虚言においてエナクトされているのは、彼らの最早期の養育者たちとの間には決して十分に得られることのなかった、人間的なつながりなのである。

　　　虚言者が他者に向けて世界を創出する時、彼は彼自身その世界を信じきっているし、より生きている実感がおき、その世界を共有している相手をより近しくも感じる。真実が嘘を一掃すると、虚言者によって創り出された自己と対象表象の世界もそれとともに払拭される。そこに現れるのは共有された現実からのショッキングな離脱という外傷である（ボラス，1987，邦訳179頁）。

　嘘をつくことで、いつそれが破綻するかわからないという、はらはらする一触即発の緊張が維持される。その状況が破綻するとき、他者とのつながりは、すべて切断される。そのような孤独は、それ自体が再外傷体験であり、極めて忌まわしい解離されたエナクトメントを作動させる可能性がある。正体を暴かれた詐欺師たちにとって、見捨てられる恐怖は、殺人行動の引き金になる場合がある。正体を暴かれて見捨てられる恐怖のために、捨て鉢の行為から予想されるいかなる結果も、些細なものに思えてしまうのである。

2人の医者

ジャン＝クロード・ロマン

　妻と子どもたちと年老いた両親が銃で撃たれて殺害されたとき、ジャン＝クロード・ロマンは、聡明で活気に満ちた医師であり、国際的な投資家であり、人道主義者として知られる、忠実な家庭人であった。けれども事件から一夜明けると、捜査当局に対して、彼のまったく別の姿が明らかになった。ジャン＝

クロードは、実は免許のない「医者」であり、資産のない投資家だった（それどころか無職だった）。明らかに、ロマンの唯一の人道的行為は、多くの近親者たちの殺害は決行したにもかかわらず、彼の欺瞞に気づいた愛人の命だけは奪わなかったことである。ロマンが苦もなく身につけていた誇大なアイデンティティは、彼が自分の犯行を隠すために放った火の中で灰となった。彼の友人たちは、自分たちが20年以上信じ込まされていた幻のドラマのあれこれについて、振り返って考えることを余儀なくされた。ロマンが殺人容疑で逮捕された後、彼の足跡をたどった作家、エマニュエル・カレール（2000）が行ったインタビューの中で、ジャン＝クロードは、

> 「あの悲劇」とよそよそしく抽象的にほのめかすだけで、事件の記憶は何も語らず、被害者たちに対しても一言も触れなかった。しかし、自分自身の苦悩、どうすることもできない自分の嘆き、そして自分をよりよく理解することを期待して読み始めたラカンの精神分析的著作については、進んで長々と話し続けた（p.29）。

マーク・ハッキング：ジャン＝クロード・ロマンのようになり損ねた男

　マーク・ハッキングという29歳の男もまた、二重生活を送っていた。彼には献身的な妻と、もうすぐ生まれてくる子どもがいて、彼の手元には偽造された大学の学位記と、医学校への偽の入学許可証があった。ある夜、彼の妻ローリーは、夫の入学が許可されたものと思っていた医学校に電話した後に、間近に迫ったノースカロライナへの転居についての疑問を夫に問いただした。彼女はその医学校から、夫のことなどまったく知らないと告げられたのだった。苦渋に満ちた告白の中で、マークは自分の数々の嘘を打ち明けた。ローリーは打ちひしがれ、混乱し、絶望に陥った。ハッキングが法廷で認めたことによれば、彼は自分の持ち物を荷造りに行き、偶然自分の銃を見つけ、そして寝室に戻り、妻を撃ったのである。後になって彼は、自分は夢の中にいたようだと言った。「ぼくは、彼女ともうすぐ生まれるぼくの子どもを殺した。そして彼らをゴミのように捨てた。なぜそんなことをしたのか、ぼくには説明することができない。ぼくにわかるのは、あの晩、自分が自分でなかったということだ」（トンプソンとリービイ，2005）。

　私が出会ってきたほとんどすべての暴力犯罪者たちと同様に、ハッキングが主張したのは、無実ではなく、実存的不在であり、自分の行動について証言できる自己がいないということであった。しかし、知ることができないもの、あ

るいは知られないようにされているものは、暴力のエナクトメントの中で、繰り返しその一番秘められた部分に注意を引きつけ、犯行の最中に姿を現し、承認されて評価されることを求めるのである。

結語：物語ることは意味を生み出すことである

　解離されたものは、それについて考えられるようにならない限り、エナクトされることを避けられないと、私は先に述べた。かつて個人の中で象徴化されなかった恐ろしいものが、暴力行為の中でようやく息を吹き返して認識できるようになるのだと、私には思える。例えば、恐怖や、罪の意識や、恥や、激しい怒りが、ある特定の状況下で解離され続けてきたとしよう。そのような人は、再び過去と同じような経験をし、ついにはそれらが積み重なって、「あまりに苦痛なために、（加害行為に及びそうになっている人物が）圧倒されそうになり、自己の死がもたらされそうになり、自分の心や、魂や、侵すべからざる尊厳が失われそうに」なっても（ギリガン，1996, p.102）、緊張や不安の高まりしか感じない。その反応として、そのような人物は無分別に被害者に暴力を振るい、レイプし、その命を奪うのである。ひとたび実行されると、暴力行為は揺るぎない客観的な現実となる。エナクトメント後の余波によって、つまりエナクトメント後の時点では解離されていないものによって、それまで不明確だった自己経験がはっきりと意識されて理解できるようになる。未構成だったものが、今や具現化して姿を現す。そして今度は、攻撃的な行動をしたという事実が、恐れたり、恥じたり、罪の意識を感じたりする理由となる。その結果、そこに因果関係の錯誤が生まれる。それは、心の奥深くから「なるほど」と納得を感じる機会であり、それまで捉え難かったものが現実の中に姿を現し、意味を獲得するのである。メラニー・クライン（1934）は、「暴力は不安を解き放つ」（p.260）と述べた。その過程において、未構成だったものが、ある特定の物語的解釈になっていき、人生の物語に本物らしさ、意味、そして前進する力が与えられるのである。

　連続殺人犯のデニス・レイダーは、自分の裁判の最終弁論で得意気に熱弁を振るい、被害者たち、取調官たち、弁護士たちがあたかも自分の賛美者か友人であるかのように、そして自分自身は人生の「新しいページ」に踏み出しつつあるかのように話した。それを目の当たりにした傍聴人たちは、当然のことだが、度肝を抜かれた。被害者の家族たちはレイダーに、けだもの、怪物、極悪人、悪魔などと、予期された罵倒の言葉を投げつけた。しかしそのわずか数カ

月前には、レイダーは、その地域のルター派教会の代表になるにふさわしく清廉で、カブスカウト隊を指導するのにふさわしく、信頼のおける人物と見なされていたのだ。彼は32年間、1人の女性と結婚生活を続け、表向きは無事に、2人の子どもを育て上げた。それでも彼は、自分が逮捕されて、自分の成し遂げた偉業を警察と、そして世間と分かち合い、自分の犯行の数少ない重大な瞬間を除いてしっかりとつかむことができずにいた人間社会とようやく「つながる」ことに、後悔はなかったようだ。他者の息の根を止め、束の間自分が生きていると感じた瞬間のことを語り、そして追体験することを、彼は好んだのだった。

　今取り上げたレイダー、連続レイプ殺人犯のバンディ、本章で先ほど取り上げたロンゴ、ハッキング、ロマンといった有名な殺人者たちは、自分たちの語りを、人々の意識に無造作に残していった。彼らの物語は出版され、座談会に、学術研究に、酒場の雑談に取り上げられて、それを語り継ぐ者たちによって際限なく語り直される。これとは反対に、大多数の暴力は世間に知られることなく生じ、その実態を知るのは、被害者、家族、友人だけである。しかしながら、彼らと伝説的な犯罪者たちとの間には、些細どころではない重大な類似性がある。暴力が生まれる仕掛けは、内在化された対象と一緒に、凍結された時間の中に封じ込められているのである。そして、そうした対象は、まるでカーニバルの射的場のプラスチック製のカモのように、動かずにじっとしていてほしいと願っても、絶えずふとした拍子に動いてしまうのである。現実の時間の中では、暴力が突然生じる誘因となるのは被害者であるが、暴力の実行が容易になるのは、攻撃者が隠れている心的避難所という隠れ蓑があるからなのである。最後に、ある痛ましい話で本書を締めくくりたい。

事例の記録

　ある男が、友達の家に遊びに行く思春期の義理の娘に付き添って行った。彼女が友達の家から帰宅する途中、男は彼女を背後からつかみ、視界をふさぎ、茂みの中に引き入れた。男はオーラルな性的暴行を働き、フェラチオを強制した。少女から暴行の事実を告げられた母親は、彼女を救急病院に連れて行った。少女は救急処置室のスタッフに、そのレイプ行為は、彼女が幼い頃から見ている「悪夢」に似ていると話した。その夢の中では、1人の男が彼女の部屋に入ってきて、まったく同じやり方で彼女に性的暴行を働くのだった。

　その男が続けてきた悪夢のような行為に対して手を打つには、おそらくもう

遅すぎるだろう。それでも、たぶん私たちはその少女を目覚めさせ、現実に目を開かせることができるだろう。しかし、彼女の物語が今後どのような結末を迎えるか、それは誰にもわからない。

文　献

Abel, G.G. & Blanchard, E.B.(1974). The role of fantasy in the treatment of sexual deviation. *Archives of General Psychiatry*, 30(4): 467-475.
Albright, D.(1994). Literary and psychological models of the self. In: *The Remembering Self: Construction and Accuracy in the Self-Narrative*, ed. U. Neisser & R. Fivush. London: Cambridge University Press, pp.19-40.
Allison, R.(1981). Multiple personality and criminal behavior. *American Journal of Forensic Psychiatry*, 2: 32-38.
Atwood, G., Orange, D. & Stolorow, R.(2002). Shattered worlds/psychotic States: A post-Cartesian view of the experience of personal annihilation. *Psychoanalytic Psychology*, 19: 281-306.
Bach, S.(1991). On sadomasochistic object relations. In: *Perversions and Near Perversions in Clinical Practice: New Psychoanalytic Perspectives*, ed. G.I. Fogel & W.A. Myers. New Haven, CT: Yale University Press, pp.75-92.
Bailey, W.C.(1976). Use of the death penalty v. outrage at murder. *Crime & Delinquency*, 22: 31-40.
Balint, E.(1963). On being empty of oneself. *International Journal of Psycho-Analysis*, 44: 478-480.
Balint, M.(1968). *The Basic Fault: Therapeutic Aspects of Regression*. Evanston, IL: Northwestern University Press.(中井久夫訳『治療論からみた退行：基底欠損の精神分析』金剛出版、1978 年)
Barahal, R., Waterman, J. & Martin, H.(1981). The social cognitive development of abused children. *Journal of Consulting and Clinical Psychology*, 49: 508-516.
Barbaree, H.E., Seto, M.C., Serin, R.C., Amos, N.L. & Preston, D.L.(1994). Comparisons between sexual and nonsexual rapist subtypes: Sexual arousal to rape, offense precursors, and offense characteristics. *Criminal Justice & Behavior*, 21: 95-114.
Barrett, D.(1994). Dreaming as a normal model for multiple personality disorder. In: *Dissociation: Clinical and Theoretical Perspectives*, ed. S.J. Lynn & J.W. Rhue. New York: Guilford Press, pp.123-135.
Becker, E.(1973). *The Denial of Death*. New York: Free Press.(今防人訳『死の拒絶』平凡社、1989 年)
Benjamin, J.(1995). *Like Subjects, Love Objects: Essays on Recognition and Sexual Difference*. New Haven, CT: Yale University Press.
Bentham, J.(1791). *An Introduction to the Principles of Morals and Legislation*. New York: Hafner, 1963.
Berry, S.(2003). Stopping violent offending in New Zealand: Is treatment an option? *New Zealand Journal of Psychology*, 32: 92-100.
Bettleheim, B.(1989). *The Uses of Enchantment: The Meaning and Importance of Fairytales*. New York: Vintage Books.(波多野完治、乾侑美子訳『昔話の魔力』評論社、1978 年)
Bion, W.(1977). *Second Thoughts: Selected Papers on Psychoanalysis*. New York: Aronson.(松木邦裕監訳、中川慎一郎訳『再考：精神病の精神分析論』金剛出版、2007 年)
Blair, R., Sellars, C., Strickland, I. & Clark, F.(1995). Emotion attributions in the psychopath. *Personality & Individual Differences*, 19: 431-437.
Bliss, E.(1986). Sociopathy and criminality. In: *Multiple Personality, Allied Disorders, and Hypnosis*, ed. E. Bliss. New York: Oxford University Press, pp.175-183.
Blum, H.P.(1991). Sadomasochism in the psychoanalytic process, within and beyond the pleasure principal: Discussion. *Journal of the American Psychoanalytic Association*, 39: 431-450.
Bollas, C.(1987). *The Shadow of the Object: Psychoanalysis of the Unthought Known*. NY: Columbia

University Press.(舘直彦監訳『対象の影』岩崎学術出版社、2009年)
─── (1991). *Cracking Up: The Work of Unconscious Experience*. NY: Farrar, Strauss & Giroux.
Bonne, O., Bachar, E. & Denour, A.K.(1999). Childhood imaginary companionship and mental health in adolescence. *Child Psychiatry and Human Development*, 29: 277-287.
Bourke, J.(1999). *An Intimate History of Killing: Face to Face Killing in 20th-Century Warfare*. New York: Basic Books.
Bowlby, J.(1973). *Attachment and Loss, Vol. 2: Separation, Anxiety, and Anger*. New York: Basic Books.(黒田実郎他訳「分離不安」『母子関係の理論2』岩崎学術出版社、1977年)
Bradbury, R.(1948). *Fever Dream*. New York: St. Martin's Press, 1987.(吉田誠一訳「熱にうかされて」『メランコリイの妙薬』早川書房、2006年)
Bradford, J. & Smith, S.(1979). Amnesia and homicide: The Padola case and a study of thirty cases. *Bulletin of the American Academy of Psychiatry & the Law*, 7: 219-231.
Breuer, J. & Freud, S.(1893-1895). Studies on hysteria. *Standard Edition*, vol. 2. London: Hogarth Press, 1955.(芝伸太郎訳「ヒステリー研究」フロイト全集第2巻、岩波書店、2008年)
Bromberg, P.(1998). *Standing in the Spaces: Essays on Clinical Process, Trauma and Dissociation*. Hillsdale, NJ: The Analytic Press.
─── (2003). Something wicked this way comes: Trauma, dissociation and conflict: The space where psychoanalysis, cognitive science, and neuroscience overlap. *Psychoanalytic Psychology*, 20: 558-574.
─── (2004). One need not be a house to be haunted: On enactment, dissociation, and the dread of "not-me": A case study. *Psychoanalytic Dialogues*, 13: 689-709.
─── (2005). Talking with "me" and "not me": A dialogue. *Contemporary Psychoanalysis*, 40: 409-464.
Brooks, P.(1995). *The Melodramatic Imagination: Balzac, Henry James, Melodrama, and Mode of Excess*. New Haven, CT: Yale University Press.(四方田犬彦、木村慧子訳『メロドラマ的想像力』産業図書、2002年)
─── (2001). *Troubling Confessions: Speaking Guilt in Law and Literature*. Chicago, IL: University of Chicago Press.
Brown, A.P.(2003). From individual to social defences in psychosocial criminology. *Theoretical Criminology*, 7: 421-437.
Brown, C.(2003). "The man who mistook his wife for a deer." *The New York Times Magazine*, February 2, pp.34-47.
Bruner, J.(1994). The remembered self. In: *The Remembering Self: Construction and Accuracy in the Self Narrative*, ed. U. Neisser & R. Fivush. London: Cambridge University Press, pp.41-54.
Bucci, W.(1997). *Psychoanalysis and Cognitive Science: A Multiple Code Theory*. New York: Guilford Books.
─── (2002). The referential process, consciousness, and the sense of self. *Psychoanalytic Inquiry*, 22(5): 766-793.
Burgess, A.(1988). *Clockwork Orange*. New York: Norton.(乾信一郎訳『時計じかけのオレンジ』早川書房、2008年)
Burgess, A.W., Hartman, C.R. & McCormack, A.(1987). Abused to abuser: Antecedents of socially deviant behaviors. *American Journal of Psychiatry*, 144: 1431-1436.
───, Hartman, C.R., Ressler, R.K., Douglas, J.E. & McCormack, A.(1986). Sexual homicide: A motivational model. *Journal of Interpersonal Violence*, 1: 251-272.
Carey, B.(2005). "For the worst of us, the diagnosis may be 'evil.'" *The New York Times*, February 8, sec.f, p.1.
Carlisle, A.C.(2000). The dark side of the serial-killer personality. In: *Serial Killers*, ed. L. Gerdes. San Diego, CA: Greenhaven Press.
Carlson, E.B. & Putnam, F.W.(1986). Development, reliability, and validity of a dissociation scale. *Journal of Nervous & Mental Disease*, 174: 727-733.

Carrère, E.(2000). *The Adversary: A True Story of Monsterous Deception*. Trans. L. Coverdale. New York: Metropolitan Books.
Carveth, D.L.(2001). The unconscious need for punishment: Expression or evasion of the sense of guilt. *Psychoanalytic Studies*, 3: 9-21.
Chasseguet-Smirgel, J.(1991). Sadomasochism in the perversions: Some thoughts on the destruction of reality. *Journal of the American Psychoanalytic Association*, 39: 399-415.
Cicchetti, D. & Rogosch, F.A.(2001). The impact of child maltreatment and psychopathology on neuroendocrine functioning. *Development and Psychopathology*, 13: 783-804.
——— & White, J.(1990). Emotion and developmental psychopathology. In: *Psychological and Biological Approaches to Emotion*, ed. N. Stein, B. Leventhal & T. Trabasso. Hillsdale, NJ: Lawrence Erlbaum Associates, pp.359-382.
Cleckley, H.(1941). *The Mask of Sanity: An Attempt to Clarify Some Issues about the So-Called Psychopathic Personality*. Augusta, GA: Mosby, 1988.
Cohen, S.(1989). The reality in fantasy-making. *Psychoanalytic Study of the Child*, 44: 57-72.
Coleman, R.L.(1988). Solace in a psychotic patient: Delusion, fantasy, imaginary companions, and identification as progressive stages of transitional phenomena. In: *Solace Paradigm: An Eclectic Search for Psychological Immunity*, ed. P.C. Horton, H. Gerwirtz. Madison, CT: International Universities Press, pp.381-419.
Cooke, D.J.(1997). The Barlinnie Special Unit: The rise and fall of a therapeutic experiment. In: *Therapeutic Communities for Offenders*, ed. E. Cullen, L. Jones & R. Woodward. New York: Wiley, pp.101-120.
Costello, S.J.(2002). *The Pale Criminal: Psychoanalytic Perspectives*. London: Karnac Books.
Crepault, C. & Couture, M.(1980). Men's erotic fantasies. *Archives of Sexual Behavior*, 9: 565-581.
Crimmins, S.M.(1995). *Early Childhood Loss as a Predisposing Factor in Female Perpetrated Homicides*. Ph.D. thesis, 1995. The City University of New York, Criminal Justice.
Cullen, E.(1997). Can a prison be a therapeutic community: The Grendon template. In: *Therapeutic Communities for Offenders*, ed. E. Cullen, L. Jones & R. Woodward. New York: Wiley, pp.75-100.
Daleiden, E.L., Kaufman, K.L., Hiliker, D.R. & O'Neil, J.N.(1998). The sexual histories and fantasies of youthful males: A comparison of sexual offending, non-sexual offending, and non-offending groups. *Sexual Abuse: A Journal of Research & Treatment*, 10: 195-209.
Damasio, A.(1999). *The Feeling of What Happens: Body and Emotion in the Making of Consciousness*. New York: Harcourt.(田中三彦訳『無意識の脳 自己意識の脳：身体と情動と感情の神秘』講談社、2003年)
———, Tranel, D. & Damasio, H.(1990). Individuals with sociopathic behaviors caused by frontal damage fail to respond autonomically to social stimuli. *Behavioural Brain Research*, 41: 81-94.
Dateline/NBC(2005, August 12). "31 years of the BTK killer." correspondent E. Magnus.
Davies, J.M. & Frawley, M.G.(1994). *Treating the Adult Survivor of Childhood Sexual Abuse: A Psychoanalytic Perspective*. New York: Basic Books.
DeBellis, M.D.(2001). Developmental traumatology: The psychobiological development of mal-treated children and its implications for research, treatment and policy. *Development & Psychopathology*, 13: 539-564.
———, Keshavan, M.S., Clark, D.B., Casey, B.J., Giedd, J., Boring, A.M., Frustaci, K. & Ryan, N.D.(1999). Developmental traumatology, part II: Brain development. *Biological Psychiatry*, 45: 1271-1284.
Dell, P. & Eisenhower, J.W.(1990). Adolescent multiple personality disorder: A preliminary study of eleven cases. *Journal of the American Academy of Child and Adolescent Psychiatry*, 29: 359-366.
Della Femina, D., Yeager, C. & Lewis, D.O.(1990). Child abuse: Adolescent records versus adult recall. *Child Abuse & Neglect*, 14: 227-231.
DeMause, L.(2002). The childhood origins of terrorism. *Journal of Psychohistory*, 29: 340-348.
Dentan, R.K.(1995). Bad day at Bukit Pekan. *American Anthropologist*, 97: 225-231.

Depue, R.L. & Scindehette, S.(2005). *Between Good and Evil: A Master Profiler's Hunt for Society's Most Violent Predators*. New York: Warner Books.(東本貢司訳『善と悪：犯罪心理分析（プロファイリング）の父、その凄絶なる冒険』PHP研究所、2006年)

Dershowitz, A.(1995). *The Abuse Excuse: Cop Outs, Sob Stories, and Other Evasions of Responsibility*. Boston, MA: Little, Brown.

Deutsch, H.(1955). The imposter: Contributions to ego psychology of a type of psychopath. *Psychoanalytic Quarterly*, 24: 483-505.

Diamond, D.(1989). Father-daughter incest: Unconscious fantasy and social fact. *Psychoanalytic Psychology*, 6: 421-437.

Dietz, P.E., Hazelwood, R.R. & Warren, J.(1990). The sexually sadistic criminal and his offenses. *Bulletin of the American Academy of Psychiatry & the Law*, 18: 163-178.

Dodge, K.A.(1990). The structure and function of reactive and proactive aggression. In: *The Development of Childhood Aggression*, ed. D.J. Pepler & K.H. Rubin. Hillsdale, NJ: Lawrence Erlbaum Associates, pp.201-218.

―――― & Newman, J.P.(1981). Biased decision-making processes in aggressive boys. *Journal of Abnormal Psychology*, 90: 375-379.

―――― & Somberg, D.R.(1987). Hostile attributional biases among aggressive boys are exacerbated under conditions of threat to the self. *Child Development*, 58: 213-224.

Duncan, M.G.(1994). In slime and darkness: The metaphor of filth in criminal justice. *Tulane Law Review*, 68: 725-802.

Eigen J.P.(2003). *Unconscious Crime: Mental Absence and Criminal Responsibility in Victorian London*. Baltimore, MD: The Johns Hopkins University Press.

Elin, M.(1995). A developmental model for trauma. In: *Dissociative Identity Disorder*, ed. L. Cohen, J. Berzoff & M. Elin. Northvale, NJ: Aronson, pp.223-259.

Ellenberger, H.(1970). *The Discovery of the Unconscious: The History and Evolution of Dynamic Psychiatry*. New York: Basic Books.(木村敏、中井久夫監訳『無意識の発見：力動精神医学発達史（上）（下）』弘文堂、1980年)

Enders, J.(1999). *The Medieval Theatre of Cruelty: Rhetoric, Memory, Violence*. Ithaca, New York: Cornell University Press.

English, D.J., Widom, C.S. & Brandford, C.(2001). *Childhood Victimization and Delinquency, Adult Criminality, and Violent Criminal Behavior: A Replication and Extension*. Washington, DC: U.S. National Institute of Justice.

Fagan, J. & McMahon, P.(1984). Incipient multiple personality in children: Four cases. *Journal of Nervous and Mental Disease*, 172: 26-36.

Fairbairn, W.R.D.(1940). Schizoid factors in the personality. *Psychoanalytic Studies of the Personality*, London: Tavistock Press, pp.3-27, 1952.(山口泰司訳「人格における分裂的要因」『人格の精神分析学的研究』文化書房博文社、2004年)

―――― (1952). *An Object Relations Theory of the Personality*. New York: Basic Books.(山口泰司訳『人格の対象関係論』文化書房博文社、1986年)

Fenichel, O.(1945). *The Psychoanalytic Theory of Neurosis*. New York: Norton.

Ferenczi, S.(1927). The problem of the termination of psychoanalysis. In: *Final Contributions to the Problems and Methods of Psycho-Analysis*, ed. M. Balint(trans. E. Mosbacher). London: Hogarth Press, pp.77-86.(森茂起他訳「分析終結の問題」『精神分析への最後の貢献　フェレンツィ後期著作集』岩崎学術出版社、2007年)

―――― (1933). Confusion of tongues between adults and the child. In: *Final Contributions to the Problems and Methods of Psycho-Analysis*, ed. M. Balint(trans. E. Mosbacher). London: Karnac Books, pp.156-167, 1980.(森茂起他訳「大人と子どもの間の言葉の混乱：やさしさの言葉と情熱の言葉」『精神分析への最後の貢献　フェレンツィ後期著作集』岩崎学術出版社、2007年)

Finkel, M.(2003). *True Story*. New York: Harper Collins Publishers.

Fisher, C. & Dement, W.(1963). Studies on the psychopathology of sleep and dreams. *American*

Journal of Psychiatry, 119: 1160-1168.
Flynn, K.(2002). "Suspect in rape absorbed pain and inflicted it." *The New York Times*, December 7, sec.A, p.l, Metropolitan Desk.
Fonagy, P., Gergely, G., Jurist, E.L. & Target, M.(2002). *Affect Regulation, Mentalization, and the Development of the Self.* New York: Other Press.
Foucault, M.(1977). *Discipline and Punish: The Birth of the Prison 1st Edition.* New York: Pantheon Books.(田村俶訳『監獄の誕生：監視と処罰』新潮社、1977 年)
―――― (1993). About the beginning of the hermeneutics of the self: Two lectures at Dartmouth. *Political Theory*, 21(2): 198-227.
Freedman, C.M., Low, S.M., Markman, H.J. & Stanley, S.M.(2002). Equipping couples with the tools to cope with predictable and unpredictable crisis events: The PREP program. *International Journal of Emergency Mental Health*, 4: 49-56.
Freud, S.(1893). Charcot. *Standard Edition*, 3. London: Hogarth Press, 1962.(兼本浩祐訳「シャルコー」フロイト全集第 1 巻、岩波書店、2009 年)
―――― (1896). The aetiology of hysteria. *Standard Edition*, 3: 191-221. London: Hogarth Press, 1962.(芝伸太郎訳「ヒステリーの病因論のために」フロイト全集第 3 巻、岩波書店、2010 年)
―――― (1900). The interpretation of dreams. *Standard Edition*, 4: 1-338. London: Hogarth Press, 1952.(新宮一成訳「夢解釈Ⅰ・Ⅱ」フロイト全集第 4 巻、第 5 巻、岩波書店、2007 年、2011 年)
―――― (1905). Three essays on the theory of sexuality. *Standard Edition*, 7: 130-243. London: Hogarth Press, 1953.(渡邉俊之訳「性理論のための三篇」フロイト全集第 6 巻、岩波書店、2009 年)
―――― (1913). Totem and Taboo. *Standard Edition*, 13: 1-161. London: Hogarth Press, 1955.(門脇健訳「トーテムとタブー」フロイト全集第 12 巻、岩波書店、2009 年)
―――― (1916). Some character types met with in psychoanalytic work. *Standard Edition*, 14: 311-333. London: Hogarth Press, 1957.(三谷研爾訳「精神分析作業で現れる若干の性格類型」フロイト全集第 16 巻、岩波書店、2010 年)
―――― (1919). A child is being beaten. *Standard Edition*, 17: 179-204. London: Hogarth Press, 1955.(三谷研爾訳「子供がぶたれる」フロイト全集第 16 巻、岩波書店、2010 年)
―――― (1923). The ego and the id. *Standard Edition*, 19: 12-66. London: Hogarth Press, 1961.(道籏泰三訳「自我とエス」フロイト全集第 18 巻、岩波書店、2007 年)
―――― (1926). Inhibitions, symptoms and anxiety. *Standard Edition*, 20: 87-175. London: Hogarth Press, 1959.(大宮勘一郎、加藤敏訳「制止、症状、不安」フロイト全集第 19 巻、岩波書店、2010 年)
―――― (1930). Civilization and its discontents. *Standard Edition*, 21: 64-145. London: Hogarth Press, 1961.(嶺秀樹、高田珠樹訳「文化の中の居心地悪さ」フロイト全集第 20 巻、岩波書店、2011 年)
―――― (1940). An outline of psycho-analysis. *Standard Edition*, 23: 144-207. London: Hogarth Press, 1964.(津田均訳「精神分析概説」フロイト全集第 22 巻、岩波書店、2007 年)
Friedman, R.A.(2002). "Behavior: Like drugs, talk therapy can change brain chemistry." *The New York Times*, August 27, sec.F, p.5, col.2, Health & Fitness.
Gacono, C.B. & Meloy, J.R.(1994). *The Rorschach Assessment of Aggressive and Psychopathic Personalities.* Hillsdale, NJ: Lawrence Erlbaum Associates.
Gadd, D.(2004). Evidence-led policy or policy-led evidence: Cognitive-behavioural programmes for men who are violent towards women. *Criminology and Criminal Justice*, 4: 173-197.
Geberth, V.J.(1996). *Practical Homicide Investigation: Tactics, Procedures, and Forensic Techniques*, 3rd Ed. Boca Raton, FL: CRC Press.
Gerrard, N.(2003, December 21). "Holly and Jessica―We'll never know." *Observer*.
Gilligan, J.(1996). *Violence: Our Deadly Epidemic and Its Causes.* New York: Putnam's Sons.
Gillstrom, B.J. & Hare, R.D.(1988). Language related hand gestures in psychopaths. *Journal of Personality Disorders*, 2: 21-27.
Goldberg, C.(2000). *The Evil We Do: The Psychoanalysis of Destructive People.* Amherst, New York:

Prometheus Books.
Goldsmith, R.E., Barlow, M.R. & Freyd, J.J.(2004). Knowing and not knowing about trauma: Implications for therapy. *Psychotherapy: Theory, Research, Practice, Training*, 41: 448-463.
Gottlieb, R.M.(1997). Does the mind fall apart in multiple personality disorder? Some proposals based on a psychoanalytic case. *Journal of the American Psychoanalytic Association*, 45: 907-932.
Grady, D.(1998). "Studies of schizophrenia vindicate psychotherapy." *The New York Times*, January 20, sect.F, P.9, Col.1, Science Desk, Health Page.
Grand, S.(2000). *The Reproduction of Evil: A Clinical and Cultural Perspective*. Hillsdale, NJ: The Analytic Press.
Gray, N.S., Watt, A., Hassan, S. & MacCulloch, M.J.(2003). Behavioral indicators of sadistic sexual murder predict the presence of sadistic sexual fantasy in a normative sample. *Journal of Interpersonal Violence*, 18: 1018-1035.
Grinker, R. & Spiegel, J.P.(1963). *Men under Stress*. New York: McGraw-Hill.
Grotstein, J.S.(1990). Nothingness, meaninglessness, chaos, and the "black hole" II. *Contemporary Psychoanalysis*, 26: 377-398.
—— (1995). Orphans of the "real": I. Some modern and postmodern perspectives on the neurobiological and psychosocial dimensions of psychosis and other primitive mental disorders. *Bulletin of the Menninger Clinic*, 59: 287-312.
—— (1997a). Integrating one-person and two-person psychologies: Autochthony and alterity in counterpoint. *Psychoanalytic Quarterly*, 66: 403-430.
—— (1997b). Internal objects or chimerical monsters? The demonic third forms of the internal world. *Journal of Analytical Psychology*, 42: 47-80.
—— (2001). Some reflections on the psychodynamic theory of motivation: Toward a theory of "Entelechy." *Psychoanalytic Inquiry*, 21: 572-586.
Guay, J., Prouix, J., Cusson, M. & Ouimet, M.(2001). Victim-choice polymorphia among serious sex offenders. *Archives of Sexual Behavior*, 30: 521-533.
Guntrip, H.(1969). *Schizoid Phenomena, Object Relations and the Self*. New York: Basic Books.
Haga, C.(2003). "Charges dropped in Dalquist case." *Minneapolis Star Tribune*, February 1, Metro News, p.A1.
Hagen, M.A.(1997). *Whores of the Court: The Fraud of Psychiatric Testimony and the Rape of American Justice*. New York: Regan Books.
Halttunen, K.(1998). *Murder Most Foul: The Killer and the American Gothic Imagination*. Cambridge, MA: Harvard University Press.
Hare, R.D.(1993). *Without Conscience: The Disturbing World of the Psychopaths among Us*. New York: Guilford Press.(小林宏明訳『診断名サイコパス:身近にひそむ異常人格者たち』早川書房、1995 年)
—— & Jutai, J.(1988). Psychopathy and cerebral asymmetry in semantic processing. *Personality & Individual Differences*, 9: 329-337.
Harlow, C.W.(1999). *Prior Abuse Reported by Inmates and Probationers*. Washington, DC: Bureau of Justice Statistics.
Havill, A.(2001). *Born Evil: A True Story of Cannibalism and Serial Murder*. New York: St. Martin's True Crime Classics.
HBO(2003, July 23). *The Iceman and the Psychiatrist*. HBO documentary films, Arthur Ginsberg (director).
Heidegger, M.(1927). *Being and Time*, trans. J. Macquarrie & E. Robinson. New York: Harper, 1962. (原祐、渡邊二郎訳『存在と時間』中央公論新社、2003 年)
Henry, V.E.(2004). *Death Work: Police, Trauma, and the Psychology of Survival*. New York: Oxford University Press.
Herman, J.L.(1992). *Trauma and Recovery: The Aftermath of Violence—From Domestic Abuse to Political Terror*. New York: Basic Books.(中井久夫訳『心的外傷と回復 増補版』みすず書房、

1999年)
――― & van der Kolk, B.A.(1987). Traumatic antecedents of borderline personality disorder. In: *Psychological Trauma*, ed. B.A. van der Kolk. Washington, DC: American Psychiatric Press, pp.111-126.(飛鳥井望、前田正治、本村直靖監訳「境界性人格障害における先行するトラウマ」『サイコロジカル・トラウマ』金剛出版、2004年)
Hermans, H.J.M.(1996). Voicing the self: From information processing to dialogic interchange. *Psychological Bulletin*, 119: 31-50.
――― (1999). The polyphony of the mind: A multi-voiced and dialogic self. In: *The Plural Self*, ed. J. Rowen & M. Cooper. Newbury Park, CA: Sage, pp.107-131.
Holcomb, W. & Daniel, A.(1988). Homicide without an apparent motive. *Behavioral Sciences & the Law*, 6: 429-437.
Hopkins, J.(1991). Failure of the holding relationship: Some effects of physical rejection on the child's attachment and inner experience. In: *Attachment Across the Life Cycle*, ed. C.M. Parkes, J. Stevenson-Hinde & P. Marris. New York: Routledge, pp.187-198.
Howell, E.F.(1996). Dissociation in masochism and sadism. *Contemporary Psychoanalysis*, 32: 427-453.
――― (1997). Masochism: A bridge to the other side of abuse. *Dissociation*, 10: 240-245.
Howes, C. & Espinoza, M.P.(1985). The consequences of child abuse for the formation of relationships with peers. *Child Abuse & Neglect*, 9: 397-404.
Hsu, B., Kling, A., Kessler, C., Knapke, K., Diefenbach, P. & Elias, J.E.(1994). Gender differences in sexual fantasy and behavior in a college population: A ten-year replication. *Journal of Sex & Marital Therapy*, 20: 103-118.
Hyatt-Williams, A.(1998). *Cruelty, Violence and Murder: Understanding the Criminal Mind*. Northvale, NJ: Aronson.
Janet, P.(1889). *L'Automatisme Psychologique*. Paris: Alcan.
Jung, C.G., von Franz, M.L., Henderson, J.L., Jacobi, J. & Jaffe, A.(1964). *Man and His Symbols*. New York: Dell.(河合隼雄監訳『人間と象徴：無意識の世界（上）（下）』河出書房新社、1975年)
Jutai, J., Hare, R.D. & Connolly, J.F.(1987). Psychopathy and event related brain potentials(ERPs) associated with attention to speech stimuli. *Personality & Individual Differences*, 8: 175-184.
Kafka, F.(1912). The judgment. In: *Selected Short Stories*, trans. W. Muir & E. Muir. New York: Modern Library.(池内紀訳「判決」『変身ほか』カフカ小説全集、白水社、2001年)
Karstedt, S.(2002). Emotions and criminal justice. *Theoretical Criminology*, 6: 299-317.
Kassin, S.M.(1997). The psychology of confession evidence. *American Psychologist*, 52: 221-233.
Kermode, F.(1980). Secrets and narrative sequence. *Critical Inquiry*, 7: 83-101.
Kernberg, O.F.(1992). *Aggression in Personality Disorders and Perversions*. New Haven, CT: Yale University Press.
――― (1998). The psychotherapeutic management of psychopathic, narcissistic and paranoid transferences. In: *Psychopathy: Antisocial, Criminal, and Violent Behavior*, ed. T. Millon, E. Simonsen, M. Birket-Smith & R.D. Davis. New York: Guilford Press, pp.372-392.
Keyes, D.(1981). *The Minds of Billy Milligan*. New York: Random House.(堀内静子訳『24人のビリー・ミリガン』早川書房、1999年)
Khan, M.M.R.(1979). *Alienation in Perversion*. New York: International Universities Press.
Kirkland v. State, 166 Ga. App.478, 304 2d 561, 1983.
Klein, B.R.(1985). A child's imaginary companion: A transitional self. *Clinical Social Work Journal*, 13: 272-282.
Klein, M.(1921). The development of a child. In: *The Writings of Melanie Klein, Vol. I: Love, Guilt and Reparation and Other Works 1921-1945*. New York: Free Press, pp.1-53., 1975.(前田重治訳「子どもの心的発達」メラニー・クライン著作集第1巻、誠信書房、1983年)
――― (1933). The early development of conscience in the child. In: *The Writings of Melanie Klein, Vol. I: Love, Guilt and Reparation and Other Works 1921-1945*. New York: Free Press, pp.248-257, 1975.(田嶌誠一訳「子どもにおける良心の早期発達」メラニー・クライン著作集第3巻、誠

信書房、1983年)

——— (1934). On criminality. In: *The Writings of Melanie Klein Vol. I: Love, Guilt and Reparation and Other Works 1921-1945*. New York: Free Press, pp.258-261., 1975. (岡秀樹訳「犯罪行為について」メラニー・クライン著作集第3巻、誠信書房、1983年)

——— (1935). A contribution to the psychogenesis of manic depressive states. In: *The Writings of Melanie Klein, Vol. I: Love, Guilt and Reparation and Other Works 1921-1945*. New York: Free Press, pp.262-289, 1975.(安岡誉訳「躁うつ状態の心因論に関する寄与」メラニー・クライン著作集第3巻、誠信書房、1983年)

——— (1946). Notes on some schizoid mechanisms. *International Journal of Psychoanalysis*, 27: 99-110.(狩野力八郎訳「分裂的機制についての覚書」メラニー・クライン著作集第4巻、誠信書房、1985年)

Kluft, R.P.(1987). First-rank symptoms as a diagnostic clue to multiple personality disorder. *American Journal of Psychiatry*, 144: 293-298.

Knight, R.A. & Prentky, R.A.(1990). Classifying sexual offenders: The development and corroboration of taxonomic models. In: *The Handbook of Sexual Assault: Issues, Theories, and Treatment of the Offender*, ed. W.L. Marshall, D.R. Laws & H.E. Barbaree. New York: Plenum Press, pp.23-52.

Krafft-Ebing, R.(1886). *Psychpathia Sexualis*. New York: Arcade, 1998.

Kruttschnit, C. & Dornfeld, M.(1992). Will they tell: Assessing reports of family violence. *Journal of Research in Crime & Delinquency*, 29: 136-147.

Krystal, H.(1988). *Integration and Self Healing: Affect, Trauma, Alexithymia*. Hillsdale, NJ: The Analytic Press.

Lachker, J.(2002). The psychological make-up of a suicide bomber. *Journal of Psychohistory*, 29: 349-367.

Lachmann, F.M.(2000). *Transforming Aggression: Psychotherapy with the Difficult-to-Treat Patient*. Northvale, NJ: Aronson.

Laing, R.D.(1959). *The Divided Self: An Existential Study in Sanity and Madness*. London: Penguin Books, 1990.(阪本健二他訳『ひき裂かれた自己:分裂病と分裂病質の実存的研究』みすず書房、1971年)

Lalumière, M.L., Quinsey, V.L., Harris, G.T, Rice, M.E. & Trautrimas, C.(2003). Are rapists differentially aroused by coercive sex in phallometric assessments? *Annals of the New York Academy of Sciences*, 989: 211-224.

Lansky, M.R.(2003). The incompatible idea revisited: The oft-invisible ego-ideal and shame dynamics. *American Journal of Psychoanalysis*, 63: 365-376.

Lear, J.(2000). *Happiness, Death, and the Remainder of Life*. Cambridge, MA: Harvard University Press.

Lefer, L.(1984). The fine edge of violence. *Journal of American Academy of Psychoanalysis*, 12: 253-268.

Leitenberg, H. & Henning, K.(1995). Sexual fantasy. *Psychological Bulletin*, 117: 469-496.

Lejeune, R.(1977). The management of a mugging. *Urban Life*, 6: 123-148.

Leman-Langlois, S.(2003). The myopic panopticon: The social consequences of policing through the lens. *Policing and Society*, 13: 43-58.

Lempert, R.(1983). The effects of executions on homicides: A new look in an old light. *Crime & Delinquency*, 29: 88-136.

Lewis, D.O.(1992). From abuse to violence: Psychophysiological consequences of maltreatment. *Journal of the American Academy of Child & Adolescent Psychiatry*, 31: 383-391.

——— (1998). *Guilty by Reason of Insanity: A Psychiatrist Explores the Minds of Serial Killers*. New York: Fawcett-Columbine.(中原裕子訳『殺人少年:何が彼らを凶行に駆りたてたか』徳間書店、2000年)

———, Augur, C., Swica, Y., Pincus, J.H. & Lewis, M.(1997). The objective documentation of child abuse and dissociation in twelve murderers with Dissociative Identity Disorder. *American

Journal of Psychiatry, 154: 1703-1710.
―――― & Bard, J.S.(1991). Multiple personality and forensic issues. *Psychiatric Clinics of North America*, 14: 741-756.
Lifton, R.J.(1976). *The Life of the Self*. New York: Simon and Schuster.(渡辺牧、水野節夫訳『現代、死にふれて生きる：精神分析から自己形成パラダイムへ』有信堂高文社、1989 年)
―――― (1983). *The Broken Connection: On Death and the Continuity of Life*. New York: Basic Books.
―――― (1986). *The Nazi Doctors: Medical Killing and the Psychology of Genocide*. New York: Basic Books.
Lion, J. & Bach-y-Rita, G.(1970). Group psychotherapy with violent patients. *International Journal of Group Psychotherapy*, 20: 185-191.
―――― & Leaff, L.(1973). On the hazards of assessing character pathology in an outpatient setting. *Psychiatric Quarterly*, 47: 104-109.
Litman, R.E.(1997). Bondage and sadomasochism. In: *Sexual Dynamics of Antisocial Behavior*, ed. L.B. Schlesinger & E. Revitch. Springfield, IL: Thomas, pp.252-270.
Litowitz, B.E.(1998). An expanded developmental line for negation: Rejection, refusal, denial. *Journal of the American Psychoanalytic Association*, 46: 121-148.
Ludwig, A.(1983). The psychobiological functions of dissociation. *American Journal of Clinical Hypnosis*, 26: 93-99.
Lykken, D.T.(1955). *A Study of Anxiety in the Sociopathic Personality*. Unpublished doctoral dissertation, University of Minnesota. Ann Arbor, MI: University Microfilms, no.55-944, 1955.
―――― (1957). A study of anxiety in the sociopathic personality. *Journal of Abnormal and Social Psychology*, 55: 6-10.
Lynn, S.J., Pintar, J., Stafford, J., Marmelstein, L. & Lock, T.(1998). Rendering the implausible plausible: Narrative, construction, suggestion and memory. In: *Believed-In Imaginings: The Narrative Construction of Reality*, ed. J. de Rivera & T. R. Sarbin. Washington, DC: American Psychological Association.
MacKinnon, R.A., Michels, R. & Buckley, P.J.(1971). *The Psychiatric Interview in Clinical Practice, First Edition*. Arlington, VA: American Psychiatric Publishing.
Mahler, M.S.(1968). *On Human Symbiosis and the Vicissitudes of Individuation*. New York: International Universities Press.
Main, M. & George, C.(1985). Responses of abused and disadvantaged toddlers to distress in age-mates: A study in the day care center. *Developmental Psychology*, 21: 407-412.
――――, Kaplan, N. & Cassidy, J.(1985). Security in infancy, childhood and adulthood: A move to the level of representation. In: *Growing Points of Attachment: Theory and Research*, ed. I. Bretherton & E. Waters. Monographs of the Society for Research in Child Development, Serial no.209, Volume 50, Nos.1-2, pp.66-104.
Malone, K.R.(1996). Rape prevention. *Journal for the Psychoanalysis of Culture & Society*, 1: 162-165.
Marcus, B.(1989). Incest and the borderline syndrome: The mediating role of identity. *Psychoanalytic Psychology*, 6: 199-215.
Marshall, W.L. & Marshall, L.E.(2000). The origins of sexual offending. *Trauma, Violence & Abuse*, 1: 250-263.
Maruna, S., Matravers, A. & King, A.(2004). Disowning our shadow: A psychoanalytic approach to understanding punitive public attitudes. *Deviant Behavior*, 25: 277-299.
Masson, J.M.(1984). *The Assault on Truth: Freud's Suppression of the Seduction Theory*. New York: Farrar, Strauss & Giroux.
Mattingly, C.(1998). *Healing Dramas and Clinical Plots: The Narrative Structure of Experience*. Cambridge: Cambridge University Press.
McAdams, D.(2003). Identity and the life story. In: *Autobiographical Memory and the Construction of a Narrative Self*, ed. R. Fivush & C. Haden. Mahwah, NJ: Lawrence Erlbaum Associates, pp.187-

207.
McCracken, G.(1988). *The Long Interview: Series on Qualitative Methods, Vol.13*, Newbury Park, CA: Sage.
McDougall, J.(1972). Primal scene and sexual perversion. *International Journal of Psycho-Analysis*, 53: 371-384.
――― (1978). Primitive communications and the use of the countertransference. *Contemporary Psychoanalysis*, 14: 173-209.
McKinney, M.(2005). "Brainerd man pleads guilty in Erika Dalquist's death." *Minneapolis Star Tribune*, October 14, Metro News, p.7B.
McWilliams, N.(1994). *Psychoanalytic Diagnosis: Understanding Personality Structure in the Clinical Process*. New York: Guilford Press.(成田善弘監訳、神谷栄治、北村婦美訳『パーソナリティ障害の診断と治療』創元社、2005 年)
Meloy, J.R.(1997a). *The Psychopathic Mind*. Northvale, NJ: Aronson.
――― (1997b). The psychology of wickedness: Psychopathy and sadism. *Psychiatric Annals*, 27: 630-637.
――― (1998). *Violent Attachments*. Northvale, NJ: Aronson.
――― (2000). The nature and dynamics of sexual homicide: An integrative review. *Aggression & Violent Behavior*, 5: 1-22.
Meltzer, D.(1975). Adhesive identification. *Contemporary Psychoanalysis*, 11: 289-310.
――― (1992). *The Claustrum: An Investigation of Claustrophobic Phenomena*. Roland Harris Trust library #15, Great Britain: The Clunie Press.
Melzack, R.(1973). *The puzzle of pain*. New York: Basic Books.(橋口英俊、大西文行訳篇『痛みのパズル』誠信書房、1983 年)
Merriam, B.(1998). To find a voice: Art therapy in a women's prison. *Women & Therapy*, 21: 157-171.
Meyers, H.C.(1991). Perversion in fantasy and furtive enactments. In: *Perversions and Near Perversions in Clinical Practice: New Psychoanalytic Perspectives*, ed. G.I. Fogel & W.A. Myers. New Haven, CT: Yale University Press, pp.93-108.
Miller, S.B.(1989). Shame as an impetus to the creation of conscience. International *Journal of Psycho-Analysis*, 70: 231-243.
Miller, S.J.(2003). Analytic gains and anxiety tolerance: Punishment fantasies and the analysis of superego resistance revisited. *Psychoanalytic Psychology*, 20: 4-17.
Millon, T., Simonsen, E., Birket-Smith, M. & Davis, R.D.(1998). *Psychopathy: Antisocial, Criminal, and Violent Behavior*. New York: The Guilford Press.
Mills, J.(2003). Lacan on paranoiac knowledge. *Psychoanalytic Psychology*, 20: 30-51.
Mitrani, J.L.(1994). On adhesive object relations. *Contemporary Psychoanalysis*, 30: 348-366.
Modell, A.H.(2003). *Imagination and the Meaningful Brain*. Cambridge, MA: MIT Press.
Morrison, H. & Goldberg, H.(2004). *My Life among the Serial Killers: Inside the Minds of the World's Most Notorious Murderers*. New York: Avon Books.(大野晶子訳『隣に棲む連続殺人犯』ソニー・マガジンズ、2005 年)
Moskowitz, A.K.(2004a). Dissociative pathways to homicide: Clinical and forensic implications. *Journal of Trauma & Dissociation*, 5: 5-32.
――― (2004b). Dissociation and violence: A review of the literature. *Trauma, Violence & Abuse*, 5: 21-46.
Muller, R.(2000). When a patient has no story to tell: Alexithymia. *Psychiatric Times*, 17: 7.
O'Connell, B.A.(1960). Amnesia and homicide. *British Journal of Delinquency*, 10: 262-276.
Ogden, T.(1989). *The Primitive Edge of Experience*. Northvale, NJ: Aronson.
Ohio v. Grimsley, 3 Ohio App.3rd 265, 444 N.E. 2d 1071, 1982.
Orwell, G.(1949). *Nineteen Eighty Four*. San Diego, CA: Harcourt Brace Jovanovich.(高橋和久訳『一九八四年　新訳版』早川書房、2009 年)
Pardes, H.(1986). Neuroscience and psychiatry: Marriage or co-existence? *American Journal of*

Psychiatry, 143: 1205-1212.
Parker, M.(2003). Doing time: A group analytic perspective on the emotional experience of time in a men's prison. *Group Analysis*, 36: 169-181.
Partwatiker, S.D., Holcomb, W.R. & Menninger, K.A.(1985). The detection of malingered amnesia in accused murderers. *Bulletin of the American Academy of Psychiatry & the Law*, 13: 97-103.
Patrick, C., Bradley, M. & Lang, P.(1993). Emotion in the criminal psychopath: Startle reflex modulation. *Journal of Abnormal Psychology*, 102: 82-92.
―――, Cuthbert, B.N. & Lang, P.J.(1994). Emotion in the criminal psychopath: Fear image processing. *Journal of Abnormal Psychology*, 103: 523-534.
Person, E.S., Terestman, N., Wayne, A.M., Goldberg, E.L. & Salvadori, C.(1989). Gender differences in sexual behaviors and fantasies in a college population. *Journal of Sex & Marital Therapy*, 15: 187-198.
Polaschek, D.L.L. & Dixon, B.G.(2001). The violence prevention project: The development and evaluation of a treatment programme for violent offenders. *Psychology, Crime and Law*, 7: 1-23.
Porter, S., Birt, A.R., Yuille, J.C. & Herve, H.F.(2001). Memory for murder: A psychological perspective on dissociative amnesia in legal contexts. *International Journal of Law & Psychiatry*, 24: 23-42.
Prentky, R., Burgess, A., Rokous, F., Lee, A., Hartman, C., Ressler, R. & Douglas, J.(1989). The presumed role of fantasy in serial sexual homicide. *American Journal of Psychiatry*, 146: 887-891.
Pye, E.(1995). Memory and imagination: Placing imagination in the therapy of individuals with incest memories. In: *Sexual Abuse Recalled: Treating Trauma in the Era of the Recovered Memory Debate*, ed. J.L. Albert. Northvale, NJ: Aronson, pp.155-184.
Quay, H.C.(1987). Intelligence. In: *Handbook of Juvenile Delinquency*, ed. H.C. Quay. New York: Wiley, pp.106-117.
Radden, J.(1996). *Divided Minds and Successive Selves: Ethical Issues in Disorders of Identity and Personality*. Cambridge, MA: MIT Press.
Radwin, J.O.(1991). The multiple personality disorder: Has this trendy alibi lost its way? *Law & Psychology Review*, 15: 351-373.
Raines, A., O'Brien, M., Smiley, N., Scerbo, A. & Chan, C.(1990). Reduced lateralization in verbal dichotic listening in adolescent psychopaths. *Journal of Abnormal Psychology*, 99: 272-277.
――― (1993). *The Psychopathology of Crime: Criminal Behavior as a Clinical Disorder*. San Diego, CA: Academic Press.
Rank, O.(1941). *Beyond Psychology*. New York: Dover Publications.
――― (1971). *The Double: A Psychoanalytic Study*. NC: University of North Carolina Press.
Reik, T.(1945). *The Unknown Murderer*. New York: Prentice-Hall.
Reiser, M.F.(1984). *Mind, Brain, Body: Toward a Convergence of Psychoanalysis and Neurobiology*. New York: Basic Books.
Ressler, R.K. & Schactman, T.(1992). *Whoever Fights Monsters*. New York: St. Martin's Paperbacks. (相原真理子訳『FBI心理分析官：異常殺人者たちの素顔に迫る衝撃の手記』早川書房、2000年)
―――, Burgess, A.W. & Douglas, J.E.(1992). *Sexual Homicide: Patterns and Motives*. New York: Free Press.(狩野秀之訳『快楽殺人の心理：FBI心理分析官のノートより』講談社、1998年)
―――, Burgess, A.W., Hartman, C.R., Douglas, J.E. & McCormack, A.(1986). Murderers who rape and mutilate. *Journal of Interpersonal Violence*, 1: 273-287.
Revitch, E. & Schlesinger, L.B.(1989). *Sex Murder and Sex Aggression: Phenomenology, Psychopathology, Psychodynamics and Prognosis*. Springfield, IL: Thomas.
Rhodes, R.(1999). *Why They Kill: The Discoveries of a Maverick Criminologist*. New York: Knopf.
Rhue, J.W. & Lynn, S.J.(1987). Fantasy proneness: Developmental antecedents. *Journal of Personality*, 55: 121-137.
Richards, H.(1998). Evil intent: Violence and disorders of the will. In: *Psychopathy: Antisocial, Criminal and Violent Behavior*, ed. T. Millon, E. Simonsen, M. Birket-Smith & R. Davis. New

York: Guilford Press, pp.69-94.
Ricoeur, P.(1967). *The Symbolism of Evil*. New York: Harper & Row.
――― (1980). Narrative Time. *Critical Inquiry*, 7: 169-190.
Rieber, R.W. & Vetter, H.(1994). The language of the psychopath. *Journal of Psycholinguistic Research*, 23: 1-28.
Rivard, J.M., Dietz, P., Martell, D. & Widawski, M.(2002). Acute dissociative responses in law enforcement officers involved in critical shooting incidents: The clinical and forensic implications. *Journal of Forensic Sciences*, 47: 1093-1100.
Rokach, A., Nutbrown, V. & Nexhipi, G.(1989). Content analysis of erotic imagery: Sex offenders and non-sex offenders. *International Journal of Offender Therapy & Comparative Criminology*, 32: 107-122.
Rosenhan, D.L.(1972). On being sane in insane places. *Santa Clara Lawyer*, 13: 379-399.
Saks, E.R.(1997). *Jekyll on Trial*. New York: New York University Press.
Sarbin, T.R.(1989). Emotions as narrative emplotments. In: *Entering the Circle: Hermeneutic Investigations in Psychology*, ed. M.J. Packer & R.B. Addison. New York: State University of New York Press, pp.185-201.
――― (1995). A narrative approach to "repressed memories." *Journal of Narrative & Life History*, 5: 51-66.
Satten, J., Menninger, K., Rosen, I. & Mayman, M.(1960). Murder without apparent motive: A study in personality disorganization. *American Journal of Psychiatry*, 117: 48-53.
Schafer, R.(1980). Narration in the psychoanalytic dialogue. *Critical Inquiry*, 7: 29-53.
Schlesinger, L.B.(2000). Serial homicide: Sadism, fantasy and a compulsion to kill. In: *Serial Offenders: Current Thought, Recent Findings*, ed. L.B. Schlesinger. New York: CRC Press, pp.3-22.
――― (2001). The potential sex murderer: Ominous signs, risk assessment. *Journal of Threat Assessment*, 1: 47-72.
――― & Revitch, E.(1997). *Sexual Dynamics of Antisocial Behaviors*, 2nd ed. Springfield: IL: Thomas.
Searles, H.F.(I960). *The Non-Human Environment*. New York: International Universities Press.(殿村忠彦、笠原嘉訳『ノンヒューマン環境論：分裂病者の場合』みすず書房、1988 年)
Sebold, A.(1999). *Lucky*. New York: Scribner.(片山奈緒美訳『ラッキー』角川書店、2003 年)
Shengold, L.(1989). *Soul Murder: The Effects of Childhood Abuse and Deprivation*. New York: Ballentine Books.
――― (1999). *Soul Murder Revisited: Thoughts about Therapy, Hate, Love, and Memory*. New Haven, CT: Yale University Press.(寺沢みづほ訳『魂の殺害：虐待された子どもの心理学』青土社、2003 年)
Siegel, D.J.(1996). Cognition, memory, and dissociation. *Child and Adolescent Psychiatric Clinics of North America*, 5: 509-536.
Silverstein, J.L.(1994). Power and sexuality: Influence of early object relations. *Psychoanalytic Psychology*, 11: 33-46.
Sizemore, C. & Pittilo, E.(1977). *I'm Eve*. New York: Doubleday.(田中一江訳『私はイヴ：ある多重人格者の自伝』早川書房、1995 年)
Socarides, C.W.(1973). Sexual perversion and the fear of engulfment. *International Journal of Psychoanalytic Psychotherapy*, 2: 432-448.
Solnit, A.J. & Kris, M.(1967). Trauma and infantile experiences. In: *Psychic Trauma*, ed. S.S. Furst. NY: Basic Books, pp.175-220.
Snow, M.S., Beckman, D. & Brack, G.(1996). Results of the dissociative experiences scale in a jail population. *Dissociation*, 9: 98-103.
State v. Badger, 551 A. 2d 207, NJ, 1988.
State v. Darnell, 47 Or. App.161, 614 P.2d 120, 1980.
State v. Rodrigues, 679 p.2nd 615 Hawaii, 1984.

Stein, A.(2000). *Dissociation and Crime: Abuse, Mental Illness and Crime in the Lives of Incarcerated Men*. Dissertation Abstracts International, A Humanities and Social Sciences, 61(4-A), 1626, US: University Microfilms International.
―――― (2001). Murder and memory. *Contemporary Psychoanalysis*, 37: 443-451.
―――― (2002). Sensation seeking. In: *Encyclopedia of Crime and Punishment*, Vol. 4, ed. D. Levinson. Newbury, CA: Sage, pp.1467-1470.
―――― (2003). Dreaming while awake: The use of trance to bypass threat. *Contemporary Psychoanalysis*, 39: 179-197.
―――― (2004). Fantasy, fusion, and sexual homicide. *Contemporary Psychoanalysis*, 40: 495-517.
―――― & Lewis, D.O.(1992). Discovering abuse: Insights from a follow-up study of delinquents. *Child Abuse & Neglect*, 16: 523-531.
Steinberg, M. & Schnall, M.(2000). *The Stranger in the Mirror: Dissociation- The Hidden Epidemic*. New York: Cliff Street Books.
Stern, D.B.(1997a). Dissociation and constructivism. In: *Memories of Sexual Betrayal: Truth, Fantasy, Repression and Dissociation*, ed. R.B. Gartner. Northvale, NJ: Aronson.
―――― (1997b). *Unformulated Experience: From Dissociation to Imagination in Psychoanalysis*. Hillsdale, NJ: The Analytic Press.(一丸藤太郎、小松貴弘監訳『精神分析における未構成の経験：解離から想像力へ』誠信書房、2003 年)
―――― (2003). The fusion of horizons: Dissociation, enactment, and understanding. *Psychoanalytic Dialogues*, 13: 843-873.
―――― (2004). The eye sees itself: Dissociation, enactment, and achievement of conflict. *Contemporary Psychoanalysis*, 40: 197-237.
Stevenson, R.L.(1896). *The Strange Case of Dr. Jekyll and Mr. Hyde*. Chicago: M.A. Donahue & Co. (海保眞夫訳『ジーキル博士とハイド氏』岩波書店、2002 年)
Stoller, R.J.(1973). *Splitting: A Case of Female Masculinity*. New York: Quadrangle.
―――― (1976). *Perversion: The Erotic Form of Hatred*. Cambridge, MA: Harvester Press.
―――― (1985). *Observing the Erotic Imagination*. New Haven, CT: Yale University Press.
―――― (1986). *Sexual Excitement: Dynamics of Erotic Life*. Washington, DC: American Psychiatric Press.
Stolorow, R.D.(2003). Trauma and temporality. *Psychoanalytic Psychology*, 20: 158-161.
Stone, A.A.(1993). Murder with no apparent motive. *Journal of Psychiatry & Law*, 21: 175-189.
Stone, M.H.(1998). Sadistic personalities in murderers. In: *Psychopathy: Antisocial, Criminal and Violent Behavior*, ed. T. Millon, E. Simonsen, M. Birket-Smith & R.D. Davis. New York: Guilford Press, pp.346-355.
Straker, G. & Jacobson, R.(1981). Aggression, emotional maladjustment, and empathy in the abused child. *Developmental Psychology*, 17: 762-765.
Strasburger, L.(1986). Treatment of antisocial syndromes: The therapist's feelings. In: *Unmasking the Psychopath*, ed. W. Reid, D. Dorr, J. Walker & J. Bonner. New York: Norton, pp.191-207.
Sullivan, H.S.(1949). The theory of anxiety and the nature of psychotherapy. *Psychiatry*, 12: 3-12.
―――― (1953a). *Conceptions of Modern Psychiatry*. New York: Norton.(中井久夫、山口隆訳『現代精神医学の概念』みすず書房、1982 年)
―――― (1953b). *The Interpersonal Theory of Psychiatry*. New York: W.W. Norton.(中井久夫他訳『精神医学は対人関係論である』みすず書房、1990 年)
―――― (1956). *Clinical Studies in Psychiatry*. New York: Norton.(中井久夫、山口直彦、松川周二訳『精神医学の臨床研究』みすず書房、1983 年)
―――― (1962). *Schizophrenia as a Human Process*. New York: Norton.(中井久夫他訳『分裂病は人間的過程である』みすず書房、1995 年)
―――― (1970). *The Psychiatric Interview*. New York: Norton.(中井久夫他訳『精神医学的面接』みすず書房、1986 年)
―――― (1972). *Personal Psychopathology: Early Formulations*. New York: Norton.

Suskind, P.(1991). *Perfume*. New York: Simon & Schuster.(池内紀訳『香水　ある人殺しの物語』文藝春秋、2003 年)

Swihart, G., Yuille, J. & Porter, S.(1999). The role of state-dependent memory in "red-outs." *International Journal of Law & Psychiatry*, 22: 199-212.

Tanay, E. with Freeman, L.(1976). *The Murderers*. Indianapolis, IN: Bobbs-Merrill.

Taylor, P.J. & Koppelman, M.D.(1984). Amnesia for criminal offenses. *Psychological Medicine*, 14: 581-588.

Thigpen, C. & Cleckley, H.(1957). *Three Faces of Eve*. New York: McGraw-Hill.(川口正吉訳『イヴの三つの顔：一つの肉体に宿る三人の女性』白揚社、1958 年)

Thompson, L. & Reavy, P.(2005). "Tearful ending: Mark hacking gets 6-to-life prison term." *Desert Morning News*, Salt Lake City, UT: June 7.

Tillman, J.G., Nash, M.R. & Lerner, P.M.(1994). Does trauma cause dissociative pathology? In: *Dissociation: Clinical and Theoretical Perspectives*, ed. S.J. Lynn & J.W. Rhue. New York: Guilford Press, pp.395-414.

Trujillo, K., Lewis, D.O., Yeager, C.A. & Gidlow, B.(1996). Imaginary companions of schoolboys and boys with dissociative identity disorder/multiple personality disorder: A normal to pathologic continuum. *Child and Adolescent Psychiatric Clinics of North America*, 5: 375-392.

van der Kolk, B.A.(1996). The body keeps score: Approaches to the psychobiology of posttraumatic stress disorder. In: *Traumatic Stress: The Effects of Overwhelming Experience on Mind, Body and Society*, ed. B.A. van der Kolk, A.C. McFarlane & L. Weisaeth. New York: Guilford Press, pp.214-241.(西沢哲監訳「記録する身体」『トラウマティック・ストレス：PTSD およびトラウマ反応の臨床と研究のすべて』誠信書房、2001 年)

―――, McFarlane, A.C. & Weisaeth, L., ed.(1996). *Traumatic Stress: The Effects of Overwhelming Experience on Mind, Body and Society*, New York: Guilford Press.(西沢哲監訳『トラウマティック・ストレス：PTSD およびトラウマ反応の臨床と研究のすべて』誠信書房、2001 年)

―――, van der Hart, O. & Marmer, C.(1996). Dissociation and information processing in post traumatic stress disorder. In: *Traumatic Stress: The Effects of Overwhelming Experience on Mind, Body and Society*, ed. B.A. van der Kolk, A.C. McFarlane & L. Weisaeth. New York: Guilford Press, pp.303-327.(西沢哲監訳「PTSD における解離と情報処理過程」『トラウマティック・ストレス：PTSD およびトラウマ反応の臨床と研究のすべて』誠信書房、2001 年)

Volkan, V.(2002). September 11 and societal regression. *Group Analysis*, 35: 456-483.

von Broembsen, F.(1986). The two-way journey: Pathological and adaptive aspects of symbolizing activity. *Journal of Mental Imagery*, 10: 87-94.

von Franz, M.L.(1964). The process of individuation. In: *Man and His Symbols*, ed. C.G. Jung, M.L. von Franz, J.L. Henderson, J. Jacobi & A. Jaffe. New York: Dell, pp.157-254.(河合隼雄監訳「個性化の過程」『人間と象徴：無意識の世界（下）』河出書房新社、1975 年)

Vronsky, P.(2004). *Serial Killers: The Methods and Madness of Monsters*. New York: Penguin.

Wade, N.(2005). "Exploring a hormone for caring." *The New York Times*, November 22, sec.F, p.5, Health and Fitness.

Wegner, D.M.(2002). *The Illusion of Conscious Will*. Cambridge, MA: MIT Press.

Weiss D.S. & Marmar C.R.(1997). The Impact of Event Scale—Revised. In: *Assessing Psychological Trauma and PTSD: A Practitioner's Handbook*, ed. J.P. Wilson & T.M. Keane. New York: Guilford Press, pp.399-411.

White, G.D.(2004). Political apathy disorder: Proposal for a new DSM diagnostic category. *Journal of Humanistic Psychology*, 44: 47-57.

Whitman, T.A. & Akutagawa, D.(2004). Riddles in serial murder: A synthesis. *Aggression & Violent Behavior*, 9: 693-703.

Widom, C.S.(1989). The cycle of violence. *Science*, 244: 160-166.

Wilber, C.(1985). The effect of child abuse on the psyche. In: *Childhood Antecedents of Multiple Personality*, ed. R. Kluft. Washington, DC: American Psychiatric Press, pp.21-36.

Wilgoren, J.(2005). "In gory detail, prosecution lays out case for tough sentencing of B.T.K. killer." *The New York Times*, sec.A, col.1, National Desk, P.16, August 18.

Wilson, S.C. & Barber, T.X.(1981). Vivid fantasy and hallucinatory abilities in the life histories of excellent hypnotic subjects("somnambules"): Preliminary report with female subjects. In: *Imagery, Volume 2: Concepts, Results, and Applications*, ed. E. Klinger. New York: Plenum Press, pp.341-387.

Winer, R.(2001). Evil in the mind of the therapist. *Contemporary Psychoanalysis*, 37: 613-622.

Winnicott, D.W.(1958). The capacity to be alone. In: *The Maturational Process and the Facilitating Environment: Studies in the Theory of Emotional Development*. London: Karnac Books, pp.29-36.（牛島定信訳「一人でいられる能力」『情緒発達の精神分析理論：自我の芽ばえと母なるもの』岩崎学術出版社、1977年）

―― (1960). Ego distortion in terms of true and false self. In: *The Maturational Process and the Facilitating Environment: Studies in the Theory of Emotional Development*. London: Karnac Books, pp.140-152.（牛島定信訳「本当の、および偽りの自己という観点からみた、自我の歪曲」『情緒発達の精神分析理論：自我の芽ばえと母なるもの』岩崎学術出版社、1977年）

―― (1965). The maturational processes and the facilitating environment: Studies in the theory of emotional development. *The International Psycho-Analytical Library*, 64: 1-276. London: The Hogarth Press and the Institute of Psycho-Analysis.（牛島定信訳『情緒発達の精神分析理論』岩崎学術出版社、1977年）

―― (1969). The use of an object and relating through identifications. *International Journal of Psycho-Analysis*, 50: 711-716.（北山修監訳、若林隆良、小坂和子訳「対象の使用と同一化を通じて関わること」『精神分析的探求2：狂気の心理学』ウィニコット著作集第7巻、岩崎学術出版社、1998年）

―― (1984). *Deprivation and Delinquency*. London: Routledge.（西村良二監訳『愛情剥奪と非行』ウィニコット著作集第2巻、岩崎学術出版社、2005年）

―― (1991). *Playing and Reality*. London: Routledge.（橋本雅雄訳『遊ぶことと現実』岩崎学術出版社、1979年）

Wolfgang, M.E.(1958). *Patterns in Criminal Homicide*. Philadelphia, PA: University of Pennsylvania Press.

Wulffen, E.(1926). *Kriminalpsychologie*. Berlin, Germany: P. Langenscheidt.

Wurmser, L.(2003a). "Abyss calls out to abyss": Oedipal shame, invisibility and broken identity. *American Journal of Psychoanalysis*, 63: 299-316.

―― (2003b). The annihilating power of absoluteness: Superego analysis in the severe neurosis, especially in character perversion. *Psychoanalytic Psychology*, 20: 214-235.

Yochelson, S. & Samenow, S.(1976). *The Criminal Personality*. Northvale, NJ: Aronson.

Zeddies, T.J.(2002). More than just words: A hermeneutic view of language in psychoanalysis. *Psychoanalytic Psychology*, 19: 3-23.

Zelikovsky, N. & Lynn, S.J.(1994). The aftereffects and assessment of physical and psychological abuse. In: *Dissociation: Clinical and Theoretical Perspectives*, ed. S.J. Lynn & J.W. Rhue. New York: Guilford Press, pp.190-214.

人名索引

【あ行】

アイゲン（Eigen, J.P.） 168
ヴァン・デア・コーク（van der Kolk, B.A.） 8, 46, 47, 69, 133, 135, 147, 180
ウィナー（Winer, R.） 184
ウィニコット（Winnicott, D.W.） 17, 64, 65, 66, 80, 81, 101, 178, 179
ウェーグナー（Wegner, D.M.） 140, 141, 142
エリン（Elin, M.） 48, 50
エンダース（Enders, J.） 160, 162
オーウェル（Orwell, G.） 45, 91
オグデン（Ogden, T.） 65, 111, 116
オルブライト（Albright, D.） 20, 155

【か行】

カーベス（Carveth, D.L.） 68, 69, 70
カーライル（Carlisle, A.C.） 109, 127
カーン（Khan, M.M.R.） 103
カーンバーグ（Kernberg, O.F.） 16, 59, 107, 184
ガントリップ（Guntrip, H.） 64, 65
ギャド（Gadd, D.） 189
ギリガン（Gilligan, J.） 51, 59, 65, 110, 118, 153, 173, 196
クライン（Klein, M.） 32, 56, 67, 78, 79, 80, 86, 88, 95, 138, 169, 196
クラフト＝エビング（Krafft-Ebing, R.） xviii, 40, 110
グランド（Grand, S.） 43, 54, 103, 109, 111, 115, 126, 129, 154
クリスタル（Krystal, H.） 28, 40, 139, 178
クリミンズ（Crimmins, S.M.） 43
クレックレイ（Cleckley, H.） 9, 10, 19, 41, 55, 81, 155, 192, 194
グロットスタイン（Grotstein, J.S.） 38, 64, 76, 79, 87, 89, 105, 143
ゴールドスミス（Goldsmith, R.E.） 181

【さ行】

サービン（Sarbin, T.R.） 17, 20, 38, 45, 161, 166
サールズ（Searles, H.F.） 118, 120
サイズモア（Sizemore, C.） 155
サリヴァン（Sullivan, H.S.） xi, 11, 16, 24, 25, 30, 32, 37, 40, 42, 56, 64, 65, 71, 72, 86, 101, 106, 107, 128, 132, 133, 134, 137, 142, 143, 144, 145, 162, 167, 172, 175, 176, 178, 179, 184, 187, 188, 192
シーゲル（Siegel, D.J.） 42, 43
シーボルド（Sebold, A.） 97
シェーファー（Schafer, R.） 161, 165, 167
シェンゴールド（Shengold, L.） 23, 45, 65, 114, 135, 139, 146, 147, 159
シグペン（Thigpen, C.） 9, 55, 155
シャスゲ＝スミルゲル（Chasseguet-Smirgel, J.） 107, 119
ジュースキント（Suskind, P.） 14
シュレシンジャー（Schlesinger, L.B.） 41, 96, 103, 105, 108, 109, 110, 126, 167
シルヴァスタイン（Silverstein, J.L.） 126
スターン（Stern, D.B.） 7, 13, 27, 30, 31, 38, 49, 58, 98, 102, 130, 143, 154, 161, 162
スタイン（Stein, A.） 5, 19, 24, 25, 34, 102, 111, 122, 126, 129, 137, 155
スティーヴンソン（Stevenson, R.L.） 8
ストーラー（Stoller, R.J.） 99, 112, 117, 118, 125
ストーン（Stone, M.H.） 171, 181
ゼディアス（Zeddies, T.J.） 162
ソカリデス（Socarides, C.W.） 112, 116, 117, 121

【た行】

ダーショウィッツ（Dershowitz, A.） 180
タネイ（Tanay, E.） 36

ダマシオ（Damasio, A.）　10, 49, 137
デイヴィス（Davies, J.M.）　7, 27, 38, 43, 103, 183
ティルマン（Tillman, J.G.）　6
デマウス（DeMause, L.）　172
デル（Dell, P.）　19, 155
デンタン（Dentan, R.K.）　162
ドイチュ（Deutsch, H.）　193

【は行】
パーカー（Parker, M.）　23, 189
バージェス（Burgess, A.W.）　13, 94, 96, 105, 108, 109, 124, 175
ハーマン（Herman, J.L.）　45, 69, 114, 153, 180
パイ（Pye, E.）　13, 104
ハイアット＝ウィリアムズ（Hyatt-Williams, A.）　76, 79, 80, 104, 173, 182
ハイデガー（Heidegger, M.）　163, 164
ハウズ（Howes, C.）　157
バレット（Barrett, D.）　19, 36, 155
ビオン（Bion, W.）　67, 71
フーコー（Foucault, M.）　21, 64, 84
フェアバーン（Fairbairn, W.R.D.）　32, 33, 65, 66, 67, 143
フェニケル（Fenichel, O.）　163
フェレンツィ（Ferenczi, S.）　67, 168
フォナギー（Fonagy, P.）　27, 33, 38, 65, 66, 68, 103, 105, 133
フォン・フランツ（von Franz, M.L.）　154
ブッチ（Bucci, W.）　7, 30, 35, 43, 48, 49, 86, 163
ブラウン（Brown, A.P.）　70
ブラッドベリ（Bradbury, R.）　131
ブラム（Blum, H.P.）　104, 107
ブルーナー（Bruner, J.）　161
ブルックス（Brooks, P.）　30, 34, 80
フロイト（Freud, S.）　12, 16, 27, 30, 36, 37, 55, 56, 65, 68, 76, 81, 86, 112, 122, 135, 139, 160, 169
ブロムバーグ（Bromberg, P.）　xii, 7, 26, 27, 30, 38, 59, 60, 129, 140, 147, 159
ヘア（Hare, R.D.）　10, 39, 52, 53, 59, 81

ヘイガン（Hagen, M.A.）　180
ベッカー（Becker, E.）　79, 146, 159
ベンジャミン（Benjamin, J.）　94
ヘンリー（Henry, V.E.）　77
ボラス（Bollas, C.）　13, 174, 193, 194
ホワイト（White, G.D.）　90

【ま行】
マーカス（Marcus, B.）　151
マイヤーズ（Meyers, H.C.）　103
マクウィリアムズ（McWilliams, N.）　169
マクドゥーガル（McDougall, J.）　40, 99
マッティングリイ（Mattingly, C.）　163, 166
ミッチェル（Mitchell, S.A.）　xii
ミラー（Miller, S.B.）　69
ミリアム（Merriam, B.）　189
ミルズ（Mills, J.）　142
ミロン（Millon, T.）　122, 171
メイン（Main, M.）　43, 44, 157
メルツァー（Meltzer, D.）　13, 116, 117, 192
メロイ（Meloy, J.R.）　16, 18, 32, 40, 81, 96, 103, 105, 108, 109, 111, 116, 117, 119, 124, 145, 154, 167, 168, 184, 186
モスコヴィッツ（Moskowitz, A.K.）　5, 7
モデル（Modell, A.H.）　8

【や行】
ユング（Jung, C.G.）　19, 20, 154
ヨケルソン（Yochelson, S.）　22, 37, 64, 65

【ら行】
ラクマン（Lachmann, F.M.）　178
ラッデン（Radden, J.）　9
ランク（Rank, O.）　91, 111, 193
リア（Lear, J.）　114
リクール（Ricoeur, P.）　123, 163, 167
リチャーズ（Richards, H.）　178
リフトン（Lifton, R.J.）　80, 87, 111, 130, 140, 146, 156, 157, 160, 169, 177, 193
ルイス（Lewis, D.O.）　xvi, 4, 10, 33, 92, 109, 111, 126, 129, 167, 181, 182
ルーエ（Rhue, J.W.）　100

ルマン＝ラングロア（Leman-Langlois, S.）　21
レイン（Laing, R.D.）　16, 17, 65, 146, 151, 155, 156, 165
レインズ（Raines, A.）　40, 65
レスラー（Ressler, R.K.）　41, 59, 84, 96, 108, 109, 123, 127, 171

【わ行】

ワームザー（Wurmser, L.）　64, 66, 68, 76, 77, 87, 89
ワゴナー（Waggoner, S.）　163

事項索引

【あ行】
愛着　13, 14, 27, 43, 96, 105, 107, 143, 177
アイデンティティ　19, 65, 66, 70, 71, 87, 127, 135, 142, 143, 163, 168, 176, 193
悪意的転換　32, 86, 132
アレキシサイミア　8, 34, 35, 40, 47
安全保障操作　17, 37, 172
移行対象　178, 179
エナクトメント　x, 7, 68, 70, 77, 94, 100, 111, 164, 167, 174, 177, 193, 196

【か行】
解離　ix, xvi, 4, 5, 6, 7, 9, 15, 16, 18, 22, 23, 25, 27, 31, 35, 46, 48, 58, 59, 63, 76, 77, 87, 95, 102, 109, 111, 125, 129, 130, 134, 135, 137, 139, 145, 146, 147, 150, 167, 168, 175, 181, 185, 189
解離症状　47, 50
解離状態　36, 162
解離性障害　7, 9, 181
解離性同一性障害　xi, xvi, 16, 19, 150, 169, 180
解離体験尺度　5
過剰な殺人　165
擬人存在　107, 134, 144, 154, 159, 168
虐待　4, 6, 10, 11, 12, 19, 21, 27, 32, 47, 50, 53, 63, 65, 91, 104, 120, 125, 129, 133, 137, 144, 151, 153, 154, 157, 158, 163, 178
逆転移　24, 58, 182, 183, 184, 185
共感　11, 47, 53, 80, 157, 177, 178, 184
矯正　21, 24, 59, 182, 189
共生的な融合　94, 116, 120, 128
空想　13, 36, 37, 41, 65, 86, 93, 95, 96, 98, 100, 102, 103, 104, 107, 108, 124, 127, 128, 141, 153, 174
健忘　4, 8, 30, 34, 38, 44, 46, 78
合意による確認　42, 43, 54
誇大性　64, 128

【さ行】
罪悪感　11, 12, 52, 56, 63, 68, 69, 78, 80, 81, 85, 87, 88, 89, 153
サイコソムニア　37
サディズム　40, 45, 76, 78, 80, 86, 88, 89
自己原因性　86
自己システム　24, 74, 129, 142, 143, 156
自責　129, 144, 157
児童虐待　7, 24, 27, 28, 46, 48, 133, 135, 139, 159, 163, 171, 181
死の刻印　80, 157
死の布置　76, 79
自分でないもの　xii, 17, 30, 42, 64, 72, 144, 145, 179
象徴化　xii, 7, 23, 35, 40, 49, 70, 94, 101
処罰希求　68, 69, 70
身体的虐待　xviii, 4, 27, 91
性愛化　64, 78, 94, 106, 107, 109
精神病質　x, xviii, 18, 40
精神病質者　9, 39, 41, 52
性的虐待　xviii, 4, 27, 43, 109, 183
石化　156, 157
選択的非注意　17, 128, 139, 144, 146
想像上の仲間　71, 179

【た行】
多重コード理論　48
超自我　56, 63, 67, 70, 78, 81, 86, 90, 102
罪の意識　11, 80
同一化　15, 32, 79, 116, 117, 168
投影性同一視　13, 185
トラウマ　ix, xvi, 7, 8, 11, 13, 27, 28, 30, 31, 37, 38, 40, 43, 47, 48, 54, 59, 60, 63, 65, 66, 69, 78, 87, 89, 94, 103, 105, 107, 109, 114, 125, 126, 128, 129, 130, 135, 137, 145, 148, 155, 157, 162, 167, 178, 187

【な行】
二重化　177
二重化理論　169
二重思考　45
ネグレクト　xviii, 6, 21, 23, 50, 53, 91, 125
飲み込まれる恐怖　116, 126

【は行】
恥　51, 63, 66, 68, 69, 78, 87, 89, 128, 153
パラノイア　51, 56, 78, 142
PTSD　47
被虐待児　45, 47, 54, 107, 143, 157
非現実感　4, 8
分裂　13, 18, 32, 45, 64, 67, 71, 81, 129
閉所恐怖　13, 65, 114, 121

【ま行】
模倣演技　134

【や行】
融合　13, 15, 65, 66, 97

【ら行】
離人感　4, 8
良心　x, xviii, 11, 31, 52, 55, 56, 63, 69, 81, 122

レッドアウト　78
連結への攻撃　67

【犯罪事例】
アンドリュー　149, 156
イザベル　82
ウェスリー　156
ククリンスキ　85
クルー　135, 152, 156
ゲイシー　xvii, 158
サニー　72
ジャスタス　112
ツール　xvii
ニック　149
ハーミー　150, 152
ハッキング　195
バンディ　3, 14, 39, 108, 158
ビアンキ　18
プレソリイ　112
マクリーン　138, 148
マティ　99, 106, 132, 145
レイエス　3, 51, 52, 99
レイダー　15, 158, 175, 196
ロマン　194
ロンゴ　193

謝　辞

　成功の秘訣の半分は、よい指導を受けることにある。この点で、私はとりわけ恵まれてきた。

　私の最初の指導者、司法精神科医のドロシー・オトノウ・ルイスは、児童虐待と解離と犯罪との関連について、私が持続的に関心を向けるきっかけを作ってくれた。彼女は、彼女の研究分野の開拓者であり、その分野における臨床家たちや研究者たちのお手本であり、私を絶えず激励してくれる人である。本書のもとになった研究の一部は、ドロシーと彼女の非常に有能な同僚であるキャサリン・A・イエーガーの認可のもとに、ハリー・フランク・グッゲンハイム財団から資金援助を受けて行われた。私に刑務所内での面接技術を教授してくれたお二人に深く感謝する。

　卓越した研究者であるロバート・ジェイ・リフトンは、ニューヨーク市立大学で私の博士論文を指導してくれた。変幻自在な自己、意味の構築、そして生き延びることの心理に関するロバートの理論から、暴力の研究に対する私自身のアプローチは多大の影響を受けた。多くの人々が私に、博士論文など「学問のちっぽけな一部にすぎない」と言う中で、刑事司法政策に影響を及ぼそうと献身的に努めるロバート・リフトンの姿は、たとえ「ちっぽけな学問」でも幅広く活用できるし、また活用すべきであることを私の心に刻み込んだ。

　おそらく他の誰にもまして、私はドンネル・B・スターンに恩義を感じている。私は精神分析家ではなく、また私の研究は当該学術誌が通常扱う範囲から外れているにもかかわらず、ジェイ・グリーンバーグとドンネル・スターンの両氏は、私の初期の論文を『現代精神分析』誌に掲載することに踏み切ってくれた。ドンネル自身の著書『精神分析における未構成の経験』は、日常生活の中の解離について考えるひな型であり、対人関係学派ならびに関係学派の文献をめぐる思索の旅に私を誘ってくれた。そしてそれが、私の著述を、また私が本書で取り上げた人々への私の関わり方を豊かにしてくれたのだった。彼は私の経験を書き残すよう励ましてくれた。ドンネルの編集指導の巧みな手腕がなければ、このプロジェクトを実現できなかったことは明らかである。光栄なことに、彼は本書に序文を寄せてくれた。

　ジョン・ジェイ・カレッジ・オブ・クリミナル・ジャスティスで、ディー

ン・ジェイムス・レヴィンは私に揺るぎない支援と実際的な助言を提供してくれ、私の研究歴において後に重要な存在となった多くの人々を紹介してくれた。私が孤立感に悩まされそうなとき、ジムはいつも私を迎え入れてくれた。これこそ求め得る最良の指導である。ジムが紹介してくれた人たちの中で決定的に重要だった１人が、エリザベス・ヘーゲマンであった。精神分析家であり人類学者でもある彼女は、文化がどのように意識を形作るのかについての新しい考え方を私に手ほどきし、精神分析系の学術誌に私の初期の論文を投稿するよう勧めてくれた。そして精神分析家たちといえば、私は常々、私の同僚であるケイティ・ゲンティーレ博士の友情に深く感謝している。彼女が最初の著作を書く作業が、偶然にも私の作業と並行しており、執筆過程を通してずっと学術的ならびに個人的な様々な問題について、親切にも相談相手となってくれた。

　マイケル・ブリッツは、この十数年来、私の教師であり、指導者であり、同僚であり、上司であり、友人である。彼は私が仕事の上で実現したいと思っていることのほとんどすべてを体現しているように見えるし、私が自分の夢の多くを実現することを助けてくれた。ジョン・ジェイ・カレッジ・オブ・クリミナル・ジャスティスの学際研究プログラムの同僚たち、アンドレア・バリス、メガン・ダフィー、キャロル・グローネマン、エリザベス・ギター、ジェリー・マーコヴィッツ、シャーリー・サーナそしてデニス・シャーマンの各人は、公私にわたり私の人生に計り知れないほど多くのものを与えてくれた。優れた教師になるためには、人は永遠に学び手であり続けなければならないということを、彼らは私に教えてくれた。クリスティーナ・チェコヴィッツは、見通しが持てずにいる時期に、道を指し示してくれた。

　私の学生たちは、私を奮い立たせ、私を導き、そして私が教える代わりに信念を語っているときには穏やかに話をさえぎってくれた。とりわけ、私の研究助手たち、ポール・コーガン、ミゲリーナ・グスマン、リサ・シェハタ、リンゼイ・ハリマンそしてアマンダ・ギルに感謝の意を表したい。彼らはこのプロジェクトに用いた司法ファイルを私が収集し整理するのを助けてくれた。

　もちろん、この研究に原動力を与えてくれた語り手たちである64人の受刑者たちに、私は多くを負っている。加えて、本書における語りの分析の骨格を成している、犯罪者の行動パターンについての共同研究に参加してくれたことに対して、FBI行動科学班のメンバーたちに深く感謝している。

　アナリティック・プレス社の方々に感謝する。ポール・ステパンスキーは、犯罪的暴力についての精神分析的著作の可能性を理解してくれた。レニー・コブリンは本書に洗練された上品さを加えてくれた。シャーリー・ブッチワルド

は公私にわたって寛容であった。そしてナディーン・シムスは本書を完成まで見守ってくれた。

　いろいろな面で、みなさんはずっと私を指導してくれた。みなさんの導きと支援に感謝したい。

監訳者あとがき

　1988年の夏から4人の幼女が連続して殺害された事件は、われわれを心底から震撼とさせるものであった。もちろん4歳から7歳という幼い4人もの女児が次々と殺害されたことそれ自体も不気味さを感じさせるものであったが、それだけではなかった。最初の殺害がなされた約半年後に、被害女児の自宅玄関前に段ボール箱を犯人と思われる人物が置いていき、その中には「A（被害者の名前）遺骨　焼　証明　鑑定」と書かれた紙にショートパンツの写真が貼りつけてあり、骨のようなものも入れてあった。さらにその5日後には、犯人と思われる人物から朝日新聞東京本社と被害者の母親宛てに「所沢市　今田勇子」という名前で長い文面の「犯行声明」が送りつけられ、そこにはA児を殺害した具体的な状況、遺体が腐敗していく様子などが詳しく記されていただけでなく、A児の眠っているような写真が添付されていた。さらにまた、その翌日のA児の葬儀が行われたその日には「今田勇子」という署名のもう1通の「告白文」が朝日新聞東京本社に送られてきた。連続して幼女を殺害するということだけでも、われわれを震撼させるに十分であったが、被害児の自宅前に段ボール箱を置き、犯行声明や告白文を送りつけるという犯人の行動をどのように理解したらいいのか、途方に暮れてしまうことだった。こうしたことのために、これは「猟奇的」「快楽的」殺人事件として、多くの人たちの関心を引くことになった。

　捕らえられた宮崎勤被告は、終始一貫してわれわれの理解を寄せつけないような言動に終始した。このような宮崎の精神状態をどのように見極めるかに裁判所は戸惑い、2度の精神鑑定が行われることになった。最初の精神鑑定結果は1992年3月末に出され、「精神分裂病を含む精神病様状態にはなく、人格障害の範囲にあった」とするものであったが、1994年11月末に再度行われた精神鑑定では、内沼幸雄と関根義夫は「多重人格障害」とし、同時に鑑定を行った中安信夫は「精神分裂病」とした（「統合失調症」と記すべきであるが、ここでは当時用いられていた「精神分裂病」というコトバを用いた）。「多重人格障害」であるという鑑定がなされたことで、この事件はよりいっそう注目されることとなった。

　監訳者の一丸は、「多重人格障害」という鑑定が公にされたときのことを鮮

明に覚えている。というのはその数年前に、一丸が多重人格の事例を報告していたので、この障害に特に関心を持っていたからである。新聞記者は、「宮崎の心的外傷は何だったのか」ということに関心が集中し、「宮崎は幼児期に虐待などを受けてはいないようであり、手の障害をめぐる心の傷つきが発症の要因である」という意見が多くなされた。一丸は、このような意見には否定的であり、「宮崎にとっては重要な人であった祖父の死」に注目していた。そしてこれ以降の多重人格障害のクライエントとの心理療法から、虐待などの心的外傷も重要な発症要因ではあるが、「重要な他者との別れ」がわが国での多重人格障害者にしばしば認められることを確かめてきた。

　宮崎による幼女連続誘拐殺人事件は、これまでには見られなかったような事件の始まりであったかのように、それ以降も、神戸・須磨での事件、大阪・池田小学校事件、秋葉原での無差別殺人事件など、われわれにはどうにも腑に落ちない事件が続けて起こるようになった。秋葉原殺傷事件は、2011年3月に東京地裁により死刑が宣告されたが、彼が虐待を受けていたこと、解離性健忘があることも明らかにされている。しかし秋葉原事件も含めこれまでの事件には、いろいろな分野の専門家による解説がなされてきたが、そのどれも十分にわれわれを納得させるものではなかった。私たち心理療法家は、日々心理療法を実践していると、しばしば「どうしてもうまくわからない課題」をクライエントから突きつけられることがあり、課題の多くはどうしても解くことができないものである。幸運であれば数年後、あるいは数十年後に、「なるほど」と納得できるようなこともあるが、むしろしばしばわかったことにしてしまうか、忘れてしまう。わからないということは、無知の証拠であり、耐えることが苦痛なのである。わかったことにしてしまうのは、道路の舗装をする最後に、重いローラーで道路全体を平らにするようなイメージである。道路は平らになるが、私たちにとっては新しいことを学ぶチャンスである凸凹を失ってしまうのである。

　2008年の秋、私たちはもう20年間ほど続いているセミナーに参加するためにニューヨークを訪れていた。このセミナーは、広島で精神分析を学ぶ者たちを中心にしてニューヨークのホワイト精神分析研究所からヴェテランの精神分析家を広島に招いて1週間で集中的に行われるものであるが、5年に1度はわれわれがニューヨークを訪れることにしていた。2008年は、われわれがニューヨークを訪れる年であり、最終日のセミナーの後でパーティーを開いてくれた。われわれ参加者と、ホワイト精神分析研究所からもこれまで広島に来てくれたメンバーを中心にして参加してくれた。そこで友人のダン・スターンに、最近

の興味深い本として紹介されたうちの1冊が本書だった。

　帰国してさっそく読んでみると、驚いたことに、宮崎事件以来ずっと解決できずに抱えてきていた「課題」のいくつかを解く鍵が本書にあるではないか。同じような事件が起こるたびにいつも心にひっかかってきた疑問を、本書は見事にすくっているのである。1997年に神戸・須磨で起きた連続児童殺傷事件で亡くなった山下彩花さんの親へ加害者が書いた手紙についての2011年3月20日の朝日新聞報道も、本書からするとその意味がより深く理解できるものとなる。加害者はこれまでも、彩花さんの命日に数年前から手紙を書いて送ってきていたということであるが、今度の手紙を読んだ母親は、「肉声で話を聴いているような感じがして、なぜだか涙が出た」と語ったということである。これまでは「誰かに書かされている」ような文面だったのが「自分の気持ちを表す言葉を書いている」という印象が強くなったということである。解離されたものは、コトバにされることでしか解消されないのであり、加害少年の成長が見られる。

　こうしたことから、今、このときに本書を翻訳することは、多くの専門家にとって有益な示唆を与えることは確かだと考えた。まず以下のような人たちが各章の翻訳を担当し、それを小松貴弘と一丸藤太郎で不明な箇所を検討し、全体の統一を図った。

　　　第1章　小松貴弘（京都教育大学）
　　　第2章　中島優紀（京都市子育て支援総合センターこどもみらい館）
　　　第3章　渡辺　亘（大分大学）
　　　第4章　中村博文（神戸松蔭女子学院大学）
　　　第5章　小松貴弘
　　　第6章　木本ゆう（大妻女子大学研究員）

　木本さんは、2008年にわれわれがニューヨークでセミナーを受けたときに、ホワイト精神分析研究所のメンバーであり、かつ著者のスタインさんが働いているニューヨーク市立大学で教えているへーゲマンさんの助手をしていた縁で知り合ったことから、お願いして翻訳に加わっていただいた。翻訳中に不明確だったり、わからなかったりしたことがあると、木本さんにお願いしてスタインさんに直接教えを受けることができ、訳出の上で大変参考になった。

　本書の原題は "Prologue to Violence: Child Abuse, Dissociation, and Crime" であり、2007年に The Analytic Press から出版されたものである。翻訳で

『児童虐待・解離・犯罪：暴力犯罪への精神分析的アプローチ』としたのは、日本の読者に本書の内容が伝わりやすいだろうということからであり、スタインさんからも了承していただいた。本書は、アメリカでも *Journal of Trauma and Dissociation* をはじめとして多くの専門誌の書評に取り上げられており、私たちの視野を広げる画期的なアイデアに満ちている。それは単に犯罪者や犯罪行為の理解だけではなく、予防や矯正にも用いられるものである。

本書の出版に当たっては、創元社の渡辺明美さんの暖かい励ましと、校正や索引作りだけでなく、より読みやすくするためのこまごまとした作業に根気強く、堅実に、忍耐強く取り組んでいただいた柏原隆宏さんの助けがあった。心から感謝したい。

2012年6月

一丸藤太郎

文　献
沢木香織「加害男性の手紙：遺族『涙が出た』」朝日新聞、2011年3月20日付朝刊

【著者紹介】

アビー・スタイン（Abby Stein, Ph.D.）
現在、ニューヨーク市立大学ジョン・ジェイ・カレッジ・オブ・クリミナル・ジャスティス助教授、ホワイト精神分析研究所研究員。犯罪心理学、児童虐待とネグレクト、犯行中の意識状態といったことについて多数の論文がある。

【監訳者紹介】

一丸藤太郎（いちまる・とうたろう）
広島大学大学院教育学研究科博士課程後期単位取得退学。博士（心理学）。1976 年から 1979 年までホワイト精神分析研究所で精神分析の訓練を受け、精神分析家の資格を得る。帰国後、大学院で臨床心理士の養成に携わるとともに、精神分析的心理療法の実践に取り組む。現在、広島国際大学大学院実践臨床心理学専攻教授。精神分析家（ホワイト精神分析研究所）、臨床心理士、日本精神分析学会認定心理療法士、日本精神分析学会認定スーパーヴァイザー。
［主な著訳書］
『心理療法の鍵概念』（共訳編）誠信書房　1976 年
『夢の臨床的利用』（共訳編）誠信書房　1987 年
『心理療法における抵抗』（監訳）創元社　1997 年
『精神分析的心理療法の手引き』（共編著）　誠信書房　1998 年
『私はなぜカウンセラーになったのか』（編著）創元社　2002 年
『精神分析における未構成の経験』（共監訳）誠信書房　2003 年
『トラウマへの対処』（訳）誠信書房　2005 年
『解離性障害（専門医のための精神科臨床リュミエール 20）』（分担執筆）
　　中山書店　2009 年

小松貴弘（こまつ・たかひろ）
広島大学大学院教育学研究科博士課程後期単位取得退学。現在、京都教育大学大学院連合教職実践研究科准教授。臨床心理士。専門は臨床心理学、精神分析的心理療法。
［主な著訳書］
『学校教育相談』（分担執筆）ミネルヴァ書房　2002 年
『精神分析における未構成の経験』（共監訳）誠信書房　2003 年
『もろい青少年の心』（分担執筆）北大路書房　2004 年
『医療現場のコミュニケーション』（分担執筆）あいり出版　2008 年
『「困った人」の内面を読む』（分担執筆）あいり出版　2011 年
『大学生の心の成熟と転落を左右する対人関係のもち方』（共著）あいり
　　出版　2012 年

【訳者紹介】

小松貴弘（こまつ・たかひろ）　監訳者、第1章、第5章担当

中島優紀（なかじま・ゆうき）　第2章担当
広島大学大学院教育学研究科博士課程前期修了。臨床心理士。現在、京都市子育て支援総合センターこどもみらい館非常勤カウンセラー、葵橋ファミリー・クリニック非常勤カウンセラー。

渡辺　亘（わたなべ・わたる）　第3章担当
広島大学大学院教育学研究科博士課程後期修了。博士（心理学）。臨床心理士。現在、大分大学教育福祉科学部附属教育実践総合センター准教授。

中村博文（なかむら・ひろぶみ）　第4章担当
広島大学大学院教育学研究科博士課程後期単位取得退学。臨床心理士。現在、神戸松蔭女子学院大学人間科学部准教授。

木本ゆう（きもと・ゆう）　第6章担当
ニューヨーク市立大学ハンター校人類学修士課程修了。ニューヨーク市立大学ジョン・ジェイ・カレッジ・オブ・クリミナル・ジャスティス人類学部研究助手を務めた後、2010年に帰国。現在、主に子どもの支援を対象としたNPOで活動し、大妻女子大学研究員。

児童虐待・解離・犯罪
暴力犯罪への精神分析的アプローチ

2012年7月20日　第1版第1刷発行

著　者……………アビー・スタイン
監訳者……………
　　　　　　　一丸藤太郎
　　　　　　　小松貴弘
発行者……………矢部敬一
発行所……………
　　　　　　　株式会社　創　元　社
　　　　　　　http://www.sogensha.co.jp/
　　　本社　〒541-0047 大阪市中央区淡路町4-3-6
　　　　　　Tel.06-6231-9010　Fax.06-6233-3111
　　東京支店　〒162-0825 東京都新宿区神楽坂4-3 煉瓦塔ビル
　　　　　　　　　　　　　　　　　Tel.03-3269-1051
印刷所……………
　　　　　　　株式会社　太洋社

©2012, Printed in Japan　ISBN978-4-422-11541-2

落丁・乱丁のときはお取り替えいたします。

JCOPY 〈㈳出版者著作権管理機構 委託出版物〉

本書の無断複写は著作権法上での例外を除き禁じられています。
複写される場合は、そのつど事前に、㈳出版者著作権管理機構
（電話03-3513-6969、FAX03-3513-6979、e-mail: info@jcopy.or.jp）
の許諾を得てください。